Les Encyclopes

Les Religions de la préhistoire à nos jours

Mariane Boilève
Sandrine Mirza

Illustrations :
Laurence Bar, Vincent Boyer, Jérôme Brasseur, Corine Delétraz, Anne Eydoux, Stéphane Girel, Christian Heinrich, Jean-Pierre Joblin, Gérard Macario, Florent Silloray, Christian Verdun

MILAN jeunesse

Sommaire

Des déesses aux grosses fesses de la préhistoire au dieu unique des Massaï, des paraboles de Jésus à la parole d'Allah, des esprits invoqués par les Indiens d'Amériques aux sagesses orientales, ce livre te propose un tour du monde des religions parfois inhabituel. Il te fera voyager à travers le temps, l'espace et les croyances des hommes, sans jugement ni préjugé.

Sans doute seras-tu surpris d'apprendre que les prêtres orthodoxes peuvent se marier ou qu'un chaman peut « quitter » son corps pour voyager dans les airs. Que de nombreux Chinois pratiquent plusieurs religions à la fois ou que les Malgaches déterrent leurs morts pour mieux les honorer.

Loin des idées reçues que l'on se fait souvent à propos de certaines religions, les auteurs ont voulu brosser un tableau très large du fait religieux, d'hier et d'aujourd'hui. Elles espèrent ainsi te donner les clés pour comprendre l'Histoire et le monde qui t'entoure. Et te démontrer qu'il n'existe aucune religion supérieure à une autre ! Car, comme disait le mahatma Gandhi, *« si nous pouvions lire les Écritures des diverses religions en épousant chaque fois le point de vue de leurs adeptes respectifs, nous nous apercevrions qu'elles sont, à la base, identiques et se complètent à merveille »*.

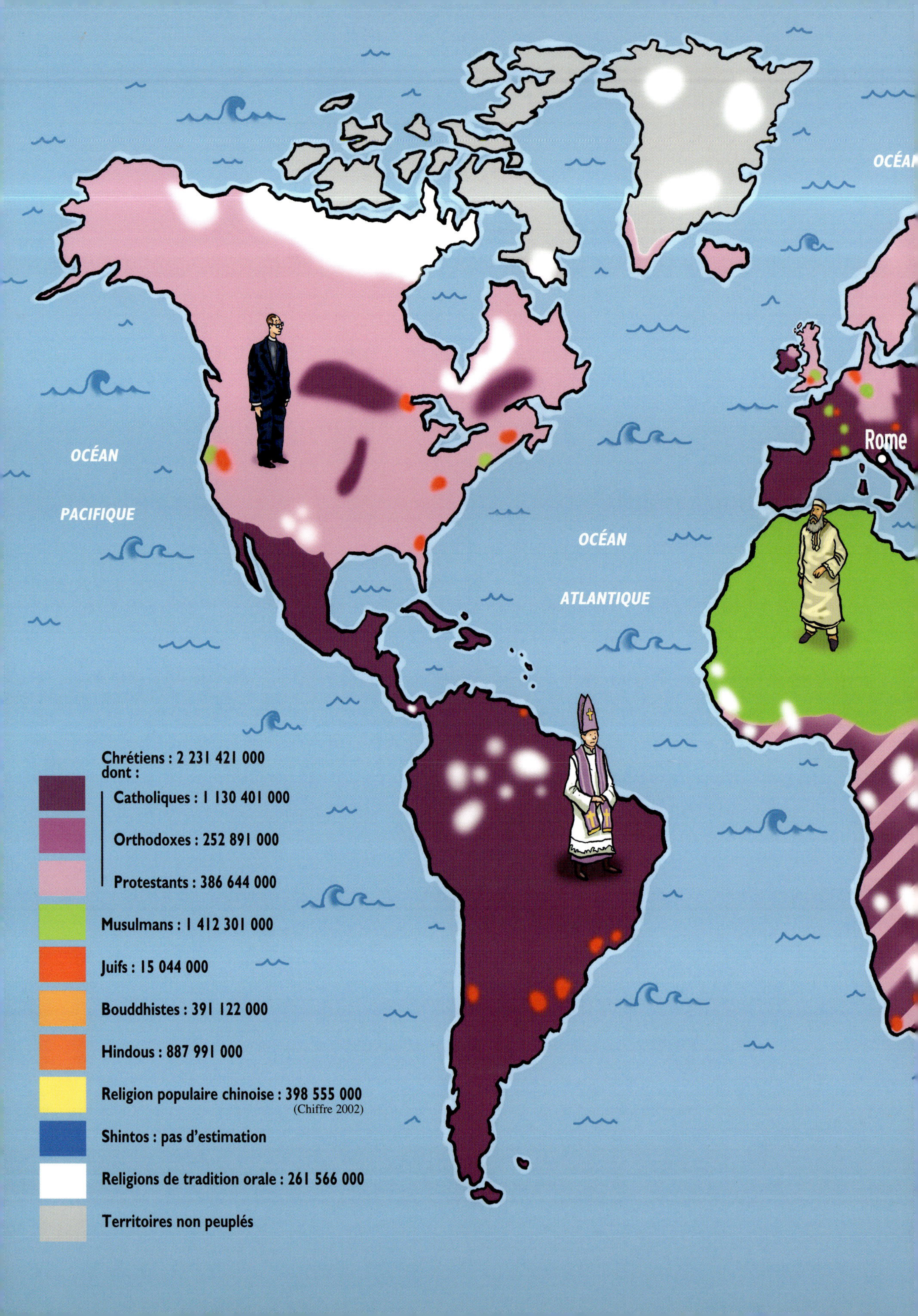
OCÉAN
OCÉAN
PACIFIQUE
OCÉAN
ATLANTIQUE
Rome
Chrétiens : 2 231 421 000
dont :
Catholiques : 1 130 401 000
Orthodoxes : 252 891 000
Protestants : 386 644 000
Musulmans : 1 412 301 000
Juifs : 15 044 000
Bouddhistes : 391 122 000
Hindous : 887 991 000
Religion populaire chinoise : 398 555 000
(Chiffre 2002)
Shintos : pas d'estimation
Religions de tradition orale : 261 566 000
Territoires non peuplés

Les religions dans le monde

Estimations 2008
d'après l'*International Bulletin of Missionary Research*
de David B. Barrett et Todd M. Johnson

Pourquoi les hommes ont-ils inventé la religion ?

D'où vient la vie ? Pourquoi le soleil ? Les saisons ? La mort ? Depuis la préhistoire, sur tous les continents, les hommes cherchent à comprendre l'origine et le sens de la vie. Beaucoup ont expliqué et expliquent encore ces « mystères » par l'existence d'un ou plusieurs dieux. C'est de ce besoin d'explications que sont nées toutes les religions du monde…

Expliquer l'inexplicable

Le jour qui se lève, une fleur qui pousse, le vent qui souffle, un orage qui éclate : autant de mystères inexplicables pour les premiers hommes. Et la mort ? Comment se fait-il que les morts aient l'air de dormir et refusent obstinément de se réveiller ? Seraient-ils partis pour un autre monde, pour une seconde vie inaccessible aux vivants ? Ces questions, les hommes se les posent depuis l'aube de l'humanité. La première réponse qu'ils ont trouvée, c'est qu'il devait exister « quelque chose », une force cachée, surnaturelle, capable d'animer l'univers et de décider de son sort.

Le sacré

Le « sacré » est inséparable de la religion. Il désigne les lieux et les objets investis d'une puissance divine (une source, une montagne, un sanctuaire, une statue…), ainsi que les pratiques et les rites par lesquels les hommes cherchent à entrer en communication avec leur dieu (la prière, le chant, la danse, la communion…).

Les voyages de l'âme

Dans toutes les religions, l'âme est synonyme de « souffle » (*anima* en latin) et parfois d'« esprit ». Pour les croyants, c'est la partie éternelle et invisible de chaque être humain (ou de chaque être vivant dans les religions asiatiques) : lorsqu'un individu meurt, son âme se sépare du corps et « s'envole » pour une destination qui varie selon les religions (le paradis, l'enfer, le cosmos ou un autre être vivant dans les cas de réincarnation).

Un ou plusieurs dieux ?

Ce « quelque chose » prend des aspects différents selon les époques et les civilisations. Souvent nommé « dieu », il peut être unique (ceux qui croient en lui sont alors dits « monothéistes ») ou multiples (les croyants sont alors « polythéistes »). Qu'ils en aient un seul ou plusieurs, les croyants craignent et respectent les dieux. Voilà pourquoi ils leur rendent hommage. Il leur arrive aussi de leur demander de l'aide ou de les remercier de leurs bienfaits. Chaque peuple a ainsi inventé des moyens d'entrer en contact avec son ou ses dieux, par des récits, des cérémonies, des rites, des fêtes et des prières. L'ensemble de ces croyances et de ces pratiques forme ce qu'on appelle une religion.

Organiser la vie des hommes

Très tôt, les religions ont produit des règles et des pratiques qui ont structuré les sociétés humaines. Elles ont donné un caractère sacré à certains lieux (la nature, les sanctuaires, les temples, les églises…) et à des moments de la vie, comme la naissance, le passage à l'âge adulte, le mariage ou la mort. Les religions sont aussi à l'origine de règles de vie (ce qui est autorisé ou interdit) ou encore d'usages, comme le repos ou la prière obligatoires. Beaucoup ont également établi des lois morales, que l'on retrouve parfois d'un continent à l'autre : « Ce que tu ne veux pas qu'on te fasse, ne le fais pas à autrui » est par exemple une règle commune aux juifs, aux chrétiens, aux musulmans et aux bouddhistes.

1 000 manières de croire

Les gens qui ont la foi en un dieu (ou plusieurs) sont appelés des fidèles. Mais tous ne pratiquent pas forcément leur foi de la même manière. Certains se contentent de croire sans respecter les rites religieux. D'autres sont dits « pratiquants » : ils ont une pratique régulière de leur religion par la prière, la participation aux cérémonies ou encore le pèlerinage. Il existe aussi des gens qui croient que leur religion est la seule vraie religion et qui peuvent aller jusqu'à terroriser ceux qui ne pensent pas comme eux : ce sont les « fanatiques ».

Qu'est-ce que la foi ?

C'est le fait de croire en un dieu ou une puissance divine. Le mot vient du latin *fides* qui signifie « confiance ». Avoir foi en un dieu implique de croire intimement que ce dieu existe et d'avoir confiance en son pouvoir sur les choses. Il ne faut pas confondre « foi » et « superstition » : une superstition est une simple croyance en un signe ou un objet dont on croit qu'il peut apporter du bonheur ou du malheur (un chat noir, un trèfle à quatre feuilles…).

L'animisme

Les peuples dits « animistes » (du latin *anima*, « âme, souffle ») pensent que les choses ont une âme ou un esprit. Ils croient que chaque élément de la nature (les animaux, les plantes, les rivières, les montagnes…) et même certains objets inanimés possèdent un esprit qui ressemble à celui des humains. Il y en a donc des bons (les esprits bénéfiques) et des méchants (les esprits maléfiques). Aujourd'hui, les spécialistes des religions n'utilisent plus beaucoup le terme d'animisme. Ils préfèrent parler de religions traditionnelles, orales ou encore ancestrales.

Les religions disparues

Dès les premiers temps de leur histoire, les hommes ont adoré des dieux tout-puissants, étroitement liés à la nature et aux phénomènes naturels.
Qu'ils les aient vénérés dans des temples somptueux, comme les Égyptiens et les Grecs, ou au cœur de la nature, comme les Celtes, ils leur rendaient des cultes grandioses, et parfois sanglants, afin de s'attirer leur bienveillance ou d'apaiser leur colère.

L'homme de Sounghir, en Russie, était paré de bracelets, de colliers, de pendentifs et de perles d'ivoire cousues sur son vêtement.

Premiers hommes, premières croyances

Les chasseurs-cueilleurs de la préhistoire enterraient leurs morts, peignaient les parois des cavernes, sculptaient la pierre : autant d'indices de leur croyance en quelque chose. En quoi ? Les archéologues s'interrogent…

La mort, première énigme de l'humanité ?

Des squelettes allongés ou recroquevillés, parfois parés de bijoux, entourés de nourriture, de dents et de cornes d'animaux, de perles, d'outils, d'armes, de statuettes… Les archéologues ont mis au jour de bien curieux « trésors » en fouillant les sites préhistoriques. Mais des trésors « muets », sans notice explicative. Ces objets étaient-ils liés à des rites sacrés? Peut-être… Les spécialistes supposent en tout cas que les hommes préhistoriques se sont mis à enterrer leurs morts quand ils ont commencé à se poser des questions dépassant le cadre de leur seule survie. La mort, qui ressemble tant au sommeil, est peut-être un des premiers phénomènes naturels qui leur a donné envie de réfléchir…

Tombes de la nuit des temps

Les tombes de Qafzeh, en Israël, ont environ 100 000 ans. Ce sont les plus anciennes sépultures que l'on connaisse. On y a découvert les restes d'une jeune femme et d'un enfant, ainsi que le corps d'un adolescent recouvert des bois d'un cerf.

Grotte de Lascaux (Dordogne).

Des talents bien cachés

Des milliers de cavernes couvertes de peintures et de gravures ont été retrouvées dans le monde. Chevaux, bisons, aurochs, mammouths et quantité d'autres animaux sont représentés, souvent accompagnés de figures géométriques et d'empreintes de mains. Les images d'êtres humains sont plus rares. La plupart des archéologues considèrent que ces « œuvres d'art » sont liées à des croyances ou à des pratiques religieuses : ces grottes devaient être des lieux sacrés où l'on pratiquait la magie pour favoriser la chasse, entrer en contact avec les esprits des ancêtres ou ceux de la nature.

POUR EN SAVOIR PLUS SUR :
La **Mésopotamie**, voir p. 18-21.

L'HISTOIRE AVANT L'HISTOIRE

La préhistoire englobe toute l'aventure humaine avant l'invention de l'écriture. L'histoire ne commence que 3 000 ans avant notre ère, lorsque les Mésopotamiens se mettent à graver des récits sur des tablettes d'argile.

Déesses aux grosses fesses

D'autres découvertes ont intrigué les archéologues : il s'agit de statuettes féminines, représentées avec des seins et des fesses énormes.
On les appelle les « Vénus ». Symbolisaient-elles l'abondance et la fécondité ? Ce ne serait pas très étonnant, car les hommes préhistoriques étaient chaque jour confrontés au besoin de trouver leur nourriture… et d'assurer la survie de l'espèce.

Les hommes préhistoriques dessinaient à même les parois des cavernes.

La célèbre Vénus de Willendorf.

À l'aube de la civilisation

La Grande Déesse de Çatal-Hüyük accouche d'un enfant dont la tête sort entre ses jambes.

À peu près 10 000 ans avant notre ère, les hommes du néolithique abandonnent leurs habitudes nomades pour fonder les premiers villages. Ils inventent la poterie, l'agriculture et l'élevage. Une « révolution » qui fait évoluer les croyances et les pratiques religieuses.

Des dieux à figure humaine

Délaissant un peu les animaux, les « artistes » du néolithique se sont mis à représenter de plus en plus de personnages à l'aspect humain. Étaient-ce des dieux? Sans doute. Héritière des « Vénus » obèses de la période précédente, la Grande Déesse (ou Déesse Mère) était la plus figurée – et peut-être la plus vénérée. Énorme, parfois représentée enceinte ou en train d'accoucher, cette grosse dame symbolisait la fécondité des femmes et la fertilité de la terre, autrement dit la vie et l'abondance.

Çatal-Hüyük, l'une des premières villes sanctuaires

Construite en Turquie vers 6000 av. J.-C., Çatal-Hüyük était une ville sans rues, constituée de maisons et de sanctuaires serrés les uns contre les autres. Les habitants allaient d'un endroit à l'autre en passant par un réseau de toits en terrasse et descendaient à l'intérieur des édifices grâce à des échelles. Ils vénéraient la Grande Déesse et le dieu Taureau. Les archéologues ont retrouvé de nombreux sanctuaires abritant des crânes et des cornes de taureau, ainsi que des fresques représentant le puissant animal.

Technique des pierres dressées

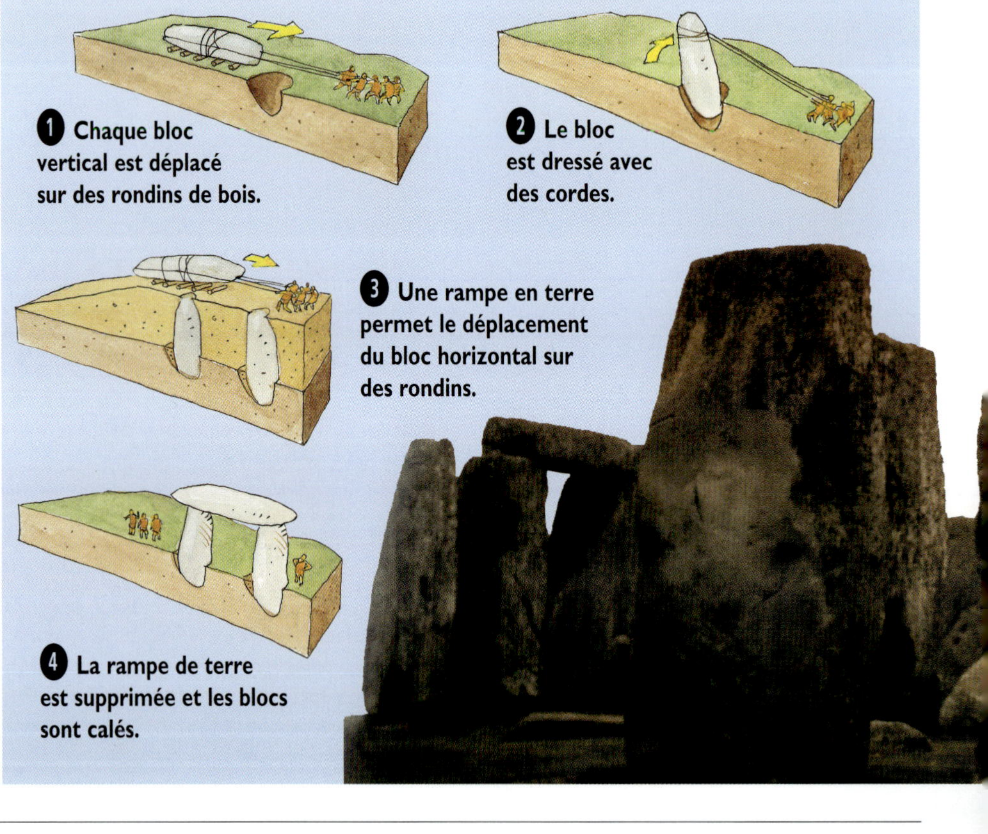

1 Chaque bloc vertical est déplacé sur des rondins de bois.

2 Le bloc est dressé avec des cordes.

3 Une rampe en terre permet le déplacement du bloc horizontal sur des rondins.

4 La rampe de terre est supprimée et les blocs sont calés.

Mystérieux menhirs

À partir de 4000 av. J.-C., l'Europe entière se couvre d'imposantes et énigmatiques pierres dressées : les menhirs. Particulièrement nombreux en Bretagne et dans les îles britanniques, ces « monuments » sont parfois isolés, parfois groupés en alignements ou en cercles (cromlech). Personne ne sait vraiment à quoi ils servaient. Beaucoup de scientifiques pensent qu'ils étaient liés à l'astronomie. Mais de quelle manière ? Les menhirs permettaient-ils de prévoir la course des astres, d'honorer le soleil ou bien certaines planètes ? Le mystère reste entier.

Construction d'un cairn. Son entrée est décorée de dessins géométriques.

Dolmens réservés

Moins énigmatiques que les menhirs, les dolmens sont des tombes constituées d'énormes blocs de roche. À l'origine, ils étaient recouverts d'un tas de pierres (cairn) ou de terre (tumulus). Les gravures et les offrandes funéraires retrouvées à l'intérieur indiquent que les dolmens n'abritaient pas n'importe qui : seuls les personnages importants (grands ancêtres, chefs, prêtres…) devaient y avoir leur place. Les spécialistes présument que ces lieux étaient sacrés : les vivants venaient probablement se recueillir devant les os des morts transformés en reliques.

Incroyable mais vrai !

Les habitants du Proche-Orient vouaient un véritable culte aux têtes de mort : ils conservaient les crânes de leurs ancêtres pour les honorer. Après les avoir séparés des squelettes, et parfois décorés, ils les exposaient chez eux ou dans des sanctuaires.

Pour en savoir plus sur :

Les **Vénus**, voir p. 14-15.

Le site de Stonehenge, en Grande-Bretagne, servait-il d'observatoire astronomique ?

Les mille et un dieux de la Mésopotamie

Située au Moyen-Orient, entre le Tigre et l'Euphrate, la Mésopotamie est le berceau de plusieurs grands peuples (sumérien, akkadien, assyrien, babylonien…) qui, 4000 ans avant notre ère, ont commencé à vénérer des milliers de dieux étrangement semblables aux hommes…

Le héros mésopotamien Gilgamesh.

L'ÉPOPÉE DE GILGAMESH

Vieux de 4 000 ans, ce récit relate les aventures extraordinaires de Gilgamesh, le roi d'Uruk. Après avoir vaincu le terrible géant Humbaba et terrassé le taureau céleste envoyé par la déesse Ishtar, Gilgamesh part en quête de la vie éternelle. Il affronte de multiples épreuves et finit par trouver l'immortalité, mais un serpent la lui dérobe au dernier moment. Un des passages de l'épopée de Gilgamesh raconte qu'un jour les dieux déclenchèrent un grand déluge sur la terre. Un peu avant, ils ordonnèrent au roi Uta-Napishtim de construire un vaisseau capable d'accueillir sa famille, ainsi qu'un couple de chaque espèce animale. L'histoire de Noé, dans la Bible, s'inspire directement de ce mythe !

1 An (ou Anu), le dieu du ciel : il est le dieu suprême. Inaccessible, il dirige l'univers de loin et délègue l'action terrestre à Enlil. Son symbole est un socle surmonté de la coiffe à huit cornes.

2 Enlil, le seigneur du vent : colérique et parfois brutal, Enlil règne sur la terre, déclenche le déluge quand ça lui chante, mais sert aussi d'intermédiaire entre l'humanité et An. Il a le même symbole que An.

3 Enki (ou Ea), le dieu des eaux et de la sagesse : Enki apparaît souvent comme le protecteur des hommes. Il est représenté par une bête mi-chèvre, mi-poisson.

Copies immortelles

Les habitants de la Mésopotamie croyaient que l'univers était dominé par des dieux à l'esprit bien pratique : selon la légende, ces dieux auraient en effet créé les êtres humains pour s'en faire servir. Malin, non ? La plupart d'entre eux ressemblaient aux hommes : ils avaient les mêmes besoins, les mêmes sentiments, les mêmes défauts. Mais ils étaient immortels…

Huit cornes pour les vedettes !

Difficile de dresser la liste des dieux du panthéon mésopotamien : il y en a plus de 3 000 ! Beaucoup n'étaient cependant que des célébrités locales, vénérées dans une ville et pas ailleurs. Chaque divinité avait sa spécialité, ses pouvoirs surnaturels et ses défauts. Sa puissance se voyait au nombre de paires de cornes plantées sur sa couronne : une paire pour les modestes, quatre pour les vedettes.

4 Ishtar (ou Inanna) : divinité de l'amour et de la guerre, c'est la déesse la plus importante du panthéon mésopotamien. Son emblème est la planète Vénus.

5 Nanna (ou Sin), le croissant de lune : avec son croissant en forme de couronne, Nanna est le dieu de la royauté, mais aussi du temps et des saisons.

6 Shamash (ou Utu), le soleil : représenté par un disque flamboyant, il est le dieu de la justice et du droit. C'est sur son nom que l'on jurait lors des procès.

7

7 Nergal, le dieu des enfers : il règne sur les enfers, symbolisés par la montagne où il retient captive la végétation de l'été. Il est souvent symbolisé par un animal fantastique.

8 Marduk : fils d'Enki dont il a hérité l'amour de l'humanité et la sagesse, il devient le dieu le plus important de Babylone vers 1120 av. J.-C. Son emblème est la bêche.

Le Kudurru de Suse (Iran) montre les symboles de plusieurs grands dieux.

POUR EN SAVOIR PLUS SUR :
Le **déluge** et **Noé**, voir p. 112-113.

QUAND MARDUK MATE TIAMÂT

Gravé sur des tablettes d'argile plus de 1000 ans avant notre ère, l'Enuma Elish est un poème qui raconte les origines du monde.
Au début n'existait qu'un univers informe grouillant de divinités monstrueuses, dominées par la vieille déesse Tiamât. Un jour naît Marduk, qui décide de mettre de l'ordre dans ce chaos. Le dieu tue Tiamât et la coupe en deux, obtenant ainsi le ciel et la terre.
Le héros fait ensuite jaillir des yeux de la déesse le Tigre et l'Euphrate, puis façonne les planètes, les vents, la pluie… Pour finir, aidé d'Ea, le dieu des eaux, il crée l'Homme en mélangeant le sang de Kingu (un ancien allié de Tiamât) à de l'argile.

Shamash, le dieu soleil, dicte ses lois. Des rayons sortent de ses épaules. Il tient les insignes du pouvoir : un cercle et un bâton (code Hammourabi).

Babylone, la cité de Marduk

La tour de Babel par Lucas Valckenborch (1594).

À l'époque de Nabuchodonosor II (604-562 av. J.-C.), Babylone était la plus puissante cité de Mésopotamie. Elle était protégée par le dieu Marduk. Mais ses habitants prenaient bien soin d'adorer de nombreux autres dieux afin d'éviter les ennuis…

Vivre dans la crainte des dieux

La religion des Babyloniens n'imposait aucune morale, aucun principe. Les fidèles ne vénéraient leurs dieux que parce qu'ils les craignaient comme un serviteur craint son maître. Car les dieux étaient partout. Impossible d'échapper à leur vigilance, pas plus qu'à celle des génies, bons ou mauvais. Les Babyloniens vivaient ainsi dans la peur de déplaire à un dieu ombrageux ou de devenir la proie d'un démon malfaisant, ce qui risquait d'attirer sur eux toutes sortes de malheurs…

Services bien compris

Les prêtres priaient, chantaient, jouaient de la musique, brûlaient de l'encens, sacrifiaient des animaux : tout était bon pour obtenir les faveurs des dieux et des génies. Même de renverser par terre du miel, de l'huile, du vin ou du lait : c'est ce qu'on appelle les libations.

Un sacré gratte-ciel !

Entouré d'une enceinte sacrée, le grand temple de Babylone était consacré au dieu Marduk. Sur son flanc se dressait une ziggourat, gigantesque tour à étages haute de 90 m. Au sommet de ce « gratte-ciel » était installé un sanctuaire peut-être destiné à abriter l'union d'une prêtresse avec le dieu Marduk… incarné par le roi ou par un grand prêtre ! La ziggourat de Babylone aurait servi de modèle à la célèbre tour de Babel décrite dans la Bible.

UN NOUVEL AN… AU PRINTEMPS

Les Babyloniens fêtaient le nouvel an au printemps, au moment où la nature renaît. L'évènement le plus attendu était la procession des dieux: leurs statues étaient sorties des temples et portées en triomphe au milieu de la foule qui pouvait ainsi – chose exceptionnelle – les apercevoir.

Le petit monde du temple

Le roi était le prêtre suprême: il présidait toutes les cérémonies importantes. Venaient ensuite les grands prêtres, chacun étant responsable d'un temple et de son personnel. À côté des religieux en charge des rituels (libations, incantations, purifications, musique…), s'affairait une armée de «travailleurs»: des gardiens, des boulangers, des cuisiniers, des artisans, des balayeurs… Tout ce petit monde avait pour mission de veiller au bien-être du dieu, dont le corps terrestre était représenté par une statue.

Les yeux dans les cieux

Les Babyloniens étaient d'excellents astronomes. Ils étudiaient les mouvements des astres, du soleil et de la lune. C'est ainsi qu'ils prévoyaient les dates des moissons et des fêtes. Ils scrutaient aussi le ciel dans l'espoir d'apercevoir des signes divins. Très superstitieux, ils repéraient des présages partout. Ils s'adressaient à des astrologues ou à des devins qui lisaient leur destin dans leurs rêves, dans un vol d'oiseaux, des volutes de fumée ou les entrailles d'un animal sacrifié.

La porte d'Ishtar ouvre sur l'avenue principale de la ville, voie des processions par excellence.

L'Égypte, terre des dieux

Le dieu Amon

Son nom signifie « le caché ». D'origine mystérieuse, Amon est devenu le dieu tout-puissant de Thèbes au début du Nouvel Empire. Entouré de son épouse Mout et de son fils Khonsou, Amon résidait dans le ciel.

Dans l'Antiquité, les Égyptiens pratiquaient une religion à dieux multiples : chaque région, chaque ville possédait les siens. Cette diversité n'a pas empêché l'émergence de deux grandes traditions : le culte du soleil et le mythe d'Isis et d'Osiris.

Soleil ailé.

Le dieu Soleil

Le Soleil était l'une des divinités les plus importantes de l'Égypte ancienne. Sa course le jour et sa disparition le soir ont donné naissance à de nombreuses « explications », dont celle-ci : avalé le soir par **Nout**, la déesse du ciel, le Soleil traversait le corps de la déesse durant la nuit et renaissait le matin de son sexe… Le Soleil était particulièrement vénéré à Héliopolis, « la ville du Soleil ». Il pouvait prendre trois formes : **Rê**, le zénith, **Khépri**, l'aurore, **Atoum**, le couché.

Akhenaton et Néfertiti adorant Aton.

Adopté !

Originaire d'Héliopolis, Rê fut progressivement adopté par toute l'Égypte, au point que les pharaons, dès la IVe dynastie (vers 2700 av. J.-C.), se firent appeler « fils de Rê ». Les Égyptiens révéraient le dieu Soleil seul ou superposé à d'autres grandes divinités : associé à **Amon**, le dieu suprême de Thèbes, il prenait le nom d'Amon-Rê.

Un cas particulier : Aton

À l'époque du Nouvel Empire, le pharaon Akhenaton (vers 1370 av. J.-C.) tenta d'imposer aux Égyptiens le culte d'un dieu unique, créateur de toute chose : **Aton** (le Disque). Celui-ci était représenté sous la forme d'un disque solaire, dont les rayons se terminaient par des mains tendant aux hommes des croix de vie. Cette nouvelle religion, considérée par certains comme la première religion monothéiste de l'histoire, n'a pas survécu à la mort d'Akhenaton.

Nout forme la voûte céleste alors que Geb, allongé, personnifie la terre.

La naissance d'Isis et Osiris

Originaire d'Héliopolis, ce mythe était l'un des plus populaires d'Égypte. Il en existe de multiples versions, mais le fond de l'histoire est un peu toujours le même : au début était **Noun**, l'océan primordial. De Noun naquit **Atoum**, Soleil du soir et dieu créateur de l'univers. Ce dernier conçut **Chou**, le dieu de l'air, et **Tefnout**, la déesse de la pluie, qui engendrèrent ensemble le dieu **Geb**, la terre, et la déesse **Nout**, le ciel. Geb et Nout s'unirent à leur tour et donnèrent naissance à des quadruplés : Osiris, Isis, Seth et Nephthys.

Un pharaon en petits morceaux

L'aîné, **Osiris**, devint le premier pharaon d'Égypte et épousa sa sœur **Isis**. Jaloux de sa réussite, son frère **Seth** voulut l'assassiner : il l'enferma dans un coffre et le jeta dans le Nil. Le courant emporta le sarcophage jusqu'à Byblos, en Phénicie, mais la fidèle Isis réussit à le récupérer et à cacher son mari. Seth, furieux, retrouva Osiris et le découpa en morceaux, qu'il dispersa à travers l'Égypte.

La première momie

Aidée de sa sœur **Nephthys**, Isis récupéra tous les morceaux d'Osiris, sauf son sexe qu'un poisson du Nil avait avalé. Elle reconstitua le corps et l'embauma avec l'aide du dieu Anubis, confectionnant ainsi la première momie. Puis, grâce à ses pouvoirs magiques, Isis se fit féconder par la momie. Neuf mois plus tard, elle mit au monde un fils, **Horus**, qui vengera son père et deviendra le nouveau pharaon d'Égypte.

À CHAQUE VILLE SA VERSION DE LA CRÉATION DE L'HOMME…

À Héliopolis, une légende voulait que les hommes soient nés des larmes de joie versées par Atoum en retrouvant ses enfants Chou et Tefnout, qu'il croyait avoir perdus dans les ténèbres.
À Memphis, on prétendait que le dieu Ptah avait créé les hommes en prononçant leur nom à haute voix.
À Éléphantine, on croyait que le dieu **Khnoum** avait modelé les hommes sur son tour de potier.

Osiris, Isis et Horus : la triade osirienne.

Quand les bêtes s'en mêlent

Les Égyptiens vénéraient un panthéon de dieux très divers : certains avaient une apparence humaine, d'autres non. Les dieux « animaux » étaient particulièrement nombreux. Très superstitieux, les Égyptiens honoraient aussi toutes sortes de génies bizarres…

Hâpi, le dieu du Nil

Avec son gros ventre débordant comme le fleuve en crue et ses deux seins généreux, Hâpi était un drôle de dieu, mi-homme, mi-femme… Portant des plantes aquatiques sur la tête, il symbolisait la fertilité du Nil.

Horus, le dieu faucon

Horus était un dieu très ancien et très populaire. Lié à de multiples légendes, il était parfois dieu du ciel, confondu avec Rê, ou Horus le Grand portant un disque solaire sur la tête… Aujourd'hui, nous le connaissons surtout comme le fils d'Isis et Osiris, qui lutta contre son vilain oncle Seth, le dieu à tête de lévrier ou d'okapi.

Hathor, la vache amoureuse

Hathor, la déesse vache, symbolisait la joie, l'amour et la fécondité. Elle habitait le temple de Dendera et se rendait une fois par an à Edfou, où vivait son époux Horus. Cet événement appelé la « Bonne Réunion » donnait lieu à une longue procession sur le Nil puis à une grande fête.

Bastet, la reine des chats

Bastet, la déesse chatte, était adorée à Bubastis. Amicale et populaire, elle incarnait la joie et protégeait la famille. Des momies de chats lui étaient dédiées à travers toute l'Égypte, ainsi que de nombreuses statuettes.

Thot, le dieu matheux

Dieu savant entre tous, Thot a inventé l'écriture, les mathématiques et le calendrier. Représenté sous la forme d'un ibis ou d'un babouin, le scribe des dieux aurait également initié les humains aux arts et aux lettres. Son principal sanctuaire se trouvait à Hermopolis.

Les Égyptiens attribuaient à l'œil d'Horus, ou « oudjat », le pouvoir de repousser le mal.

Bès.

Apis, le taureau sacré

Vénéré à Memphis, Apis fut d'abord assimilé au dieu Ptah, le puissant protecteur de la ville. Il était alors un symbole de force et de fécondité. Par la suite, il fut également associé à Osiris et devint une divinité funéraire. Il était représenté sous la forme d'un taureau blanc avec quelques taches noires bien précises.

SACRÉES BESTIOLES !

Dans les temples, des animaux vivants incarnaient les dieux. Chats, vaches, crocodiles, chacals et autres bestioles étaient choyés par les prêtres et les fidèles, qui les traitaient comme des idoles vivantes, se prosternaient à leurs pieds et les couvraient de cadeaux. À leur mort, ces animaux divins étaient momifiés et enterrés en grande pompe.

GÉNIES À TOUT FAIRE

Les Égyptiens étaient très superstitieux. Pour se protéger des mauvais esprits, ils s'entouraient d'amulettes et n'hésitaient pas à faire appel à la magie ou aux bons génies. Thouéris, par exemple, avec son corps de femelle hippopotame, veillait sur les femmes en train d'accoucher. Quant à Bès, un gentil monstre grimaçant aux oreilles décollées et aux seins pendants, il était chargé d'effrayer les démons et les bêtes nuisibles.

Dans le secret des dieux

GUIDES PRATIQUES

Les Égyptiens nous ont laissé peu de textes expliquant leur pensée religieuse et il n'existe aucun texte révélant une parole divine.
Les principaux textes que nous connaissons sont des hymnes aux dieux ou des manuels pour les rituels.

HYMNE À ATON PAR AKHENATON

« Tu te lèves beau dans l'horizon du ciel, soleil vivant, qui vit depuis l'origine. […]
Combien nombreuses sont tes œuvres, mystérieuses à nos yeux !
Seul dieu, toi qui n'as pas de semblable, tu as créé la terre selon ton cœur, alors que tu étais seul, les hommes, toutes les bêtes domestiques et sauvages,
Tout ce qui est sur la terre et marche sur ses pieds, tout ce qui est dans le ciel et vole de ses ailes ; […] »

(Traduction de Pierre Gilbert)

Pharaon était en principe le seul prêtre d'Égypte. Mais comme il ne pouvait pas officier dans tous les temples du pays, il déléguait ses fonctions à un clergé puissant, qui côtoyait les dieux chaque jour. Le peuple, lui, devait se contenter de les apercevoir à l'occasion des fêtes.

Cérémonies secrètes

Les Égyptiens pensaient qu'il fallait s'occuper des dieux et entretenir leur force pour maintenir l'harmonie de l'univers. Mais tout le monde n'était pas autorisé à le faire… Seuls Pharaon et quelques privilégiés pouvaient s'en charger. Les cérémonies, toujours secrètes, se déroulaient dans l'espace le plus sacré du temple : une pièce obscure au cœur de laquelle se trouvait le corps terrestre du dieu, c'est-à-dire sa statue.

Les prêtres apportaient un repas au dieu, matin, midi et soir.

Une statue bien soignée

Le dieu était traité comme un être vivant. Des prêtres au crâne rasé, appelés « ouabs » (purs), prenaient soin de lui dès son « lever ». Ils lavaient sa statue, l'habillaient, la parfumaient, lui chantaient des louanges, lui offraient de la nourriture... Une fois leur devoir accompli, les ouabs pouvaient vivre comme bon leur semblait : manger, boire de la bière, faire la fête... La plupart étaient même mariés et avaient des enfants.

Étudiants d'une « maison de vie » en plein travail.

Une vraie ruche !

Placé sous l'autorité du grand prêtre, le temple n'abritait pas que le sanctuaire du dieu. On y trouvait aussi des ateliers d'artisans, des réserves, des fermes et des terres agricoles, où s'affairaient une foule de prêtres serviteurs. Ce « bas clergé » s'occupait de tâches subalternes, comme la momification, l'entretien des bâtiments, le travail dans les ateliers ou la gestion des comptes. Certains grands temples possédaient même un hôpital et une « maison de vie », véritable université où les étudiants recevaient divers enseignements : religion, littérature, calcul, médecine...

Procession du dieu Amon sur le Nil.

AMON FAIT DE L'OMBRE AU PHARAON

Le dieu Amon possédait un immense domaine à Thèbes (aujourd'hui Karnak et Louksor) et des terres dans toute l'Égypte. À son apogée, plus de 80 000 personnes travaillaient à son service, ce qui faisait du temple d'Amon un véritable État dans l'État. Grâce à ces richesses immenses, les prêtres d'Amon devinrent si puissants qu'ils firent de l'ombre aux pharaons...

Croisières divines

Si le dieu restait la plupart du temps caché dans son sanctuaire, il arrivait que sa statue sorte à l'occasion de grandes fêtes religieuses. Elle était alors juchée sur une barque portable et conduite en procession à travers le domaine du temple. Elle pouvait aussi partir pour un voyage plus lointain, sur le Nil par exemple. Cette « sortie du dieu » constituait un moment très important pour le peuple des fidèles qui n'avaient pas d'autre moyen de l'approcher.

L'ÉPOUSE D'AMON

L'épouse d'Amon, ou « divine adoratrice », était une princesse royale nommée par le pharaon pour divertir Amon. À l'égal d'une reine puissante, elle régnait sur un riche domaine et entretenait sa propre cour. En contrepartie, l'épouse d'Amon devait rester vierge toute sa vie et tenir le rôle de compagne terrestre du dieu : elle était chargée de réjouir le dieu en permanence afin de préserver l'harmonie du monde.

Passeport pour le monde d'Osiris

Le trésor de Toutankhamon

Découverte dans la vallée des Rois en 1922, la tombe de Toutankhamon contenait un véritable trésor: meubles précieux, coffres emplis de bijoux, statues, chars, armes… La momie du pharaon était protégée par trois sarcophages emboîtés, eux-mêmes encastrés dans quatre chapelles de bois doré. Elle portait un masque d'or orné de pierres précieuses ainsi que des bijoux et une multitude d'amulettes.

Les Égyptiens de l'Antiquité pensaient que la mort n'était qu'un passage. Au-delà, ils entraient dans le monde d'Osiris où les attendait la vie éternelle. Mais avant de gagner ce monde, ils devaient passer plusieurs épreuves…

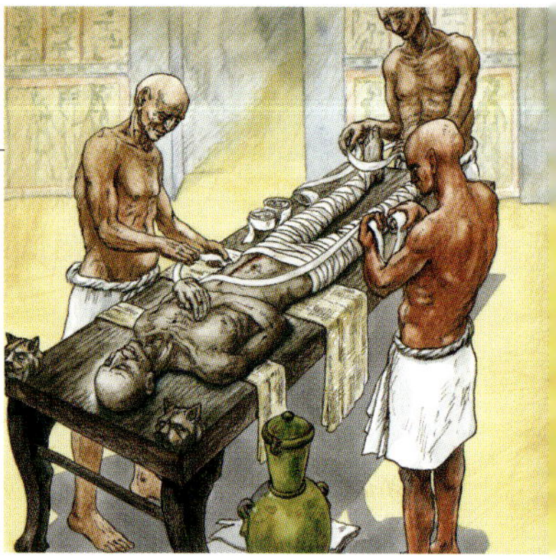

Les embaumeurs glissaient entre les bandelettes des amulettes protectrices.

Drôle de cuisine!

La légende raconte qu'après sa mort, Osiris devint le dieu des morts, maître d'un au-delà merveilleux riche de campagnes fertiles. Les Égyptiens pensaient que pour revivre dans cet au-delà paradisiaque, le corps devait rester intact. Voilà pourquoi ils momifiaient les morts selon une technique très perfectionnée: la dépouille était d'abord vidée de ses entrailles et enduite de baumes destinés à assurer sa conservation par dessèchement. Elle était ensuite entourée de bandelettes de lin.

L'estomac, les intestins, les poumons et le foie étaient extraits du cadavre et placés dans quatre vases canopes.

Préparatifs de voyage

Les défunts avaient des funérailles à la hauteur de leurs moyens. Les plus riches s'offraient un sarcophage, souvent magnifiquement décoré, dans lequel on déposait leur momie. Le sarcophage était ensuite transporté dans une tombe aux murs couverts de fresques relatant des légendes ou la vie du mort. La famille prenait soin de déposer près de lui de la nourriture, des meubles, des statuettes de serviteurs et bien d'autres objets nécessaires à une vie agréable dans l'au-delà.

SARCOPHAGE DE LA MOMIE D'UNE PRÊTRESSE DE LA XXIe DYNASTIE

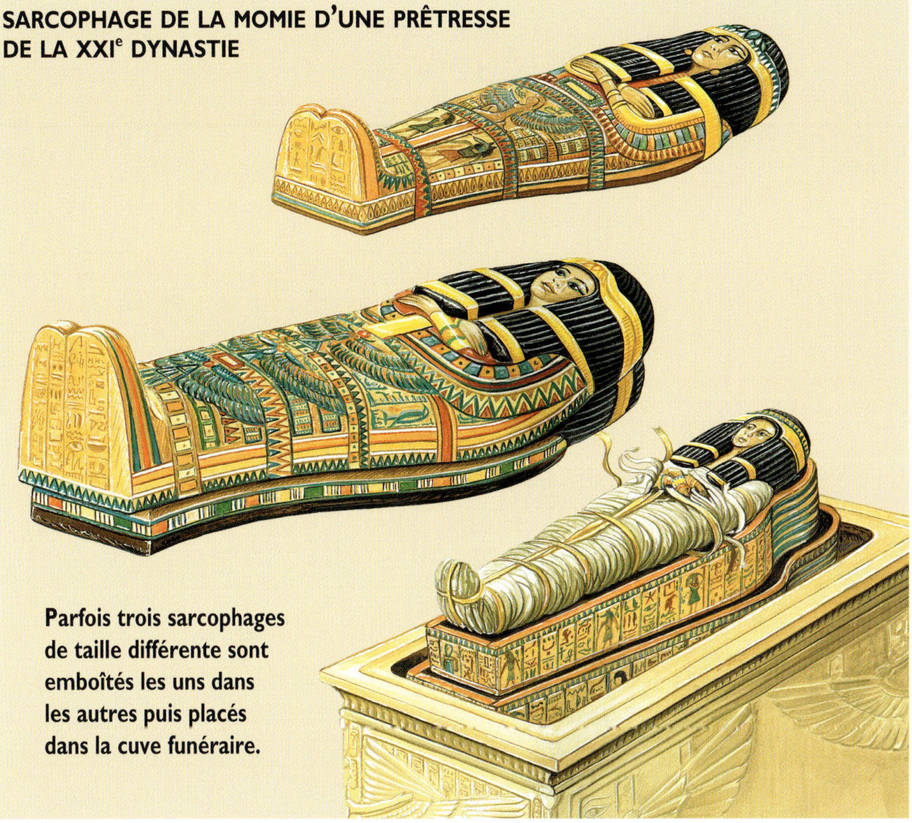

Parfois trois sarcophages de taille différente sont emboîtés les uns dans les autres puis placés dans la cuve funéraire.

Le paradis pour les petits poids

Les Égyptiens pensaient qu'une fois le tombeau fermé, le mort était conduit par **Anubis** jusqu'à Osiris pour être jugé. Son cœur était placé sur le plateau d'une balance, tandis que **Maât**, la déesse de la justice, déposait sa plume sur l'autre plateau. Si l'organe était aussi léger que la plume de Maât, cela signifiait qu'il était pur: le défunt pouvait accéder au paradis. Dans le cas contraire, le cœur était jeté dans la gueule du dieu Ammout, monstre mi-lion, mi-crocodile.

DES CHANTIERS PHARAONIQUES

Les pyramides gigantesques qui se dressent dans le désert égyptien abritaient les momies des pharaons de l'Ancien Empire. La pyramide de Khéops, sur le plateau de Gizeh, était l'une des Sept Merveilles du monde antique. Haute de 146 m à l'origine, il a fallu plus de deux millions de blocs de pierre pour la construire!

PASSEPORT POUR L'AU-DELÀ

Au Nouvel Empire, la famille du défunt déposait parmi les offrandes un Livre des morts. Ce rouleau de papyrus contenait des conseils au défunt et des formules qui devaient l'aider à entrer dans l'autre monde:

«Je n'ai pas blasphémé Dieu. Je n'ai pas appauvri un pauvre dans ses biens. Je n'ai pas fait ce qui est abominable aux dieux. Je n'ai pas desservi un esclave auprès de son maître. Je n'ai pas affligé. Je n'ai pas affamé. Je n'ai pas fait pleurer. Je n'ai pas tué. Je n'ai pas ordonné de tuer. […] Je suis pur! Je suis pur! Je suis pur!»

Chapitre 125 du Livre des morts (P. Barguet)

Anubis, le dieu à tête de chacal, veillait sur les morts.

Le panthéon grec : une affaire de famille

Parole de poètes !

Nous connaissons les dieux grecs grâce aux œuvres de deux grands poètes, Homère et Hésiode. Homère aurait composé l'*Iliade* et l'*Odyssée* au VIIIe siècle av. J.-C. Le premier poème raconte l'histoire de la guerre de Troie, le second les aventures d'Ulysse. Dans ces deux récits, les dieux interviennent sans cesse, s'imposant aux héros soit comme alliés, soit comme ennemis. Quant à Hésiode (VIIe siècle av. J.-C.), il serait l'auteur de La *Théogonie*, un long poème qui explique les origines du monde et la généalogie des dieux.

1 Zeus : dieu suprême, maître du ciel, de la pluie et de la foudre. De ses multiples aventures amoureuses naquirent dieux et héros.

Création de l'homme… et de la femme

La mythologie grecque attribue la création de l'homme au titan Prométhée, qui aurait modelé le premier homme avec un bloc d'argile. La première femme, Pandore, aurait été fabriquée par Héphaïstos, puis dotée par les dieux de l'Olympe d'une beauté et d'une grâce irrésistibles.

Pour les Grecs de l'Antiquité, l'univers était dominé par Zeus et sa famille. Immortels mais dotés d'une nature très humaine, la plupart de ces dieux passaient leur temps à ripailler, se quereller et intervenir dans les affaires des hommes.

Du chaos au mont Olympe

À l'origine du monde était le chaos. Apparut Gaia, la Terre, qui sortit de son sein Ouranos, le Ciel. Ensemble ils conçurent des monstres à 50 têtes et 100 mains, des cyclopes et des titans. L'un d'eux, Cronos, devint le maître de l'univers. Il épousa sa sœur Rhéa, qui engendra la première lignée de dieux. Malheureusement Cronos avait une sinistre habitude : il avalait ses enfants nouveau-nés ! Seul **Zeus** parvint à lui échapper. Le jeune dieu força son père à recracher ses frères et sœurs, puis lui déclara la guerre. Sorti vainqueur du combat, Zeus décréta sa toute-puissance sur l'univers et s'installa en haut du mont Olympe avec sa famille.

2 Héra : après avoir épousé son frère Zeus, elle devient la protectrice du mariage. On la redoute pour ses colères et sa jalousie. Il faut dire que son époux la trompe souvent…

3 Poséidon : frère de Zeus, le dieu de la mer vit dans un palais au fond des océans. Il commande aux tempêtes, aux orages et aux tremblements de terre.

4 Hadès : frère de Zeus, le dieu des enfers règne sur le monde souterrain et le royaume des morts.

5 **Déméter :** sœur de Zeus, la déesse de la fertilité assure l'abondance des récoltes en veillant sur les travaux agricoles et la germination des plantes.

6 **Hestia :** sœur de Zeus, la déesse du feu veille sur le foyer et les affaires domestiques.

7 **Athéna :** sortie toute armée de la tête de Zeus, la déesse de la guerre, de la sagesse et de la raison a plusieurs cordes à son arc : protectrice des arts et des sciences, elle conseille les dieux et les mortels.

8 **Arès :** fils de Zeus et d'Héra, il se consacre à la guerre.

9 **Héphaïstos :** fils d'Héra seule, le maître du feu est hideux et difforme, mais habile forgeron : c'est lui qui fabrique les armes des dieux.

10 **Aphrodite :** fille de Zeus et de Dioné, la déesse de l'amour et de la beauté n'est pas plus fidèle que son père : mariée à Héphaïstos, elle collectionne les aventures et les enfants hors mariage…

11 **Artémis :** fille de Zeus et de Léto, la protectrice de la nature sauvage est aussi la déesse de la chasse.

12 **Apollon :** frère jumeau d'Artémis, le dieu de la lumière solaire incarne la jeunesse et la beauté. Il égaie les banquets olympiens de sa musique et de sa poésie.

13 **Hermès :** fils de Zeus et de Maïa. Chaussé de sandales ailées, il est le messager du maître de l'Olympe, le dieu des voyageurs et des commerçants, mais aussi des voleurs.

14 **Dionysos :** fils de Zeus et de Sémélé, le dieu de la vigne adore le vin et l'ivresse.

La mythologie grecque inspira de nombreux chefs-d'œuvre à travers les siècles comme cette *Pallas Athéna* de Gustav Klimt.

Au cœur des cités

Dans l'Antiquité, la religion était l'un des piliers de la vie de la cité. Les Grecs sollicitaient les dieux au quotidien : ils leur demandaient de veiller sur leur maison, leur famille, leur vie professionnelle et même leurs activités politiques.

Des dieux en libre-service

La religion grecque était fondée sur un ensemble de traditions et de récits mythologiques. En l'absence de règles religieuses partagées par tous, chaque cité avait son propre panthéon : elle choisissait elle-même les dieux et les héros qu'elle souhaitait honorer. Les cérémonies étaient l'occasion de grandes fêtes auxquelles participaient tous les citoyens.

Prêtres d'occasion

Les cités grecques étaient riches de temples, de sanctuaires, d'autels et de statues consacrés à leurs divins protecteurs. Il n'existait pas vraiment de clergé professionnel pour s'en occuper. La cité désignait des citoyens – femmes ou hommes – pour une période déterminée. Ces prêtres temporaires s'acquittaient de leur tâche avec un grand sérieux, car toute négligence risquait d'attirer la colère des dieux ou des héros sur la cité.

Les Panathénées

En été, Athènes célébrait les Panathénées en l'honneur de sa déesse protectrice. Une procession grandiose traversait la ville et apportait son nouveau *peplos* (tunique) à Athéna qui résidait sur l'Acropole. On organisait pour l'occasion des concours de musique, de chant et d'athlétisme.

La procession des Panathénées rassemblait tous les notables de la cité.

Le spectacle était assuré par des acteurs et un chœur.

Les Grandes Dionysies

Au printemps, les Athéniens fêtaient les Grandes Dionysies, en hommage au dieu du vin et de l'ivresse. La statue de Dionysos était sortie de son sanctuaire et portée en procession par la foule jusqu'au théâtre, où se déroulaient des concours de poésie, de comédie et de tragédie.

Les Jeux olympiques

À Olympie, des compétitions sportives avaient lieu tous les quatre ans en l'honneur de Zeus. Ces Jeux olympiques comportaient des épreuves de course à pied, de course à cheval, de lutte, de saut, de lancer de disque ou de javelot… Les vainqueurs n'étaient récompensés que d'une simple couronne d'olivier, mais leur gloire rejaillissait sur leur cité.

Les athlètes étaient nus pour disputer leurs épreuves.

LE SAIS-TU?

Remis au goût du jour par Pierre de Coubertin en 1896, les Jeux olympiques modernes rassemblent tous les quatre ans les sportifs du monde entier.

Culte à domicile

Chaque maison possédait son bon génie et ses dieux domestiques, qui fournissaient leur protection en échange d'offrandes quotidiennes. Hestia, la déesse du foyer, veillait à l'intégration de tout nouveau membre au sein de la famille: jeune épousée, nouveau-né, esclave fraîchement acheté… Tandis que Zeus herkeios (« de l'enclos ») protégeait les biens de la maison, Apollon agyeus (« de la rue ») ou Hermès propylaios (« devant la porte ») gardaient la porte.

Héraclès combattant l'hydre à neuf têtes.

L'ÉTOFFE DES HÉROS

Demi-dieux ou humains dotés de qualités exceptionnelles, les héros jouaient un rôle aussi important que celui des dieux.

- **Persée** connut toutes sortes d'aventures. Il tua notamment Méduse, la terrible gorgone à la chevelure de serpents.
- Grand pourfendeur de monstres et de brigands, **Thésée** était le protecteur d'Athènes. Un mythe raconte comment il affronta le Minotaure, une créature mi-homme mi-taureau cachée au fond d'un labyrinthe.
- Héros infatigable, **Héraclès** est sorti vainqueur de multiples exploits, dont douze travaux jugés irréalisables. Il tua le lion de Némée, nettoya les écuries d'Augias, cueillit les pommes d'or du jardin des Hespérides…

Delphes, le sanctuaire d'Apollon

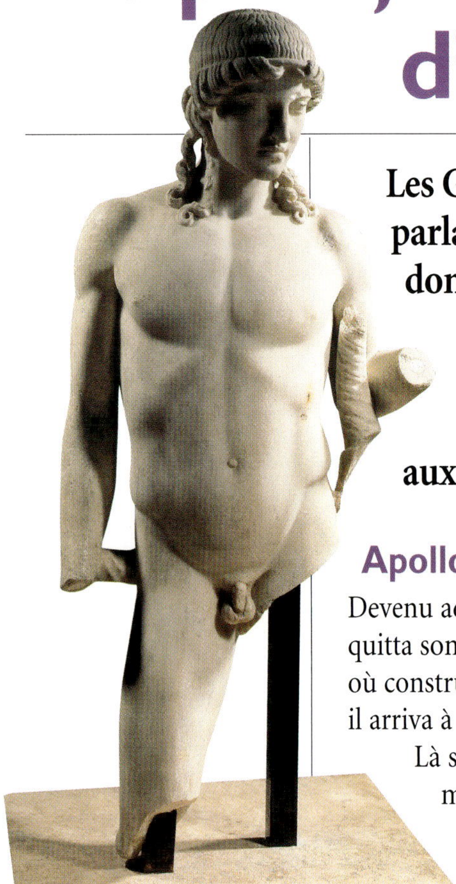

Les Grecs croyaient que les dieux leur parlaient par l'intermédiaire d'oracles, dont les messages étaient souvent énigmatiques. Le plus célèbre de ces oracles se trouvait à Delphes, où Apollon s'adressait aux hommes par la voix de la Pythie.

Apollon contre Python

Devenu adulte sept jours après sa naissance, Apollon quitta son île de Délos en quête d'un endroit où construire son temple. Après un long voyage, il arriva à Delphes, au pied du mont Parnasse. Là s'ouvrait un cratère d'où sortaient des vapeurs mystérieuses qui inspiraient des oracles à qui les respirait. C'était un lieu sacré, gardé par le terrible serpent Python. Après un combat acharné, Apollon tua Python et se proclama maître du lieu.

Apollon était le dieu de la prophétie.

NAÏF COMME CRÉSUS…

Un jour, Crésus, le roi de Lydie, vint consulter l'oracle de Delphes à propos de sa guerre contre Cyrus, le roi de Perse. La Pythie lui fit cette réponse: « Si Crésus franchit le fleuve Halys, il détruira un grand empire. » Crésus interpréta l'oracle en sa faveur et pensa que l'empire détruit serait celui de Cyrus… Malheureusement ce fut le sien ! Avait-il oublié que l'ambiguïté de l'oracle de Delphes était proverbiale ?

Les formalités d'usage

Les pèlerins venaient de toute la Grèce et de plus loin encore pour consulter l'oracle de Delphes. Tout nouvel arrivant commençait par payer le *pelanos* (la taxe de l'oracle). Il allait ensuite se purifier avec l'eau de la fontaine Castalie, avant de faire des offrandes aux dieux. Il devait notamment sacrifier une chèvre ou un autre animal sur le grand autel d'Apollon, juste devant le temple.

La fontaine Castalie par Louis-Philippe-François Boitte (XIXe siècle).

Pour favoriser sa transe, la Pythie respirait des vapeurs et mâchait des feuilles de laurier.

La consultation de l'oracle

Ces préliminaires achevés, le fidèle pouvait pénétrer dans le temple d'Apollon, où l'oracle était rendu par la Pythie, une femme à la pureté irréprochable. D'après la tradition, la prêtresse s'installait sur un trépied au-dessus de la crevasse et respirait les vapeurs qui sortaient des entrailles de la terre. Elle se disait alors possédée par le dieu et répondait aux questions des fidèles. Elle tenait des propos plus ou moins cohérents que devaient interpréter les prêtres du temple.

Pièce de monnaie représentant Apollon terrassant le serpent Python.

Petit manuel à l'usage des fidèles

Pour honorer correctement les dieux, il faut:
- se laver pour se purifier, ce sont les ablutions;
- prier, autrement dit louer et remercier les dieux;
- faire des offrandes: statuettes, objets précieux...;
- faire des libations, c'est-à-dire verser sur le sol quelques gouttes de vin, d'huile, de miel ou de lait;
- brûler de l'encens;
- sacrifier des animaux;
- entretenir le feu sacré avec des offrandes: plantes, viande...;
- participer à un grand banquet et déguster les restes des animaux sacrifiés aux dieux.

Les Trésors

Les visiteurs de Delphes accédaient au temple d'Apollon par une Voie sacrée, bordée de colonnes, de statues et de petits édifices appelés «Trésors». Ces Trésors étaient construits par les cités les plus illustres pour abriter de précieuses offrandes: vases, brûle-parfums, coffres, armes, statuettes en or, en ivoire, en argent ou en bronze... Magnifiquement décorés, ces Trésors permettaient également aux cités d'affirmer leur puissance et... de susciter l'admiration des pèlerins venus à Delphes.

Ruines du temple d'Apollon. L'antre de la Pythie se trouvait dans une crypte souterraine.

Jupiter couronné par la Victoire (Pompéi).

Rome sous l'empire des dieux

Pour les Romains, les dieux étaient partout. Le moindre événement était soumis à leur volonté. Il était donc impératif de ne pas les froisser et de maintenir la « paix avec les dieux », la fameuse *pax deorum*.

Grecs ou romains ?

Les Romains n'étaient pas très regardants sur l'origine de leurs dieux. Ils ont même largement pioché dans le panthéon grec pour honorer, sous d'autres noms, les dieux les plus importants de l'Olympe (voir tableau ci-contre). Mais certains étaient tout de même 100 % romains. C'est le cas de **Quirinus**, l'un des plus anciens, qui assurait la paix et protégeait les citoyens, de **Janus**, dieu du passage, qui veillait sur toutes les grandes étapes de la vie, et de **Saturne**, le dieu des semailles.

Janus, le dieu à deux visages.

LE SAIS-TU ?
Aujourd'hui encore, certains mois de l'année portent le nom de divinités romaines : janvier est le mois de Janus, mars celui de Mars, mai celui de la déesse Maia (déesse de la croissance) et juin celui de Junon.

Cybèle était appelée « Grand-Mère » par les Romains.

Un panthéon en accordéon

Grands conquérants, les Romains étaient également des gens prudents qui veillaient à ne pas déclencher la colère d'une divinité… même étrangère. Ils ont donc pris l'habitude d'intégrer dans leur panthéon les dieux des peuples qu'ils soumettaient.

Parmi les dieux étrangers adoptés, on retrouve **Mithra**, un dieu perse particulièrement vénéré des soldats romains ; **Isis**, la célèbre déesse égyptienne ; ou encore **Cybèle**, une déesse de la terre venue d'Asie Mineure.

POUR EN SAVOIR PLUS SUR :
- Les **dieux grecs**, voir p. 30-31.
- **Mithra**, voir p. 198-199 et p. 212-213.

Des dieux spécialisés

Chaque divinité jouait un rôle bien précis. Les plus prestigieuses cumulaient souvent plusieurs fonctions : Jupiter, le dieu des dieux, était selon les cas Stator (« qui arrête »), Fulgurator (« qui foudroie ») ou même Pistor (« boulanger »). D'autres étaient plus « spécialisées » : Fortuna ne s'occupait que de la chance ; Ops, de l'abondance. Chaque métier avait également un petit panthéon à sa disposition : selon leurs besoins, les paysans pouvaient par exemple invoquer le dieu de la semence, le dieu de la tige ou celui chargé de faire grossir les grains…

Les dieux domestiques

À côté des divinités recevant un culte public, il existait une foule de dieux domestiques et de génies, chargés de veiller sur les affaires privées. Chaque foyer possédait un petit autel, où l'on honorait le dieu Lare, protecteur de la maison et bon génie du chef de famille, ainsi que les Pénates qui veillaient sur les provisions alimentaires.

Chaque jour, le maître de maison offre au Lare et aux Pénates des fleurs, des gâteaux, du miel, du vin…

QUI EST QUI ?

• Jupiter (dieu suprême) = Zeus

• Junon (déesse des femmes mariées) = Héra

• Minerve (déesse de la guerre et de la raison) = Athéna

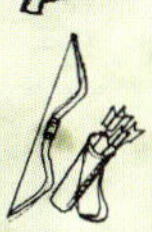
• Diane (déesse de la chasse) = Artémis

• Apollon (dieu de la lumière, de la musique et de la poésie) = Apollon

• Mercure (dieu des voyageurs et des commerçants) = Hermès

• Vénus (déesse de l'amour) = Aphrodite

• Neptune (dieu des mers) = Poséidon

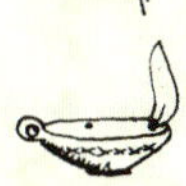
• Vesta (déesse du foyer) = Hestia

• Vulcain (dieu du feu) = Héphaïstos

• Mars (dieu de la guerre) = Arès

• Cérès (déesse de la fertilité) = Déméter

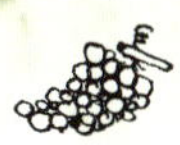
• Bacchus (dieu du vin) = Dionysos

• Pluton (dieu des enfers) = Hadès

Chaque divinité est désignée par son nom romain auquel correspond le nom grec.

La tradition, c'est la loi

Le Panthéon de Rome était dédié à tous les dieux.

Les Romains n'avaient qu'une seule obligation religieuse : honorer leurs dieux régulièrement. Mais pas question de faire n'importe quoi, sinon gare à la riposte divine !

Rites à haut risque

La religion romaine se base sur un ensemble de rites et de coutumes. Les Romains étaient très pointilleux. Prières, offrandes, sacrifices, tous les rites étaient organisés dans les moindres détails. Car la plus petite faute (une miette de gâteau sacré qui tombe, un bonnet sacerdotal de travers…) risquait, croyait-on, de provoquer une colère divine, qui pouvait se traduire par des catastrophes.

Des livres magiques

Pour conjurer les sorts et les prodiges les plus affreux, des prêtres spéciaux avaient le droit de consulter des livres secrets : les Livres sybillins. Conservés au Capitole, ces ouvrages contenaient des « recettes » contre les cataclysmes, les naissances de monstres, les pluies de pierres ou celles de sang…

Le sais-tu ?

Le Capitole était le plus grand temple de Rome. C'est là que Jupiter Optimus Maximus, dieu suprême et protecteur de Rome, résidait en compagnie de Junon et Minerve.

Flamines et pontifes

Les cérémonies religieuses étaient confiées à une multitude de prêtres chargés d'accomplir les bons gestes au bon moment. Les plus importants étaient les flamines et les pontifes. Les premiers servaient les dieux. Les seconds veillaient au strict respect des rites : si la cérémonie n'était pas accomplie selon les règles, on devait la recommencer entièrement…

Sacrifices sanglants

Les jours de fête, les Romains organisaient des processions et se rendaient au temple de la cité, dédié à une ou plusieurs divinités. L'acte le plus important de la cérémonie était le sacrifice sanglant : accompli sur un autel, devant le temple, il ne se pratiquait qu'avec des animaux soigneusement choisis en fonction de leur âge, de leur sexe, de leur poids et même de la couleur de leur pelage.

LES VESTALES

Au nombre de sept, les vestales étaient des prêtresses vierges qui entretenaient le feu sacré du temple de Vesta. Ces jeunes filles, choisies dès l'âge de 6 ans, devaient consacrer trente années de leur vie au service de la déesse. Très respectées, elles jouissaient de grands privilèges. Mais en cas de faute, si elles rompaient leur vœu de chasteté par exemple, elles étaient fouettées ou ensevelies vivantes.

Un calendrier chargé

La vie romaine était rythmée par de nombreuses fêtes, où se mêlaient cérémonies religieuses, banquets, représentations théâtrales, compétitions sportives, jeux du cirque… Certaines d'entre elles donnaient lieu à de drôles de pratiques. À Rome, en février, au cours des Lupercalia, de jeunes hommes entièrement nus couraient autour de la colline du Palatin et fouettaient les personnes qu'ils rencontraient. En décembre, les Saturnales rendaient hommage au dieu Saturne en bouleversant l'ordre établi : les maîtres étaient obligés de servir leurs esclaves à table !

Avertissements en tout genre

Les Romains croyaient aux présages : un éternuement, un coup de tonnerre ou un animal aperçu à gauche pouvaient être des signes divins… L'État lui-même n'entreprenait rien sans interroger la volonté des dieux. Pour ce faire, on faisait appel à des spécialistes. Les augures étaient des prêtres qui interprétaient les signes divins en observant le vol, l'appétit ou le chant des oiseaux. Les haruspices, eux, examinaient les entrailles des animaux sacrifiés pour y lire des présages.

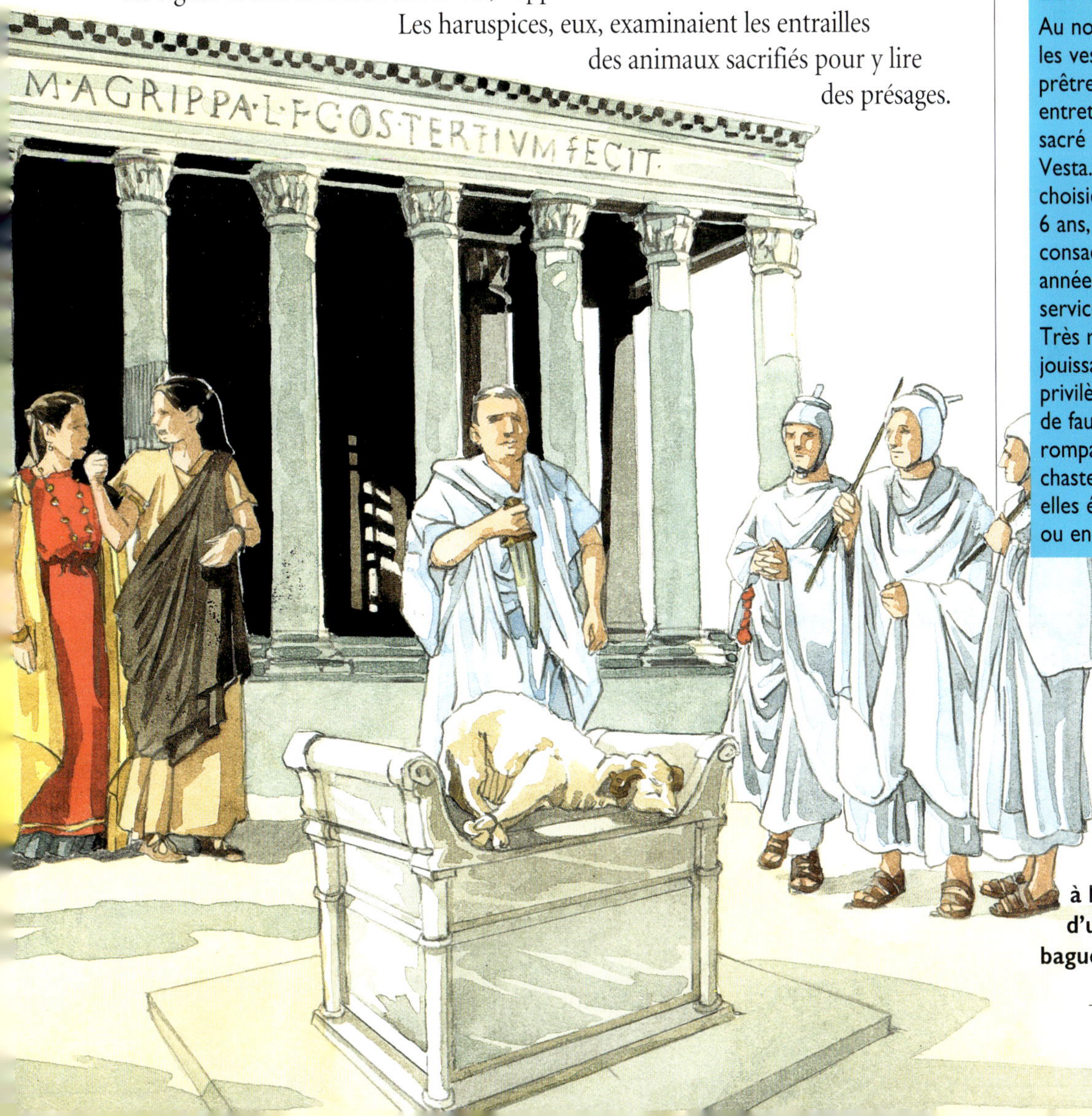

Sacrifice sous le regard attentif de trois flamines, reconnaissables à leur bonnet orné d'une petite baguette d'olivier.

L'énigme des dieux celtes

Taranis brandissant la foudre.

Les Celtes vénéraient des dieux innombrables, mais n'ont livré que bien peu d'information à leur sujet. Aujourd'hui, seules quelques divinités semblent bien identifiées tandis que beaucoup d'autres, honorées par une ou deux tribus seulement, restent obscures.

Les dieux les plus populaires

Tenant dans sa main une roue symbolisant le tonnerre et les éclairs, **Taranis** était le maître tout-puissant de l'univers. Plus énigmatique, **Teutates** semble avoir été le dieu protecteur de la tribu. Très célèbre en son temps, **Esus** est enveloppé de mystère aujourd'hui : nous ne savons pratiquement rien à son sujet. **Lug**, dieu guerrier, artisan et artiste, était un dieu important, qui a donné son nom à la capitale des Gaules : *Lugdunum* (Lyon). **Sucellus**, le dieu au maillet, s'occupait peut-être de l'âme des morts. Quant à **Epona**, la déesse des chevaux, des cavaliers et des voyageurs, elle pouvait aussi, selon les cas, guider les morts vers l'au-delà ou incarner une mère nourricière.

Epona, la déesse des chevaux.

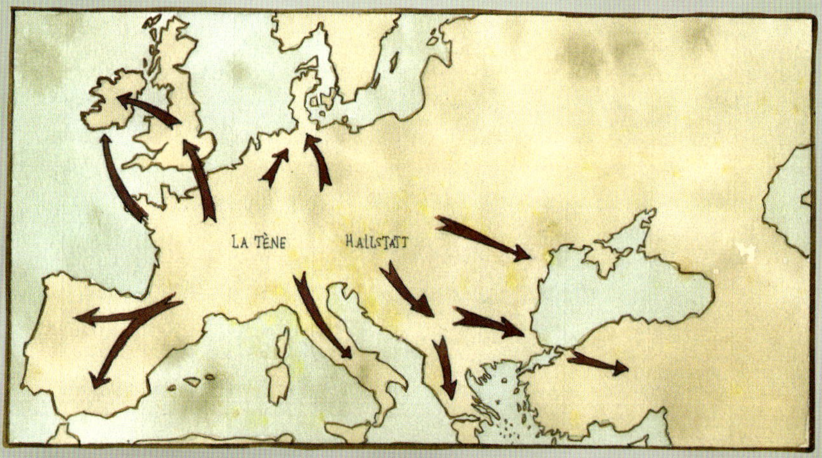

Originaires du nord des Alpes, les Celtes se sont dispersés à travers l'Europe à partir du Ve siècle avant J.-C.

Animaux fantastiques

Le monde des dieux celtes était peuplé de monstres et de créatures fantastiques. **Cernunnos**, qui régnait sans doute sur les bêtes sauvages, avait l'apparence d'un homme, mais sa tête était surmontée d'une ramure de cerf. Parmi les dizaines d'animaux fabuleux, on trouve aussi le serpent à tête de bélier, le taureau à trois cornes ou le sanglier sacré, parfois représenté avec une tête humaine.

Le sais-tu ?

Les Gaulois étaient les Celtes qui habitaient la Gaule, c'est-à-dire un territoire recouvrant plus ou moins la France actuelle.

Les dieux gallo-romains

La conquête de la Gaule par les Romains, au Ier siècle av. J.-C., aboutit à la rencontre de deux religions puissantes. À force de se côtoyer, divinités celtes et romaines finirent par se mélanger : ainsi naquirent les dieux gallo-romains. **Belenos**, le dieu « brillant », assimilé à Apollon, incarnait la beauté, patronnait les beaux-arts et soignait les malades. Son double féminin, **Belisama** « la très brillante », fut associé à Minerve : elle était vénérée comme déesse du feu domestique et des forgerons, tout en veillant aussi sur les beaux-arts et l'artisanat.

Dieu de Bouray (Essonne) : son nom n'est pas connu mais il porte le torque, collier typiquement celte.

L'héritage celte

Conquis par les Romains, la plupart des Celtes furent assimilés et « romanisés ». Seules quelques tribus résistèrent, notamment en Irlande et au Pays de Galles. Détenteurs de l'héritage celte, les Irlandais et les Gallois mirent leur riche mythologie par écrit au XIIe siècle. Aujourd'hui, ces textes du Moyen Âge sont autant de témoignages inestimables sur la religion celte. Ils désignent notamment **Dana** comme l'une des principales divinités irlandaises. Mère nourricière, Dana veille sur la fertilité du pays. Mais c'est aussi la Mère des dieux, eux-mêmes appelés « Thuatha Dé Danann » (ou Tribus de Dana).

Détail du chaudron de Gundestrup (Danemark) : Cernunnos tient le serpent à tête de bélier.

POUR EN SAVOIR PLUS SUR :

Les **dieux romains**, voir p. 36-37.

POURQUOI TANT DE MYSTÈRES ?

La religion celte est mal connue, car les Celtes de l'Antiquité n'ont laissé aucun écrit expliquant leurs croyances et leurs cultes. Nos seules informations proviennent de l'archéologie et des témoignages d'auteurs étrangers, comme Jules César ou Pline l'Ancien.

Offrandes et sacrifices

À CHAQUE DIEU SON SACRIFICE

Selon des témoignages anciens, les victimes offertes à Teutates étaient tout simplement noyées dans des tonneaux. Celles destinées à Esus étaient suspendues à un arbre et saignées à mort. Quant à celles que l'on sacrifiait à Taranis, elles étaient enfermées dans un mannequin en bois puis brûlées vives. Qui dit mieux ?

Arbres, rochers, rivières : aux yeux des Celtes, la nature foisonnait de lieux sacrés habités par les dieux. Doux adorateurs « écolos », les Celtes ? Pas toujours. Ils se livraient aussi à de terribles sacrifices humains.

À l'eau !

Les Celtes honoraient souvent leurs dieux au cœur de la nature. Ils vouaient un culte particulièrement important à l'eau sous toutes ses formes : lacs, cascades, sources, rivières, etc. Lors des cérémonies, ils faisaient des offrandes en jetant dans l'eau des objets précieux (monnaies, armes, bijoux…), et parfois même des êtres humains !

Horribles offrandes

Les Celtes bâtissaient aussi des sanctuaires, séparés du monde par un large fossé et un mur d'enceinte. À l'intérieur se trouvaient des « temples » en bois, ainsi qu'une fosse destinée à recevoir les offrandes. Les fidèles y déposaient des fruits, des légumes, des galettes, des bouillies, de l'hydromel, de la cervoise… Ils sacrifiaient aussi de nombreuses victimes, animales (bœufs, porcs, moutons, chiens, poulets…) ou humaines. On a ainsi retrouvé, à Ribemont-sur-Ancre (Somme), un monument cubique de 1,60 m de côté, fabriqué avec des centaines de fémurs et de tibias de jeunes gens âgés de 15 à 20 ans.

Crânes humains exposés dans des niches (Roquepertuse, Bouches-du-Rhône).

Médecine douce

Certaines sources étaient particulièrement réputées pour leurs vertus curatives. C'était le cas des sources de la Seine, sur lesquelles régnait la déesse Sequana. Afin que la déesse sache comment les soigner, les pèlerins jetaient dans l'eau des sculptures en bois représentant la partie malade de leur corps : jambe, bras, tête, mais aussi des organes comme les poumons et les intestins.

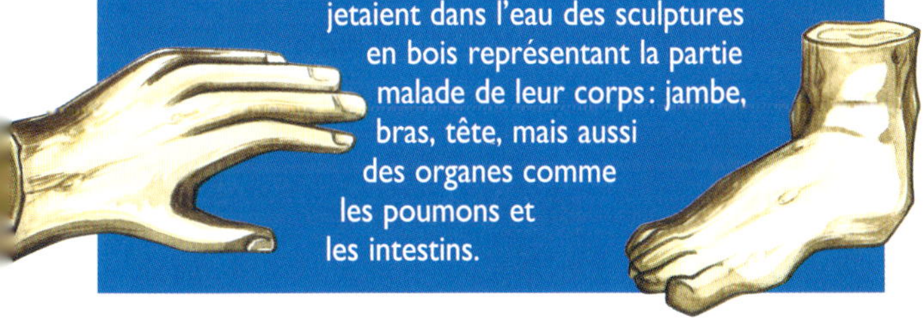

Le culte des têtes coupées

Les Celtes vénéraient les têtes coupées. Mais il est bien difficile de savoir si ces têtes étaient des trophées pris sur l'ennemi ou des reliques à la gloire des héros de la tribu.

Voyage vers l'au-delà

Les Celtes ne craignaient pas la mort car ils pensaient que l'âme était immortelle. Selon eux, les défunts partaient vers un au-delà au goût de paradis, où régnaient la paix, l'harmonie et la beauté. Lorsqu'on enterrait un mort, il fallait donc veiller à ce qu'il ne manque de rien. On l'entourait de nourriture et d'objets familiers : armes, bijoux, vases, monnaies… sans oublier le nécessaire de toilette. Les princes, eux, emportaient des objets de valeur, des meubles précieux, un char funéraire et, le cas échéant, leur épouse sacrifiée.
Leur tombe était ensuite recouverte d'un énorme tas de pierre et de terre, appelé « tumulus ».

Tumulus de Brennilis en Bretagne.

Le pouvoir des druides

Le clergé celte était constitué de prêtres appelés « druides ». Ces hommes puissants et respectés ne s'occupaient pas seulement des affaires religieuses. Gardiens du savoir, ils jouaient également un rôle important sur les plans scientifique, politique et juridique.

Vingt ans d'études pour être druide

Les druides formaient une classe privilégiée. Jouissant d'un grand prestige, ils n'étaient soumis ni à l'impôt ni au service militaire. Juste retour des choses, car il fallait parfois jusqu'à vingt ans d'études pour devenir druide ! L'enseignement était sévère et entièrement oral. Les druides considéraient en effet leur savoir comme secret et sacré : il était interdit de le fixer par écrit.

Le druide, un prêtre

Intermédiaires entre les dieux et les hommes, les druides réglaient et présidaient les cérémonies religieuses. L'une de leurs pratiques les plus connues était la cueillette du gui : entièrement drapés de blanc, ils se rendaient dans la forêt et coupaient avec une serpe d'or le gui qui poussait sur les chênes. Cette cérémonie était suivie du sacrifice de deux taureaux blancs et d'un festin. Dans d'autres rituels, leur rôle était beaucoup plus sinistre : ils ordonnaient des sacrifices humains pour interpréter des signes divins à travers l'agonie des victimes.

Les druides organisaient leurs cérémonies au beau milieu de la nature.

Les fêtes

Grâce à leurs connaissances en astronomie, les druides établissaient le calendrier et les jours de fête. Les deux plus grandes fêtes étaient Samain (le 1er novembre), qui marquait le début de la nouvelle année, et Beltène (le 1er mai), la fête du feu, pendant laquelle les druides allumaient de grands bûchers. Les Celtes célébraient aussi Imbolc (le 1er février), qui reste mal connue, et Lugnasad (le 1er août), la fête du dieu Lug.

Les bardes, gardiens de la mémoire

Souvent associés aux druides, les bardes étaient des poètes officiels. Attachés à un seigneur, ils en chantaient les louanges contre une bonne rémunération. Ils connaissaient parfaitement la généalogie des princes, les exploits des héros et tous les événements qui touchaient la tribu, ce qui faisait d'eux les gardiens de la mémoire.

Le sais-tu ?

Le mot druide signifie « très sage » ou « très savant ».

Sorti de l'imagination de R. Goscinny et d'A. Uderzo, Panoramix est le druide du village d'Astérix.

Le druide, un savant

Les druides détenaient le savoir religieux (rituels, formules magiques…). Ils étaient aussi dépositaires du savoir celte : ils avaient des connaissances en médecine, en anatomie, en droit, en histoire, en astronomie… C'est à ce titre qu'on leur confiait l'éducation des fils de l'aristocratie.

Le druide, un juge

Le savoir et la sagesse des druides en faisaient les conseillers des rois, mais aussi des juges capables de régler les conflits : meurtres, vols, problèmes d'héritage… Ils prononçaient des jugements et fixaient le montant des dommages et intérêts. Leurs décisions étaient sans appel. Dans *La Guerre des Gaules*, Jules César raconte aussi comment les druides de toute l'Europe se réunissaient chaque année au cœur de la forêt des Carnutes (près de Chartres) pour résoudre les querelles entre les tribus.

La saga des dieux vikings

Les Vikings croyaient que l'univers était dominé par des dieux aux pouvoirs fabuleux. Toutefois, malgré leur immense puissance, ces dieux n'étaient pas immortels. Un destin tragique les attendait.

QUI ÉTAIENT LES VIKINGS ?

Les Vikings ont vécu en Scandinavie (Danemark, Suède, Norvège) entre les VIIIe et XIIe siècles. Marins intrépides, guerriers redoutables et marchands avisés, ils se sont lancés à l'assaut du monde, n'hésitant pas à tailler en pièces quiconque tentait de leur résister. Leurs drakkars, célèbres navires à voile carrée rouge et blanche, les ont même conduits en Amérique… cinq siècles avant Christophe Colomb !

Naissances en cascade

La légende viking raconte qu'au début des temps deux mondes s'affrontaient : Niflheim au nord, un univers froid et obscur, et Muspelheim au sud, chaud et lumineux. Les vents brûlants de Muspelheim finirent par transformer la glace de Niflheim en gouttes d'eau. De cette eau sortit le premier être, **Ymir**. Celui-ci engendra des Géants, qui donnèrent naissance à la race des dieux. Un jour, le dieu Odin et ses frères tuèrent Ymir puis le découpèrent en morceaux. Avec sa chair, ils façonnèrent la terre ; avec son crâne, le ciel ; avec son sang, la mer ; avec ses os, les montagnes ; et avec ses cheveux, les arbres.

La création de l'homme

Après avoir créé le monde, les dieux prirent une branche de frêne pour fabriquer le premier homme et une branche de bouleau pour faire la première femme. Bons princes, ils donnèrent aux êtres humains un domaine terrestre appelé Midgardr, et se réservèrent Asgardr, le ciel. Quant aux Géants et autres monstres, ils reçurent Utgardr, situé au-delà des remparts de Midgardr. L'univers ainsi organisé connut alors une période de paix et d'harmonie.

Le Crépuscule des dieux

Hélas, ce bel équilibre était menacé ! Un jour – les dieux le savaient –, les forces du Désordre allaient se réveiller et provoquer la fin du monde. Des guerres éclateraient, des loups monstrueux avaleraient le Soleil et la Lune, des tremblements de terre feraient écrouler les montagnes, des raz-de-marée submergeraient les côtes et une armée de monstres exterminerait Odin et les siens. Les Vikings appelaient cette catastrophe le « Ragnarök » (le Crépuscule des dieux).

De la naissance du monde, par dépeçage du géant Ymir, au Ragnanök, l'imaginaire viking était souvent terrifiant.

Des héros fatalistes

Les Vikings pouvaient-ils se laisser mourir ainsi ? Non, bien sûr. Les dieux non plus. Leur devoir était d'affronter leur funeste destin et de repousser le jour du Ragnarök le plus longtemps possible. Cette vision pessimiste de l'avenir jouait sans doute beaucoup dans la mentalité guerrière des Vikings : à leurs yeux la mort n'était rien, seul comptait le courage.

L'armée des morts

Les Vikings pensaient qu'Odin se préparait au Ragnarök en levant une armée de héros capable de combattre aux côtés des dieux. Selon eux, des Walkyries aux ordres d'Odin survolaient les champs de bataille pour s'emparer des guerriers morts au combat. Puis elles emportaient ces hommes « élus » jusqu'au Walhalla, le palais des héros, pour qu'ils poursuivent leur entraînement militaire. Aux yeux des Vikings, mourir au combat était donc une distinction, l'assurance de rejoindre les dieux.

L'espoir fait vivre

Malgré l'horreur du Ragnarök, les Vikings gardaient une lueur d'espoir. Selon eux, la vie ne devait pas complètement disparaître de l'univers. Six dieux devaient survivre à la fin du monde et Baldr devenir le maître d'une terre nouvelle, verte et fertile. Un homme et une femme devaient survivre également et renouveler la race humaine.

Les Ases et les Vanes

Les dieux vikings se divisaient en deux grandes familles : les Ases, détenteurs de la force et du pouvoir, et les Vanes, dieux agraires chargés de perpétuer la vie.

Odin accompagné de ses deux corbeaux : Huginn (Pensée) et Muninn (Mémoire).

Les Ases

Odin était le chef suprême des Ases. Son pouvoir était sans limite. Dieu de la fureur, il était aussi le maître du savoir et de la sagesse. Il chevauchait un cheval à huit pattes, Sleipnir, qui savait galoper sur terre, sur l'eau et dans les airs.

Frigg, l'épouse préférée d'Odin, était la déesse de l'amour, du mariage et de la maternité.

Tyr, le dieu manchot, était réputé pour son courage et sa sagesse. Il garantissait le droit et la justice.

Thor, le tonnerre, était le fils d'Odin. C'était un dieu guerrier doué d'une force extraordinaire. Il possédait un marteau magique qui revenait automatiquement entre les mains de celui qui l'avait lancé.

Baldr était le fils très aimé d'Odin et de Frigg. C'était un dieu parfait, doté d'une beauté éblouissante. Il était adoré de tous pour sa sagesse, sa douceur et sa gentillesse.

Baldr était un dieu pacifique.

Thor était l'ennemi juré des Géants et des monstres.

Les cousins germains

Les Germains, ancêtres des Allemands, sont les cousins des Vikings. L'origine commune de ces deux peuples explique que la mythologie germanique ressemble beaucoup à celle des Scandinaves. Mais, attention, chez les Germains, Odin est appelé « Wotan », Thor « Donar » et Tyr « Tiwaz ».

Freyr et son animal favori, le verrat (porc).

Freyja était toujours accompagnée de chats.

Les Vanes

Les trois divinités essentielles sont **Njördr** et ses enfants Freyr et Freyja.

Freyr favorisait la richesse, l'amour, la fécondité des femmes et la fertilité des terres. Il était également le patron des navigateurs car il possédait un bateau merveilleux qui pouvait se replier comme un mouchoir et se ranger dans la poche.

Freyja était le double féminin de Freyr. Belle et voluptueuse, elle incarnait l'amour, la fécondité et la fertilité, mais était également vénérée comme déesse de la victoire.

Loki

Loki était un dieu à part car il avait choisi la voie du mal. Fourbe, méchant et cruel, il s'opposait aux Ases et aux Vanes. Il empêchait le monde d'être heureux. Il était le père de Hel, la déesse des enfers. Il était aussi celui de deux terribles monstres : le loup Fenrir et le serpent de Midgard. Selon les croyances vikings, c'est lui qui devait conduire les forces du Désordre le jour du Ragnarök.

UN HÉRITAGE TRÈS QUOTIDIEN

Les dieux vikings ont donné leur nom à certains jours de la semaine, notamment chez les Anglais et les Allemands. Tyr/Tiwaz a légué son nom au mardi : *Tuesday* en anglais, *Dienstag* en allemand. Thor/Donar au jeudi : *Thursday* en anglais, *Donnerstag* en allemand. Frigg (ou Freyja) au vendredi : *Friday* en anglais, *Freitag* en allemand.

L'ANNEAU DU NIEBELUNG

Au XIXe siècle, Richard Wagner a composé un drame musical appelé *Tétralogie* ou l'*Anneau du Niebelung*. Cette œuvre monumentale, qui dure quatorze heures, s'inspire très largement de la mythologie germanique. Elle se compose de quatre parties : L'Or du Rhin, La Walkyrie, Siegfried et Le Crépuscule des dieux.

Pierre gravée à l'effigie de Loki.

Cérémonies grandeur nature

Les Vikings s'entouraient d'objets porte-bonheur comme cette statuette de Freyr, le dieu de la fertilité.

Pour les Vikings, les dieux étaient des compagnons qui les protégeaient et les aidaient dans leurs entreprises. En échange de leurs bons services, les hommes leur rendaient hommage à travers des rites.

Une « religion » sans temples ni prêtres

Jusqu'à maintenant, les archéologues n'ont jamais retrouvé de temple viking. Ils pensent que ces hommes du Nord ne construisaient pas d'édifices pour abriter leurs dieux ou leurs cérémonies. On suppose qu'ils préféraient se réunir en plein air, dans des lieux sacrés : prairie, clairière, source, autour d'un rocher ou d'un arbre. Il semble qu'il n'existait pas non plus de prêtre « professionnel ». C'était au père de famille de conduire les cérémonies privées et au seigneur de présider les fêtes religieuses publiques.

Sanglante coutume

Pour invoquer leurs dieux, les Vikings suivaient un ensemble de rites et de coutumes hérités de leurs ancêtres. Au cours des cérémonies, ils priaient, faisaient des offrandes et pratiquaient des sacrifices sanglants, appelés « blot ». La victime (un animal, cheval ou chien par exemple, ou parfois un être humain) était immolée d'un grand coup d'épée ou de hache. Les Vikings recueillaient ensuite son sang dans un vase sacré. La cérémonie se terminait par un grand banquet.

Ces deux petits marteaux en argent, symbolisant le dieu Thor, sont des amulettes protectrices.

Sources écrites et sacrées

Les scaldes étaient des poètes et des conteurs, qui récitaient les exploits des dieux et les aventures des héros. Ils gardaient en mémoire toutes les histoires transmises oralement depuis des générations.
Au XIIIe siècle, les Islandais mirent ces récits par écrit. Ce sont les « Eddas ». Nous connaissons également quelques fragments de la mythologie viking grâce à des stèles gravées de runes (anciennes lettres scandinaves).

Les drakkars de la mort

Les Vikings croyaient qu'à leur mort, les guerriers partaient vers un autre monde, qu'ils espéraient rejoindre en drakkar. Mais tout le monde n'avait pas les moyens de se payer un vrai bateau. Les plus pauvres étaient donc enterrés au centre de simples alignements de pierre dessinant au sol la forme d'un navire. Les riches seigneurs, eux, étaient placés à bord d'un véritable drakkar. Ils partaient entourés de leurs biens les plus précieux : armes, boucliers, casques, bijoux, vaisselle, animaux de compagnie… Le navire était ensuite enfoui sous un tumulus. Dans certains cas, le drakkar n'était pas enterré mais enflammé, ce qui produisait beaucoup plus d'effet…

INCROYABLE MAIS VRAI !

Dans la langue Viking, les mots « religion » et « croyance » n'existent pas. Ils sont plus ou moins remplacés par les termes « pratique » et « coutume ».

Le défunt était parfois accompagné dans la mort par une concubine ou un serviteur sacrifié.

Les dieux du monde maya

Les Mayas, qui dominèrent le Mexique et le Guatemala entre 250 et 900 ap. J.-C., pratiquaient une religion proche de la nature. Ils possédaient un panthéon de dieux hauts en couleur, si nombreux et si complexes que beaucoup demeurent mystérieux.

Brûle-parfum représentant Kinich-Ahau.

À chaque dieu sa partie

Les Mayas vénéraient aussi bien le soleil que le maïs. Leurs dieux se répartissaient ainsi en deux familles principales : les divinités du ciel et des astres, sans doute les préférées des prêtres astronomes ; et celles de la nature et de l'agriculture, particulièrement importantes aux yeux des paysans. Bien sûr, il en existait des quantités d'autres, liées à la guerre, à la mort, aux métiers ou au calendrier (chaque nombre, chaque jour, chaque mois, chaque année avait son dieu).

Itzamna

Dieu du ciel et créateur du monde, il a donné aux Mayas l'écriture, les lois, les codex et les calendriers. Mais sa nature lointaine le rendait peu accessible au petit peuple.

Kinich Ahau

Dieu soleil, il était représenté avec de grands yeux louchant ou aveugles. Lorsqu'il disparaissait au crépuscule, les Mayas pensaient que le soleil se transformait en jaguar. Abondant dans les forêts mayas, ce redoutable félin était donc, lui aussi, vénéré comme un dieu.

Beau comme Kinich Ahau

Afin que leurs bébés ressemblent au dieu Kinich Ahau, les Mayas leur attachaient une perle ou un petit objet entre les deux yeux pour les forcer à loucher. Il arrivait aussi qu'ils serrent la tête de leurs enfants entre deux planchettes pour l'allonger et lui donner une forme d'obus. Eux-mêmes très coquets, les Mayas s'incisaient la peau pour se faire de jolies cicatrices, se limaient les dents ou les incrustaient de jade. Ils se perçaient également le nez, les oreilles et la lèvre inférieure pour porter des bijoux…

CHAC
Dieu de la pluie, du tonnerre et des éclairs, il était à la fois adoré pour l'eau qu'il versait sur les cultures et craint pour les terribles ravages qu'il pouvait causer. On le reconnaît à son long nez crochu et à sa peau bleue.

YUM XAC
Dieu du maïs, il était un beau jeune homme, coiffé de feuilles et d'épis de maïs. Garant des bonnes récoltes, il était très important, car le maïs constituait l'aliment de base des Mayas.

IX CHEL
Déesse de la lune, elle était souvent représentée avec un lapin dans les bras. Selon une légende maya, les dieux lui auraient jeté un lapin au visage, afin qu'elle perde de son éclat et qu'elle ne fasse pas d'ombre au soleil.

LES JUMEAUX HÉROÏQUES

Les jumeaux Hunahpu et Ixbalanqué sont des héros célèbres de la mythologie maya. Leurs exploits sont contés dans le *Popol Vuh*, la « bible » maya rédigée au XVIe siècle. Ils vivent toutes sortes d'aventures et affrontent les terribles seigneurs de Xibalba (l'enfer). Après des séjours dans des maisons très spéciales (celles des Poignards, des Jaguars, du Froid et du Feu), les jumeaux combattent la terrible chauve-souris Zotz et se sacrifient en se jetant dans un brasier pour ressusciter sous forme de créatures mi-homme, mi-poisson-chat.

L'invention de la pâte à hommes

Au début, les dieux étaient seuls dans l'univers. Ils trouvèrent qu'il serait bon pour eux d'avoir des adorateurs. Mais où les ranger? Les dieux commencèrent par créer une terre plate et carrée, prise en sandwich entre le ciel, le domaine divin, et Xibalba, les enfers souterrains. Ils se mirent ensuite à la fabrication des êtres vivants. Ils inventèrent les animaux, mais ils furent déçus par leurs cris inarticulés. Ils décidèrent alors de modeler autre chose: pourquoi pas l'homme? Après trois mauvaises tentatives, ils trouvèrent la bonne recette: ils mélangèrent de la farine de maïs avec de l'eau, en firent une pâte, et modelèrent des corps. Les Mayas étaient nés.

Les femmes broyaient les grains de maïs entre deux grosses pierres pour en faire de la farine.

UN ENFER D'ENFER!

Xibalba, l'enfer maya, était peuplé de personnages effroyables, dépeints comme des créatures à l'haleine fétide, parés de colliers d'yeux, pétant et produisant des flots d'excréments. Ces démons très raffinés répondaient aux doux noms d'« Arracheur de croûtes », de « Suceur de sang » ou de « Démon du pus ».

Masque funéraire
en jade du roi Pacal.

Au sommet des pyramides

Les Mayas pensaient que leur existence et la marche du monde dépendaient du bon vouloir des dieux. Pour obtenir leurs faveurs, ils se livraient à des rituels savants et parfois cruels, faits d'offrandes, de mutilations et de sacrifices.

Prêtres de père en fils

Chaque grande cité maya était gouvernée par un roi, à la fois chef politique et prêtre suprême. Il avait sous ses ordres un clergé, dont les membres étaient prêtres de père en fils. Ces prêtres s'occupaient de l'organisation des cérémonies. Ils servaient aussi de professeurs aux enfants des classes dirigeantes, de scribes, de devins et de médecins.

Des prêtres astronomes

Les Mayas étaient fascinés par les astres et le temps. Leurs prêtres passaient des heures à étudier le mouvement des étoiles et des planètes. Ils s'intéressaient tout particulièrement à Vénus et aux éclipses de soleil ou de lune. Excellents astronomes, ils mirent au point des calendriers précis qui leur permettaient de prévoir certains phénomènes naturels, de fixer les jours de fête et même de se livrer à des prophéties.

JEU MORTEL

Les Mayas pratiquaient un sport très populaire consistant à faire passer une balle dans un anneau fixé en hauteur. Répartis en deux équipes opposées, les joueurs n'avaient le droit de toucher la balle ni avec les mains ni avec les pieds. De nombreux spécialistes pensent que ce jeu avait une signification religieuse (peut-être liée à la course du soleil) et que les perdants étaient parfois sacrifiés aux dieux.

L'observatoire
astronomique
de Chichen Itza.

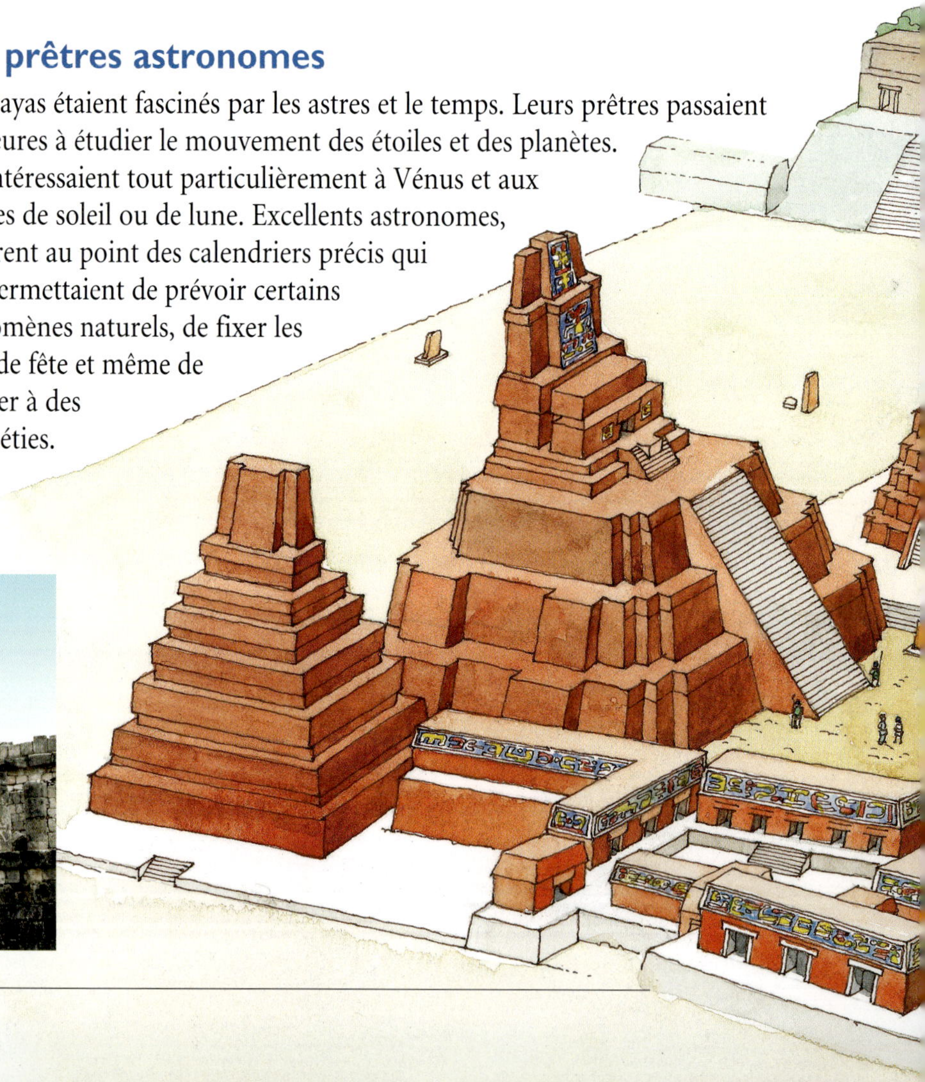

Codex de Madrid.

Les pyramides mayas

Chaque roi faisait construire de grands temples dans sa capitale. Ces édifices avaient la forme de pyramides à étages. On en atteignait le sommet par un immense escalier qui conduisait à un sanctuaire. Beaucoup de ces pyramides servaient à la fois de lieu de cérémonie et de tombeau. C'était le cas du temple des Inscriptions, à Palenque (Mexique), qui abritait la tombe du grand roi Pacal.

Le don précieux du sang

Pour plaire aux dieux, les remercier ou obtenir quelque chose d'eux, les Mayas leur offraient un don précieux: du sang animal (jaguar, chien, colibri, dindon) ou, mieux, du sang humain. Les prêtres et les hauts dignitaires eux-mêmes n'hésitaient pas à se mutiler pour honorer les divinités: ils se tailladaient la peau, se saignaient, se perçaient la langue ou le sexe… La douleur, sans doute accompagnée d'un jeûne et d'une prise de substance hallucinogène, les aidait à se mettre en transe.

L'ART DES CODEX

Les prêtres mayas consignaient leur savoir dans des « codex », c'est-à-dire des livres fabriqués avec des bandes d'écorce repliées en accordéon. Ces codex contenaient des textes écrits en pictogrammes (dessins représentant un nom, un son ou une idée), des données mathématiques et des dessins.
Nous connaissons quatre codex mayas. Mais ces documents restent en partie énigmatiques, car les spécialistes n'ont pas encore réussi à en déchiffrer tous les pictogrammes.

Tikal, au cœur de la jungle guatémaltèque, était l'une des plus grandes cités mayas.

Le carnaval des dieux aztèques

Venus des déserts du Nord, les Aztèques s'installèrent au Mexique et dominèrent le pays entre le XIVe et le début du XVIe siècle. Ils développèrent une civilisation raffinée, placée sous la protection d'un panthéon de dieux surprenants et souvent monstrueux.

Les quatre dieux majeurs

Les Aztèques adoraient tout particulièrement quatre dieux : Huitzilopochtli et Tezcatlipoca, le jour et la nuit, qui assuraient le bon déroulement des guerres et des conquêtes ; Quetzalcoatl et Tlaloc qui subvenaient aux besoins d'une vie sédentaire, agricole et civilisée.

HUITZILOPOCHTLI, LE COLIBRI DU SUD
Incarnation du Soleil, guerrier féroce, Huitzilopochtli était aussi le guide des Aztèques. Il leur aurait prédit qu'ils pourraient s'installer là où ils apercevraient un aigle sur un cactus dévorant un serpent… Le signe serait apparu en 1345, à l'endroit où s'élève Mexico aujourd'hui.

DES DIEUX ADOPTÉS

Lorsqu'ils envahissent le Mexique, au XIVe siècle, les Aztèques entrent en contact, plus ou moins violemment, avec d'autres tribus (Huastèques, Mixtèques, Tépanèques…). Loin d'anéantir les cultures de ces peuples, ils en assimilent peu à peu les différents aspects et adoptent la plupart de leurs dieux. D'où un panthéon parfois un peu compliqué…

QUETZALCOATL, LE SERPENT À PLUMES
Quetzalcoatl était un dieu ancien. À l'époque aztèque, il était le gardien du clergé. Il était aussi l'inventeur du calendrier et des livres, il veillait sur les arts et les sciences. Il était souvent honoré sous le nom d'« Ehécatl », le dieu du vent.

TEZCATLIPOCA, LE MIROIR FUMANT
Tezcatlipoca symbolisait la nuit, la mort et la destruction. Dieu de la guerre et protecteur des guerriers, il était aussi le défenseur des magiciens. Son miroir magique lui permettait de prédire l'avenir et de lire dans le cœur des hommes.

TLALOC, LE DIEU DE LA PLUIE
Tlaloc ressemblait beaucoup au dieu maya Chac. Très lié à la nature et à l'agriculture, son pouvoir était double : un jour il faisait tomber une averse favorable aux récoltes, le lendemain il déclenchait un déluge qui détruisait tout. Quand il ne décidait pas de lancer la foudre, le tonnerre ou la grêle…

La galerie des horreurs

Dieux du ciel, des étoiles et des planètes, dieux de la terre et des végétaux, dieux des eaux, dieux de la mort… les Aztèques vénéraient des centaines de dieux. Ces derniers nous apparaissent aujourd'hui bien étranges, parfois sinistres, voire franchement monstrueux.

XOCHIPILLI, LE PRINCE DES FLEURS
Dieu sympathique, Xochipilli est le prince des fleurs. Il aime la fête, la danse, la poésie, la musique… et veille sur l'amour.

COATLICUE, LA DÉESSE AU DOUBLE VISAGE
Pas très fréquentable la déesse de la terre…Honorée comme divinité de la fertilité, Coatlicue faisait pousser les plantes. Mais elle pouvait aussi se faire tombeau, toujours prête à engloutir les morts tout frais. Coquette, elle portait une jupe de serpents et des parures faites de crânes, de cœurs et de membres humains.

MICTLANTECUHTLI, LE SEIGNEUR DE LA MORT
Représenté sous la forme d'un squelette, Mictlantecuhtli régnait sur le Mictlan, cet enfer souterrain et froid qui attend tous ceux qui meurent de mort naturelle.

LA LÉGENDE DE QUETZALCOATL

Quetzalcoatl, le roi de Tula, régnait sur le Mexique avec sagesse et assurait la paix de son royaume, quand apparut Tezcatlipoca, le dieu des ténèbres. Bien décidé à s'emparer du pouvoir, ce dernier chassa Quetzalcoatl, qui s'enfuit au-delà des mers sur un radeau de serpents. Mais avant de disparaître, il promit à son peuple de revenir. Cette légende coûta cher aux Aztèques : lorsqu'ils virent arriver le conquistador Hernan Cortès, en 1519, ils crurent Quetzalcoatl enfin de retour. Ne sachant pas très bien comment réagir, ils ne combattirent pas tout de suite les Espagnols, qui en profitèrent pour les anéantir.

Disque-calendrier
appelé la Piedra del Sol.

Sous l'emprise des prêtres

La société aztèque était stricte et très organisée. Les prêtres régnaient en maîtres sur les temples, l'éducation des élites et les cérémonies religieuses. Ils jouaient également un rôle politique important.

Tenochtitlan, séjour des dieux

Tenochtitlan, située à l'emplacement de l'actuel Mexico, était la capitale de l'empire aztèque. Au cœur de ce grand centre religieux se trouvait une enceinte sacrée qui abritait plusieurs temples ainsi que des logements pour les prêtres. Le temple Mayor, haut de 30 m, était l'édifice le plus imposant. À ses côtés s'élevaient le temple de Tezcatlipoca et celui de Quetzalcoatl. Ce dernier avait une forme arrondie, conçue pour plaire au dieu du vent puisqu'elle ne lui offrait aucune résistance.

L'ère du Cinquième Soleil

Les Aztèques pensaient que leur monde succédait à quatre autres mondes disparus. Une de leurs légendes racontait que le premier monde, ou Premier Soleil, fut dévoré par des jaguars ; le Deuxième ravagé par un ouragan ; le Troisième incendié par une pluie de feu et le Quatrième noyé par un déluge. Le monde actuel, le Cinquième Soleil, aurait été créé grâce au sacrifice du dieu Nanahuatzin, qui se jeta sans hésiter dans un brasier et se transforma en soleil. Malheureusement, le Cinquième Soleil est lui aussi condamné à disparaître dans un tremblement de terre.

Tenochtitlan vue par le peintre Diego Rivera.

Un clergé bien ordonné

Le roi assumait la fonction de prêtre suprême. Dans la pratique, il déléguait l'administration des temples et du clergé à son vice-roi appelé « femme serpent ». Venaient ensuite les deux grands prêtres de Huitzilopochtli et de Tlaloc, qui régnaient sur le temple principal de Tenochtitlan. Ces hauts personnages étaient des conseillers privilégiés du roi. Sous leurs ordres officiaient de nombreux prêtres et prêtresses, qui s'occupaient de l'entretien et de la vie des temples.

À bonne école

Alors que les garçons du peuple fréquentaient l'école publique où ils recevaient un enseignement civique et militaire, les enfants des dignitaires préféraient souvent entrer dans une école religieuse. Ces écoles, appelées « calmecac », étaient dirigées par des prêtres. Les jeunes garçons y apprenaient à lire et à écrire ; ils s'initiaient aux secrets de l'astronomie, des calendriers et de la divination. Les plus motivés pouvaient ensuite devenir prêtres. Il existait des écoles semblables pour les jeunes filles de famille riche.

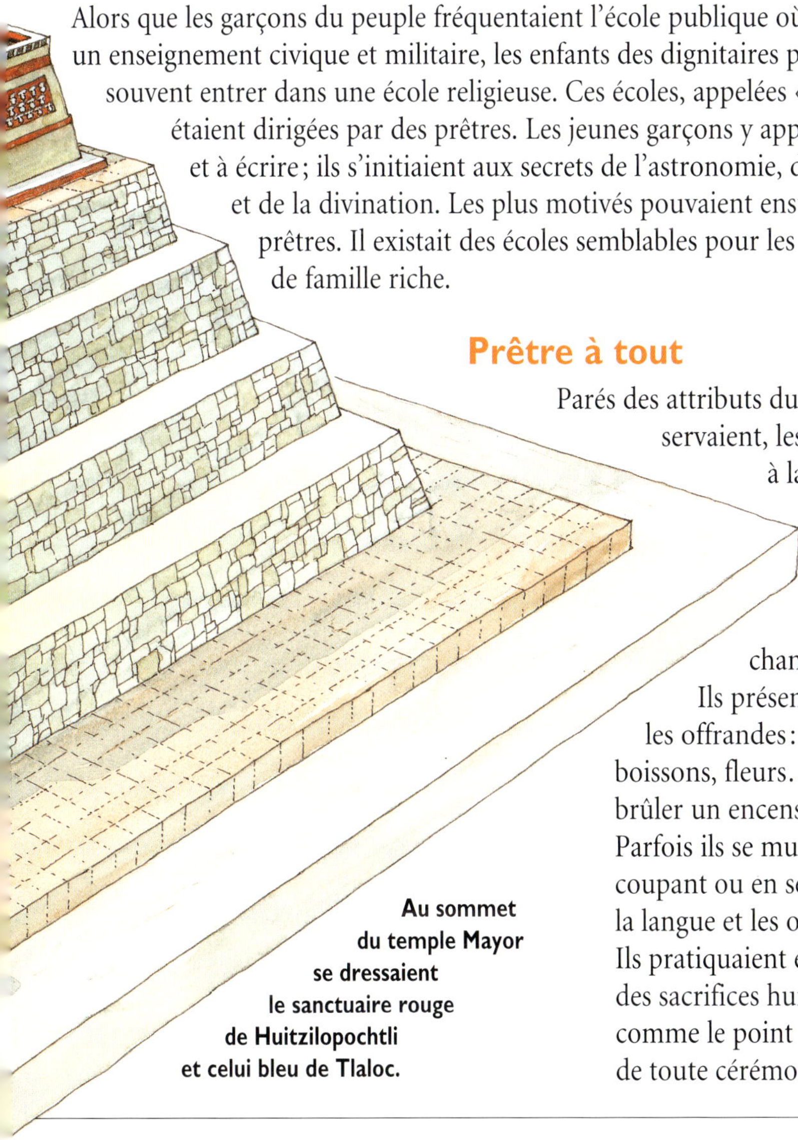

Au sommet du temple Mayor se dressaient le sanctuaire rouge de Huitzilopochtli et celui bleu de Tlaloc.

Prêtre à tout

Parés des attributs du dieu qu'ils servaient, les prêtres veillaient à la magnificence des temples. Ils encadraient les processions, dirigeaient les chants et les danses. Ils présentaient aux dieux les offrandes : nourriture, boissons, fleurs… et faisaient brûler un encens appelé « copal ». Parfois ils se mutilaient en se coupant ou en se transperçant la langue et les oreilles. Ils pratiquaient également des sacrifices humains, considérés comme le point culminant de toute cérémonie.

Pour en savoir plus sur :
La **fondation de Mexico-Tenochtitlan**, voir p. 56.

La recréation de l'homme

La légende raconte que la Terre se mit à vivre grâce à la chaleur et à la lumière du Cinquième Soleil. Les dieux décidèrent alors de créer l'homme pour les louer et s'occuper de la Terre. Le dieu Quetzalcoatl descendit au Mictlan pour récupérer les os des anciens humains qui avaient vécu avant le Cinquième Soleil. Après avoir broyé ces os, il les mélangea avec quelques gouttes de son sang et fit une pâte avec laquelle il modela l'homme nouveau.

Des rivières de sang

INCROYABLE MAIS VRAI
En 1486, le roi Ahuitzol a fêté la rénovation du Grand Temple de Mexico-Tenochtitlan en sacrifiant quelque 20 000 prisonniers en quatre jours.

Les sacrifices humains étaient courants chez beaucoup de peuples de l'ancien Mexique. Mais ce sont les Aztèques qui ont pratiqué cette coutume avec le plus de fanatisme.

Les Aztèques croyaient que le soleil avait besoin de sang pour continuer sa course.

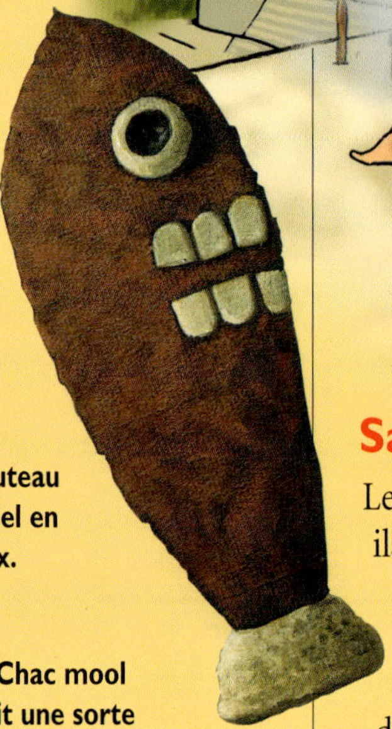

Couteau rituel en silex.

Le Chac mool était une sorte d'autel sacrificiel.

Sacrifices en tout genre

Les Aztèques avaient beaucoup d'imagination en matière de sacrifices : ils pratiquaient aussi bien la pendaison que la crémation, la décapitation ou la noyade… Ils organisaient aussi des combats sacrificiels : attachée par un pied à un poteau et armée de fausses armes en bois, la victime devait se battre contre des guerriers « aigles » et des guerriers « jaguars » armés de vraies armes.

Cœur arraché et crâne planté

Le sacrifice le plus pratiqué, et de loin, était l'extraction du cœur. La victime était allongée sur une pierre sacrificielle et maintenue par des prêtres. Le religieux sacrificateur lui ouvrait la poitrine avec un couteau et lui arrachait le cœur. L'organe encore palpitant était alors déposé dans une urne en pierre et le corps de la victime précipité dans le grand escalier de la pyramide. Souvent, la tête était récupérée pour être plantée sur un râtelier à crânes appelé « tzompantli ».

Des sacrifices, pour quoi faire ?

Les Aztèques considéraient le sacrifice humain comme l'offrande suprême. Appelé « eau précieuse », le sang en était l'élément primordial, l'énergie vitale qui permettait de nourrir les dieux. Les Aztèques croyaient également que les sacrifices assuraient la bonne marche de l'univers : à l'exemple du dieu Nanahuatzin qui s'était sacrifié pour que naisse le monde, les hommes devaient sans cesse immoler de nouvelles victimes pour que l'univers continue d'exister. Le sacrifice humain était aussi une arme politique redoutable, idéale pour terroriser et éliminer les ennemis.

Prêtre habillé et masqué avec la peau d'une victime.

Dans la peau de Xipe

Xipe Totec, « notre seigneur l'écorché », était le dieu du printemps. Le prêtre chargé d'incarner Xipe Totec devait s'habiller avec la peau d'une victime sacrifiée et écorchée. Il gardait cette dépouille sanglante et puante pendant vingt jours puis l'enlevait pour symboliser le renouveau de la végétation.

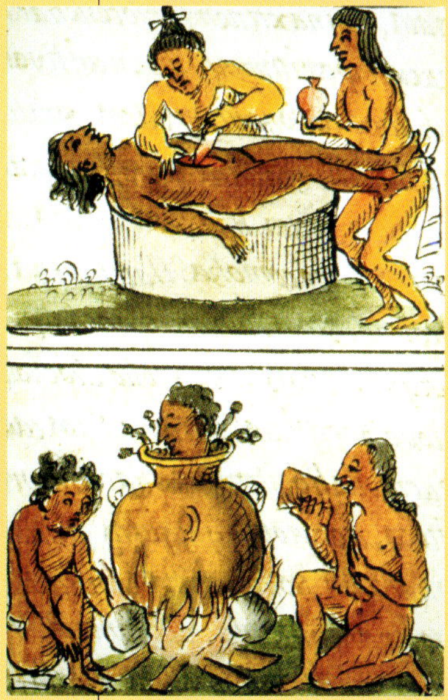

Parfois, les Aztèques cuisinaient leurs victimes avec du maïs et les mangeaient.

Victime et fier de l'être

Il semble que les victimes, surtout les guerriers, aient accepté leur sort avec résignation. Leur docilité s'explique en partie par l'idée qu'elles se faisaient de la mort : à leurs yeux, il n'y avait pas fin plus glorieuse que de mourir au combat ou sur l'autel du sacrifice. Les martyrs étaient persuadés qu'en mourant ainsi ils iraient directement au paradis, aux côtés du soleil, alors que tous les autres défunts étaient voués au Mictlan, le terrible enfer souterrain.

Pour en savoir plus sur :

Nanahuatzin et la création du monde, voir p. 58.

Une vie de pacha qui finit mal

Chaque année, les Aztèques choisissaient un beau jeune homme qui devait incarner Tezcatlipoca, le miroir fumant. Il était traité comme un dieu vivant, logeant dans un palais luxueux et partageant la couche de belles jeunes filles parées comme des déesses. Au bout d'un an, une grande fête lui était consacrée… et couic ! le dieu vivant était sacrifié.

La guerre fleurie

Les Aztèques avaient pour habitude de sacrifier des esclaves et des prisonniers de guerre. En temps de paix, il leur arrivait donc de manquer de victimes. Ils organisaient alors avec les tribus voisines des tournois ayant pour unique but la capture de futures victimes. Ces tournois « amicaux » s'appelaient « guerres fleuries ».

Les victimes de Tlaloc

Les Aztèques lui sacrifiaient des enfants qu'ils enfermaient dans des grottes au sommet des montagnes : les larmes des petites victimes étaient censées attirer la pluie.

Dieux et génies incas

Du XVe au XVIe siècle, les Incas furent les maîtres d'un empire immense, centré sur le Pérou et la Bolivie. Ils honoraient les dieux de l'empire, leurs ancêtres, ainsi qu'une foule de « huaca », des génies locaux.

Adoration du Soleil et de la Lune d'après l'artiste inca Poma de Ayala.

Les dieux de l'empire

Inti, le Soleil, était le dieu suprême et l'époux de **Mama Quilla**, la Mère-Lune. Ancêtre divin de l'empereur appelé « Sapa Inca », Inti avait une importance politique : les Incas lui bâtissaient des temples à travers tout l'empire et rendaient son culte obligatoire.

Viracocha apparaît, selon les mythes, comme un dieu créateur ou un héros civilisateur. Les Incas pensaient qu'il avait créé l'humanité, puis qu'il avait transmis tout son savoir aux hommes : le langage, le tissage, les lois et les coutumes, l'agriculture…

Illapa, le dieu du tonnerre, lançait la foudre, la grêle et la pluie. Les Incas l'imaginaient sous la forme d'un homme mince armé d'une fronde qui lui servait à lancer des éclairs. Selon la légende, il vivait à proximité d'une rivière, la Voie lactée, où il puisait l'eau qu'il déversait sur terre.

Pachamama, la Terre-Mère, régnait sur le monde végétal en tant que déesse de la fertilité. Des prières et des sacrifices lui étaient adressés au début et à la fin de chaque cycle agricole. À côté d'elle étaient adorées des divinités secondaires associées à des plantes particulières : Mère-Maïs, Mère-Pomme de terre, Mère-Quinoa (riz des Andes), Mère-Coca…

Adorateurs d'étoiles

Excellents astronomes, les Incas observaient le ciel avec la plus grande attention. Outre le soleil, la lune et la planète Vénus, ils connaissaient et vénéraient certaines constellations comme la Voie lactée, la Croix du Sud et les Pléiades.

Détail du Machu Picchu : cette pierre, l'Intihuatana, servait aux observations astronomiques.

La cité de Machu Picchu, cachée dans les montagnes.

Momie portée en procession.

Le culte des morts

Les Incas vénéraient leurs ancêtres et voulaient les garder en souvenir. Les défunts les plus riches avaient le privilège d'être momifiés. Recroquevillé sur lui-même, le corps du mort était enveloppé dans de riches tissus et formait un paquet appelé « fardo ». Les momies les plus précieuses (celles des Sapa Inca et des autres dignitaires) étaient conservées dans les temples. Les jours de fête, le peuple les sortait, les promenait dans les rues et les installait en bonne place pour qu'elles soient honorées et qu'elles profitent des réjouissances.

Appel à témoins

Les Incas ne connaissaient pas l'écriture. Ils ne nous ont laissé aucun texte datant d'avant la conquête espagnole. Les seuls témoignages qui nous restent sont ceux des Espagnols et des Indiens colonisés… et christianisés.

La création du monde

Selon la tradition inca, la création de l'univers se fit en plusieurs temps. D'abord Viracocha créa le Ciel, la Terre et des êtres humains qu'il laissa vivre dans les ténèbres. Mais ces premiers hommes lui déplurent et il les transforma en statues de pierre. Dans un second temps, Viracocha émergea du lac Titicaca, créa le soleil et le jour, la lune et les étoiles. Ensuite, il sculpta dans la pierre des hommes, des femmes et des enfants pour peupler le monde.

Huaca porte-bonheur

Les Incas vénéraient aussi d'innombrables « huaca » : ces génies habitaient des lieux sacrés disséminés dans la nature (montagnes, cavernes, lacs, rochers…), des constructions (temples, chapelles, maisons, tombes…) ou des objets (piliers, statues, momies…). Esprits puissants doués de forces surnaturelles, les huaca protégeaient les hommes et favorisaient certaines de leurs entreprises. Les hommes devaient donc les en remercier par des offrandes. S'ils oubliaient de les honorer, les génies se vengeaient en envoyant calamités, désastres et maladies. À l'inverse, si les génies se montraient ingrats ou ne jouaient pas leur rôle protecteur, les hommes avaient le droit de les punir.

« Fardo » surmonté d'une fausse tête.

Kero : tasse utilisée pour les libations.

La religion du Soleil

Encadré par un clergé riche et puissant, le peuple inca célébrait la nature et l'univers à travers de nombreuses fêtes. Il rendait un culte particulier à Inti, le Soleil, dont l'empereur, Sapa Inca, se disait le fils.

Le fils du Soleil

L'empereur, ou Sapa Inca, était le chef politique et militaire de l'empire, mais aussi le chef religieux. Il se disait descendant direct d'Inti et se faisait appeler le « fils du Soleil ». Juste après le Sapa Inca venait le Grand Prêtre du Soleil, choisi parmi ses frères ou ses oncles.

Des prêtres puissants

Les prêtres s'occupaient des temples, des sanctuaires et des lieux sacrés de l'empire. Ils étaient regroupés en un clergé riche et puissant, qui possédait de nombreux troupeaux et un tiers des terres de l'empire (un autre tiers appartenait au Sapa Inca et à l'État, le troisième aux paysans). L'ensemble des terres était travaillé par les paysans qui, sous forme de corvées, devaient cultiver les champs du clergé et de l'État en plus des leurs.

Les Vierges du Soleil

Les plus belles jeunes filles de l'empire étaient enlevées à leur famille et enfermées en attendant que le Sapa Inca décide de leur sort. Ces « aqlla-cuna » (femmes choisies) devenaient alors des concubines de l'empereur, des épouses de hauts fonctionnaires ou des prêtresses. Ces dernières s'appelaient les « Vierges du Soleil ». Cloîtrées dans des temples, elles fabriquaient les « cumbi », des étoffes fines tissées en laine de vigogne (une cousine du lama). Ces luxueuses étoffes étaient portées par l'empereur, sa famille, les prêtres et les idoles. Il arrivait aussi que certaines jeunes filles soient droguées et offertes en sacrifice aux dieux.

Le Coricancha possédait un jardin merveilleux planté de tiges de maïs en or. Lors de rites censés assurer la fertilité des terres de l'empire, le Sapa Inca faisait semblant de couper ces tiges.

Cuzco, le nombril du monde

La capitale politique et religieuse de l'empire s'appelait Cuzco, c'est-à-dire « nombril du monde ». Au cœur de la cité se trouvait le Coricancha, un enclos sacré, qui abritait le temple du Soleil recouvert d'or, le temple de la Lune habillé d'argent et trois temples richement décorés dédiés à Vénus, à la Foudre et à l'Arc-en-ciel.

Une fête par mois

Chaque mois, les Incas organisaient une grande fête correspondant à une étape des travaux agricoles, aux saisons, aux astres, aux ancêtres, etc. Les fidèles sortaient les momies des temples, priaient, faisaient des libations et brûlaient des offrandes (feuilles de coca, épis de maïs, statuettes, étoffes précieuses…). Il leur arrivait aussi de sacrifier des animaux, comme des lamas, des alpagas et des cochons d'Inde.

Enfants sacrifiés

Les Incas recouraient aux sacrifices humains dans certaines circonstances : l'arrivée au pouvoir d'un nouvel empereur, un tremblement de terre, une éclipse de soleil… Ils sacrifiaient surtout des enfants. Les petites victimes devaient avoir un corps sans défaut : la moindre tache sur la peau les disqualifiait. Les enfants étaient bien traités jusqu'au moment du sacrifice… Ce jour-là, ils étaient vraisemblablement rendus inconscients par des drogues puis enterrés vivants ou bien abandonnés dans des grottes.

Jour de fête selon l'artiste inca Poma de Ayala.

Les arts divinatoires

Les Incas étaient très superstitieux. Ils n'entreprenaient rien d'important sans avoir l'avis d'un devin. Celui-ci était un prêtre spécialisé, qui prédisait l'avenir en observant les flammes d'un feu, en lisant dans les entrailles d'animaux, en interprétant la marche des araignées, la disposition des feuilles de coca ou même le trajet de la salive qui coulait sur ses doigts…

À l'heure des anciennes croyances

Le mystère de la Vierge de Guadalupe

Au Mexique, la Vierge de Guadalupe serait apparue le 9 décembre 1531 à un Indien nommé Juan Diego. Elle est considérée comme la première apparition de la Sainte Vierge sur le continent américain. Chaque année, des millions de fidèles viennent la visiter. Cette adoration, apparemment très catholique, cache pourtant des racines bien plus anciennes. La Vierge s'est manifestée sur la colline du Tepeya, qui était à l'époque aztèque le domaine sacré de Tonantzin, déesse-mère de la terre, du printemps et du maïs ! L'assimilation de la Vierge à Tonantzin expliquerait-elle en partie la passion des Indiens pour Notre-Dame-de-Guadalupe ?

Massacrés par les conquistadores espagnols, réduits en esclavage et convertis de force au catholicisme, les Indiens d'Amérique latine ont malgré tout su préserver une partie de leur héritage. Un peu partout persistent des croyances et des pratiques ancestrales.

Les héritiers des Incas fêtent le Soleil

Chaque année, le 24 juin, les Indiens de Cuzco (Pérou) et des environs se rassemblent devant la forteresse de Sacsahuaman pour fêter le solstice d'hiver (ils sont dans l'hémisphère Sud !). Cette cérémonie en l'honneur du Soleil commémore l'Inti Raymi, la plus importante fête des Incas : c'est le moment où Inti, le dieu Soleil, s'apprête à renaître pour apporter aux Incas, ses enfants, la nourriture et la vie. Devenue très folklorique, cette fête rassemble une foule immense. C'est l'occasion de processions, de cérémonies imitant les anciens rituels, de danses et même d'une fête foraine.

Les descendants des Mayas appellent la pluie

Les Lacandons maintiennent vivants certains rites mayas.

Les Mayas n'ont pas tous disparu. Ils vivent aujourd'hui nombreux au Guatemala et dans les provinces mexicaines du Chiapas et du Yucatan. Malgré la christianisation, certaines de leurs croyances ancestrales existent toujours. Pour certains Mayas, la montagne qui domine leur village est encore aujourd'hui un lieu sacré qu'ils appellent « cerro ». Des prêtres y organisent des cérémonies pour appeler la pluie : ils prient et sacrifient un coq, puis mélangent le sang de l'animal à du copal qu'ils font brûler en offrande.

L'Inti Raymi, un grand spectacle.

Le Jour des Morts, les cimetières se transforment en lieu de fête.

Les fils des Aztèques pique-niquent avec les morts

Chaque année, au Mexique et au Guatemala, les communautés indiennes célèbrent le Jour des Morts. Cette fête, directement liée à d'anciens rites funéraires, marque le retour sur terre des âmes des défunts. Les familles dressent chez elles des autels où sont posées des photographies des défunts et des offrandes : fleurs, bougies, encens, alcool, plats préférés des disparus… Dans la nuit du 1er au 2 novembre, les familles organisent des pique-niques dans les cimetières afin que les morts profitent eux aussi des petits plaisirs de la vie. Cette fête est également l'occasion de se rire de la mort : les gens s'offrent toutes sortes de friandises en sucre ou en chocolat, qui représentent des squelettes, des crânes ou des cercueils.

Le drapeau mexicain porte l'emblème des Aztèques : un aigle sur un cactus tenant dans son bec un serpent.

LA DANSE DES OISEAUX

Dans l'État mexicain de Veracruz, les Indiens Totonaques se livrent à un rite bien étrange : la « danse des oiseaux » (Voladores). Cinq hommes grimpent au sommet d'un mât de 25 à 30 m. L'un d'eux, perché tout en haut, joue de la flûte et du tambour tout en dansant. À son signal, les autres se jettent dans le vide attachés par la taille et bras écartés pour ressembler à des oiseaux. Ce « jeu » était déjà pratiqué au Mexique bien avant l'arrivée des Espagnols. Les spécialistes pensent que le but des hommes-oiseaux était d'attirer l'attention des dieux afin qu'ils accordent leurs bienfaits aux hommes.

POUR EN SAVOIR PLUS SUR :

L'emblème du drapeau mexicain, voir p. 56.

LE CULTE DE PACHAMAMA

Dans les Andes, les Indiens honorent toujours Pachamama, la déesse de la terre. Lorsqu'ils doivent blesser le sol (labourer un champ, construire les fondations d'une maison, creuser une mine…), ils offrent un sacrifice à la déesse en guise d'excuse. Les plus riches sacrifient un lama. Ils répandent ensuite le sang sur le sol ou sur les maisons en signe de prospérité. Les autres se contentent d'enterrer un fœtus de lama entouré de sucreries, de feuilles de coca, de noix, d'herbes…

Dieux polynésiens

Statues hawaïennes de Ku.

Avant l'arrivée des Européens, les Polynésiens honoraient quantité de divinités. Celles-ci variaient d'une île à l'autre, d'une tribu à l'autre et même d'un clan à l'autre. Les Polynésiens partageaient néanmoins un certain nombre de croyances communes.

Le quatuor divin

Quatre grands dieux, dont les noms peuvent varier légèrement, apparaissent dans toutes les îles polynésiennes:

Tane (ou Kane), le dieu suprême, était le dieu de la forêt, le patron des constructeurs de pirogues et par la suite celui de tous les artisans. Il était aussi le dieu du beau, de la lumière et du ciel.

Tu (ou Ku) était le dieu de la guerre et du courage.

Rongo (ou Ro'o, Lono) était le dieu de la fertilité et de l'agriculture. Dieu pacifique et bienveillant, il veillait également sur les arts et la poésie.

Tangaroa (ou Ta'aroa, Kanaloa) était le dieu de la mer. Il apparut au Xe siècle et, peu à peu, entra cn concurrence avec Tane. La lutte des adorateurs de Tane contre ceux de Tangaroa donna lieu à des combats cruels et sanglants.

Des hommes livres

Avant l'arrivée des Européens, les Polynésiens ne connaissaient pas l'écriture. Leur savoir et leurs traditions se transmettaient par oral. Les légendes, les poèmes ou les proverbes étaient déclamés et accompagnés de musique et de danses.

La Polynésie

Les Polynésiens ont tous les mêmes ancêtres venus du Sud-Est asiatique. Excellents navigateurs, ils sont allés d'île en île à bord de pirogues, propageant à travers tout le Pacifique leur culture, leur savoir et leurs croyances.

Les vedettes locales

Offrande à la déesse Pele au sommet du volcan Halemaumau (Hawaii).

À Tahiti, le dieu **Hiro** était très populaire. Il prenait soin des pêcheurs, des marins, des voyageurs et des voleurs. Sa douce amie était **Hina**, la déesse de la lune. À Hawaii, on vénérait **Pele**, la déesse des volcans. Plusieurs mythes racontent son voyage de Tahiti à Hawaii et sa lutte contre **Lono** qui tenta de la dompter pour la fertiliser. **Laka**, une autre déesse très populaire, était la protectrice de la poésie, de la danse et notamment des danseurs de «hula» (danse sacrée). En Nouvelle-Zélande, le peuple maori adorait **Tawhiri**, le dieu des tempêtes, et **Haoumia**, le dieu des racines de fougères qui constituaient la base de l'alimentation.

Maui, le héros

Pour les Polynésiens, de nombreux héros sont nés de l'union des dieux et des humains. Le héros mythique le plus connu est **Maui**, qui participa à la création du monde et apporta aux hommes la civilisation. Maui aida Tane ou Tangaroa (selon les légendes) à soulever le ciel, puis il attrapa le soleil et le força à ralentir sa course pour éclairer les hommes de longues heures chaque jour. Il créa également les îles polynésiennes en les sortant de l'océan après les avoir pêchées avec un hameçon magique. Il inventa aussi les pièges à poissons, les filets et les hameçons... Maui fit don du feu aux hommes, mais il échoua lorsqu'il voulut leur obtenir l'immortalité.

La naissance du monde

Au commencement des temps existaient Rangi, le Ciel, et Papa, la Terre. Ils s'aimaient tellement qu'ils vivaient collés l'un à l'autre dans une totale obscurité. Un jour leurs enfants, Tane, Rongo, Tangaroa, Tu, Haoumia et Tawhiri, voulurent plus d'espace et de lumière. Tane réussit à séparer ses parents et à soulever Rangi vers le haut, ce qui permit à la lumière d'apparaître. Puis les frères se partagèrent la nature, ce qui provoqua des bagarres, notamment quand Tu, l'ancêtre de l'homme, se mit à chasser le gibier de Tane, à pêcher les poissons de Tangaroa et à cueillir les plantes de Rongo et Haoumia. (*Légende Maori, Nouvelle-Zélande*).

Maui en train de créer les îles polynésiennes.

Tahiti, l'île des «marae»

Le mana

Pour les Polynésiens, tout pouvait être doté d'un «mana» (pouvoir extraordinaire): les dieux, les hommes, les animaux, les plantes, les objets… Étaient réputés posséder un mana fort les héros, les plantes médicinales (capables de soigner), les requins dangereux, les armes utilisées lors de combats victorieux ou les hameçons qui permettaient de pêcher beaucoup de poissons.

À Tahiti et dans les îles de la Société, les «tahua», prêtres aux pouvoirs immenses, officiaient dans des temples en plein air: les «marae».

Le pouvoir des tahua

Les «tahua» étaient des prêtres qui exerçaient sur le peuple une domination faite de respect, de crainte et de mystère. Leur influence dépendait du pouvoir magique que les fidèles leur attribuaient (le «mana»). Les tahua veillaient au strict respect des règles, le «tapu», et des rites. Ils détenaient également le savoir: ils connaissaient l'art et la manière de pêcher, de chasser, de soigner, de construire une pirogue ou de cultiver les plantes…

«Tiki», statue à forme humaine représentant un dieu.

1 Mur d'enceinte encadrant l'esplanade rectangulaire.

2 «Ahu», autel sacré réservé au dieu.

Qu'est-ce qui est tapu?

Le terme «tapu» (ou «kapu») a donné notre mot «tabou». Il désigne un ensemble de lois rigoureuses et toujours négatives. Ces «interdits» étaient décidés par les chefs ou par les prêtres de façon provisoire ou permanente. Toute chose (un lieu, une statue, un aliment, une personne…) pouvait être décrétée tapu. Par exemple, les hauts dignitaires étaient tapu: toucher un de leurs cheveux, même par mégarde, ou marcher sur leur ombre, constituait un crime puni de mort.

Les marae

Les « marae » étaient des temples à ciel ouvert. Il en existait de petits, privés et destinés aux familles, et de plus grands qui servaient aux cérémonies publiques. Les grands marae étaient construits en pierre selon un plan précis.

3 « Unu », planche en bois sculptée à la signification mystérieuse.

4 « Fata », autel surélevé décoré de palmes de cocotier et de feuillage sur lequel était déposée la nourriture destinée au dieu.

5 « Fare atua », réceptacle contenant le « to'o » du dieu auquel était dédié le marae.

« To'o », pièce de bois habillée de fibres de noix de coco symbolisant le dieu.

La bohème en pirogue

À Tahiti et dans les îles alentour, une secte était vouée au dieu guerrier 'Oro. Voyageurs et artistes, les hommes et les femmes de la secte, les Areioi, se déplaçaient à bord de pirogues. Ils allaient d'île en île présenter toutes sortes de spectacles : chants, danses, pantomimes, représentations théâtrales, etc. Les Areioi vivaient dans le luxe et s'habillaient comme des personnages de haut rang. Ils bénéficiaient de nombreux privilèges et d'une grande liberté, y compris dans le domaine sexuel. Leur seule obligation était de renoncer à avoir des enfants.

Cérémonies secrètes

Les tahua organisaient des cérémonies pour les grandes occasions : mort d'un chef, déclaration de guerre, cataclysme naturel… Le peuple n'y était pas convié. Seuls le roi et sa cour assistaient aux rites. Les prêtres appelaient le dieu pour qu'il vienne habiter sa statue disposée sur l'ahu. Ils lui proposaient des offrandes et accomplissaient des sacrifices. Généralement, les tahua sacrifiaient un porc, mais dans les cas graves ils n'hésitaient pas à tuer un homme. Venaient ensuite les prières. La cérémonie se terminait par un adieu invitant la divinité à quitter sa statue.

Les religions de tradition orale

Qu'ils habitent en Afrique, en Amérique ou en Océanie, de nombreux peuples croient que la nature est peuplée par des esprits qui animent les choses et veillent sur le monde. On disait autrefois de ces peuples qu'ils étaient « animistes ». Aujourd'hui, on préfère parler de religions « traditionnelles » ou de « tradition orale », car la transmission des rites et des croyances de ces peuples se fait par la parole et l'initiation, non par l'écrit.

La mosaïque africaine

Pour en savoir plus sur :
- Les **églises chrétiennes d'Afrique**, voir p. 244-245.
- L'**animisme**, voir p. 11.
- Le **christianisme et l'islam**, voir p. 134 à 189.

Contrairement à ce qu'imaginent beaucoup d'Occidentaux, il n'existe pas de religion commune à tous les peuples d'Afrique. La réalité est bien plus riche : elle mêle croyances africaines et religions importées par les Arabes et les Européens.

Parole de griots !

Avant l'arrivée des Arabes et des Européens, très peu de peuples africains connaissaient l'écriture. Mythes et croyances se transmettaient uniquement par la parole. En Afrique de l'Ouest, les griots étaient la mémoire vivante des peuples et les gardiens des traditions. À la fois poètes, chanteurs, conteurs et musiciens, ils connaissaient par cœur d'innombrables légendes, les événements historiques importants et la généalogie des grands chefs.

Une Afrique mosaïque

L'Afrique est composée d'une multitude de peuples, répartis entre plus de 50 pays. Certains vivent dans le désert, d'autres dans la savane ou la forêt équatoriale. La plupart des Africains sont sédentaires : ils habitent dans des villages ou des villes. Mais il existe encore de nombreux nomades. La diversité de ces peuples est si grande que les habitants d'un même pays ne pratiquent pas tous la même langue ni la même religion.

Les conquêtes tardives du christianisme

À partir du XIXe siècle, les Britanniques basés en Sierra Leone et en Afrique du Sud envoient des missionnaires anglicans convertir les peuples africains. Voulant contrer leur influence, l'Église catholique fonde la société des Missionnaires d'Afrique en 1868. Ses « Pères blancs » partent à leur tour christianiser l'Afrique. De nos jours, le christianisme est la religion la plus largement pratiquée au sud du continent, notamment en Afrique du Sud, Namibie, Angola, Gabon, Congo, Kenya, Ouganda, Rwanda, Burundi et Zambie.

Le succès de l'islam

Les conquérants arabes ont propagé l'islam en Égypte et au Maghreb dès le VIIe siècle. La religion musulmane s'est ensuite répandue grâce aux échanges commerciaux à travers le Sahara. Elle domine aujourd'hui tout le nord de l'Afrique et le Sahel (depuis la Somalie et le Soudan à l'est jusqu'à la Mauritanie et au Sénégal à l'ouest) et ne cesse d'étendre son rayonnement vers le sud.

Les religions africaines font de la résistance

Dans la plupart des pays africains, l'islam et le christianisme sont pratiqués à côté de religions africaines bien plus anciennes. Ces religions ancestrales, souvent appelées « animistes », sont surtout présentes dans deux zones : en Afrique de l'Ouest (Guinée-Bissau, Sierra Leone, Côte-d'Ivoire, Togo, Bénin, Burkina Faso) et dans la région du Zambèze (Mozambique, Zimbabwe, Botswana). Elles existent également dans d'autres pays de façon plus ou moins visible.

Masque sortant du « bois sacré » (peuple Wé).

DES TEMPLES NATURELS

Les Africains adeptes d'une religion d'origine africaine pratiquent souvent leur culte dans la nature : auprès d'une source, d'une montagne, d'un bois... Selon eux, ces sites sacrés favorisent la communication avec les divinités et l'au-delà. On y fait des prières et des offrandes aux dieux. On y pratique aussi des rituels funéraires, des rites initiatiques ou encore le culte des ancêtres. Ces sites sont entretenus avec soin et leur accès est réglementé. Dans les bois sacrés, par exemple, on n'a pas le droit de faire du feu, de chasser, de couper du bois, de cueillir des plantes alimentaires ou médicinales...

Fétiche à clous du Zaïre.

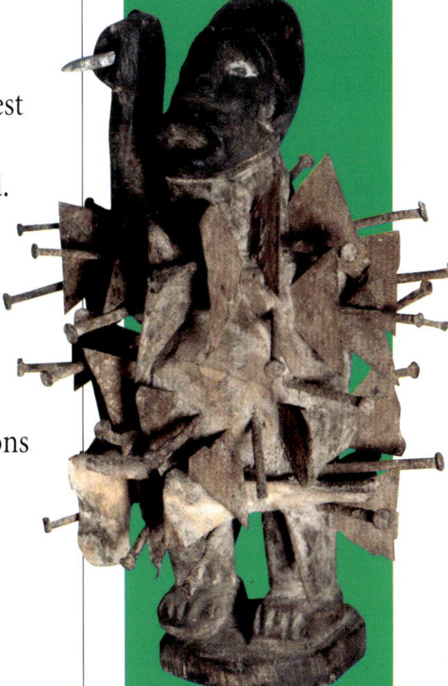

LES MYSTÈRES DE L'AFRIQUE

Sorcellerie et magie font partie des croyances de nombreux Africains. Selon eux, les sorciers sont des hommes très dangereux qui agissent par haine et par jalousie. Ils possèdent des pouvoirs surnaturels qui leur permettent de frapper n'importe qui en lui envoyant toutes sortes de malheurs : maladie, mort, ruine... Beaucoup d'Africains tentent de se protéger de la sorcellerie par la magie. Ils font appel à des magiciens qui essaient de repousser le mal par des rituels et des formules magiques, mais aussi par des potions magiques et des talismans.

Au pays des Dogon

Irel, village dogon.

Les Dogon vivent au Mali, dans des villages installés le long des falaises de Bandiagara. Très riche en mythes, leur religion met en scène Amma, le dieu unique, des jumeaux fabuleux, ainsi qu'une foule d'ancêtres.

Le monde sorti d'un œuf

Les Dogon racontent qu'**Amma**, le dieu unique, créa l'univers en plaçant une minuscule graine de fonio (symbole de vie) dans un œuf primordial (symbole du ventre maternel). À l'intérieur de l'œuf se formèrent deux couples de jumeaux mixtes. Pressé de découvrir le monde, **Ogo**, l'un des jumeaux mâles, sortit de l'œuf trop tôt et se jeta dans le vide. Il emporta avec lui un morceau de son placenta qui devint la terre. Très contrarié, Amma punit Ogo de son audace en le transformant en un renard pâle, appelé **Yurugu**.

Le « hogon » des Dogon

C'est le chef religieux des Dogon. Il est chargé de prier et d'exécuter des rites religieux afin que son peuple connaisse la paix et la prospérité. Il joue également un rôle politique et s'occupe de régler certains conflits. Chaque village a aussi ses propres prêtres chargés du culte des ancêtres ou des jumeaux mythiques.

Nommo en petits morceaux !

Par sa naissance prématurée, Ogo mit le désordre partout : même la terre fut salie ! Pour réparer les dégâts, Amma sacrifia **Nommo**, le second jumeau mâle. Il le découpa, lava la terre avec son sang et fabriqua avec ses morceaux des animaux et des plantes. Puis il reconstitua Nommo et le fit revenir à la vie. Pour achever son œuvre, le dieu construisit une sorte de « vaisseau spatial » qui permit à ses créations et à Nommo de descendre sur terre.

Un hogon.

Nommo, le second des jumeaux mâles, apporta aux hommes le langage et la connaissance des techniques.

Les quatre éléments

Nommo engendra quatre paires de jumeaux mixtes. Les mâles sont considérés par les Dogon comme les piliers de leur civilisation: **Lébé Sérou**, la terre, protège la végétation et les semailles. C'est lui qui, sous la forme d'un serpent, conduisit les premières tribus dogon jusqu'aux falaises de Bandiagara. **Amma Sérou**, l'air et le ciel, veille sur la famille et les ancêtres. **Binou Sérou**, l'eau et la vie, se charge de la pluie et de la fertilité du sol. Il s'occupe aussi de l'organisation de la société en clans. **Dyongou Sérou** incarne le feu. Il est lié à la nature sauvage, la brousse, la chasse et la mort.

Serrure en bois représentant deux paires de jumeaux.

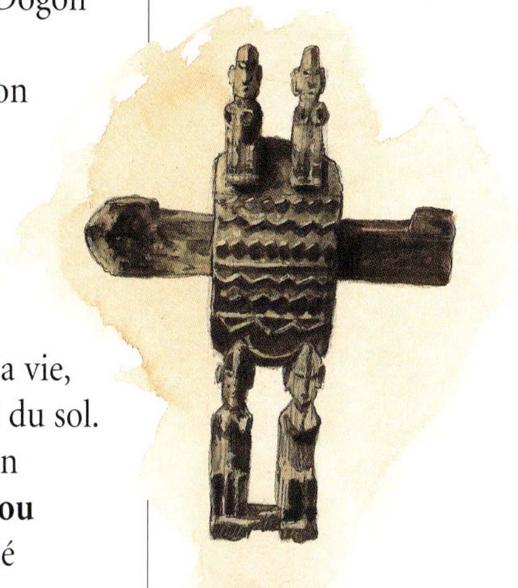

INCROYABLE MAIS VRAI

À travers leurs mythes, les Dogon parlent d'astronomie et possèdent des connaissances bien difficiles à expliquer. Ils évoquent, par exemple, Sirius B, le satellite de l'étoile Sirius. Or, celui-ci est invisible à l'œil nu et n'a été découvert par un télescope occidental qu'au XIXe siècle. Incroyable coïncidence? Visite d'extra-terrestres? Techniques secrètes? Les savants s'interrogent.

Le rôle des ancêtres

Les Dogon vouent un culte au dieu Amma. Mais ils sont encore plus attentionnés envers les jumeaux mythiques et les ancêtres. Il y a deux sortes d'ancêtres: les « morts anciens » et les « morts récents ». Fondateurs des lois, des institutions et des traditions dogon, les premiers bénéficient d'un culte collectif. Les ancêtres « récents » (morts depuis moins de cinq générations) sont leurs agents: ils veillent au maintien de l'ordre. Les Dogon les craignent et cherchent à s'attirer leurs faveurs par des offrandes et des sacrifices.

DES RENARDS MAGICIENS

Les Dogon croient que Yurugu, le renard pâle, peut deviner l'avenir des hommes. Pour l'interroger, un devin dessine sur la terre un rectangle divisé en cases symboliques. Il y plante des bâtonnets et dispose des cailloux. Chaque élément correspond à une question (guérison d'un malade, venue d'un enfant…). Avant de s'en aller, le devin jette sur les cases des graines d'arachide dont raffolent les renards. Pendant la nuit, les bêtes viennent manger les graines en piétinant tout. Le matin, le devin « lit » la position des bâtonnets, des cailloux et les empreintes des renards. Et donne la réponse aux questions posées la veille…

Funérailles dogon

Masque sirige. Le danseur, qui porte ce masque prestigieux haut de 5 m, doit balancer la tête et tournoyer sur lui-même.

Les plus importantes cérémonies dogon sont liées à la mort. Animées par des danseurs masqués, elles servent à éloigner les âmes des défunts qui errent dans les villages et risquent d'entraîner les vivants.

Premières funérailles

Lorsqu'un individu meurt, les Dogon organisent une cérémonie pour éloigner le cadavre de la communauté. Plus le défunt jouit d'une position sociale élevée, plus ses funérailles sont grandioses : hommage des danseurs masqués, chants, combats rituels, coups de fusil, sacrifice animal… Mais tout cela ne règle pas pour autant le sort du défunt : d'après les Dogon, l'âme du mort continue de vivre et d'errer parmi les vivants…

En route pour le paradis

Les Dogon ont donc imaginé une seconde cérémonie : le « dama ». Ce rituel permet au mort de rejoindre une sorte de paradis lointain appelé « Manga ». Le dama a souvent lieu plusieurs années après les funérailles et marque la fin du deuil. Le dama d'un notable se déroule sur plusieurs jours. Le village organise des processions et des combats symboliques. Les hommes de la société des masques dansent au son des tambours, des chants et des cris. La famille offre en abondance nourriture et bière de mil aux invités.

Le sais-tu ?

Au cours de chaque Sigi, les Dogon sculptent un grand masque en forme de mât. C'est sans doute le plus sacré de tous, mais personne ne peut le placer sur son visage car il mesure environ 10 m de haut !

Sept ans de fête!

Tous les soixante ans, les Dogon participent au « Sigi », une cérémonie spectaculaire qui dure sept ans. Le Sigi retrace les sept épisodes les plus importants du mythe de la création dogon: mort de Dyongou Sérou, apparition de la parole, naissance des hommes… Chacun des épisodes est joué dans un village particulier, qui organise des processions, des rituels, des chants et des danses. Le Sigi se déplace ainsi de village en village durant sept ans. Le dernier Sigi a été célébré de 1967 à 1974; le prochain aura lieu en 2027.

La société des masques

Les masques sont un élément primordial des cérémonies dogon. Ils sont fabriqués et portés par les membres d'une communauté spéciale: la société des masques. Celui qui en fait partie est chargé de les faire vivre et de les entretenir. Il apprend aussi les danses acrobatiques et les mimes qui mettent en scène les grands événements mythiques ou historiques des Dogon. Lors des cérémonies, chaque danseur doit se déguiser et incarner le personnage, l'animal ou la chose que représente son masque.

Danseur portant le masque kanaga, particulièrement important aux yeux des Dogon.

Le masque à Marcel

Dans les années trente, l'ethnologue Marcel Griaule vint étudier les Dogon. Cet événement est célébré depuis avec humour sous la forme d'un masque ethnologue! Muni d'un calepin et d'un crayon, celui qui porte ce masque imite les attitudes du chercheur: il est assis sur une chaise, entouré d'un informateur et d'un traducteur, et prend des notes…

Les Yoruba et le culte des Orisha

Shango est reconnaissable à sa coiffe en forme de double hache.

Les Yoruba vivent au Nigeria, au Bénin et au Togo. Ils vénèrent un panthéon de dieux dominé par Olorun, dieu suprême mais absent, qui délègue ses pouvoirs à des centaines de divinités secondaires : les Orisha.

Olorun, le divin absent

Au sommet du panthéon se trouve Olorun (ou Olodumare), le dieu suprême. Créateur du monde et de la vie, Olorun habite le ciel et vit bien trop loin pour s'occuper des hommes. Prenant exemple sur lui, ceux-ci ne l'honorent d'aucun culte !

Les Orisha, des dieux très humains

Les Orisha sont des divinités secondaires chargées des affaires terrestres. Ils forment un véritable panthéon « à la grecque » : les dieux et les déesses partagent les qualités et les défauts des humains. Il leur arrive toutes sortes d'aventures et d'histoires amoureuses.

Ogun, le dieu du fer. Particulièrement populaire et respecté, Ogun protège tous ceux qui utilisent du fer : les forgerons, les chasseurs, les guerriers, les mécaniciens…
Il est parfois représenté par une tige de fer à laquelle sont accrochés des outils symbolisant ses activités : épée, houe, pince, couteau, pointe de flèche…

Décoré d'objets en fer, ce sabre rituel est dédié à Ogun.

Oshumare, le serpent arc-en-ciel. Il symbolise le mouvement, l'activité et la richesse. Il évoque aussi la continuité, surtout lorsqu'il est représenté sous la forme d'un serpent se mordant la queue. Enroulé autour de la Terre, il empêche cette dernière de se désagréger… Il est donc primordial de lui témoigner de la reconnaissance.

Oya, la déesse du souffle. Déesse du vent et des tempêtes, elle règne aussi sur le fleuve Niger (Odo Oya en Yoruba). Elle fut la compagne d'Ogun avant de devenir l'épouse de Shango.

Plantes sacrées

Des prêtres et des prêtresses rendent un culte aux Orisha et entretiennent leurs temples. Ils s'occupent également des plantes sacrées liées aux Orisha. La connaissance de ces herbes, écorces, racines et feuilles est très importante. Leur récolte, leur préparation et leur usage font l'objet de rituels secrets.

Les fidèles de la déesse Oshun lui rendent hommage au bord de la rivière qui porte son nom.

Shango, le dieu du tonnerre. C'est un dieu viril, violent et justicier. Armé de sa hache double, il poursuitles voleurs, les menteurs et les malfaiteurs. Le dieu orageux a trois épouses : Oya, Oshun et Oba. Il est particulièrement vénéré à Oyo, l'une des trois villes saintes des Yoruba avec Ifé et Oshogbo.

Oshun, la déesse de l'amour. La déesse de la rivière Oshun incarne l'amour, la beauté et la fertilité. Elle est particulièrement adorée à Oshogbo où, chaque année, fin août, des cérémonies sont organisées en son honneur. À cette occasion, des milliers de femmes sans enfant viennent prier la déesse de leur accorder un bébé. Le rose est sa couleur.

Transes et possessions

Quand une cérémonie lui est dédiée, l'Orisha est censé prendre possession du corps d'un ou plusieurs prêtres (ou prêtresses) qui le vénèrent: c'est la transe. Pour se mettre en condition, les initiés boivent des tisanes de plantes qui modifient leur conscience et participent à des sacrifices de coqs, de pigeons, de boucs ou de béliers. Ensuite, ils dansent au son des tambours, des battements de mains et des chants, jusqu'à ce qu'un ou plusieurs individus entrent en transe. Celui qui se dit « habité » par l'Orisha crie, tremble, gesticule, se roule par terre et finit parfois par s'évanouir d'épuisement.

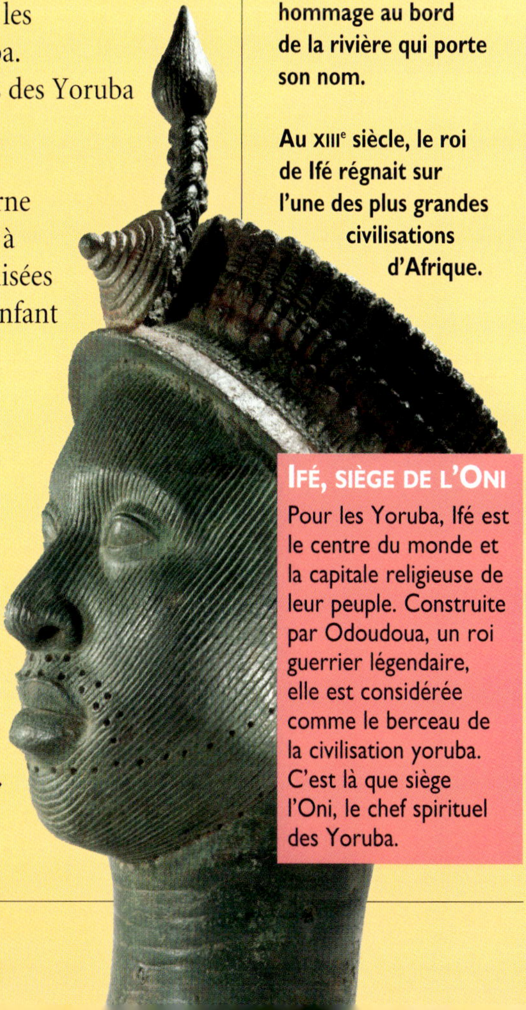

Au XIIIe siècle, le roi de Ifé régnait sur l'une des plus grandes civilisations d'Afrique.

IFÉ, SIÈGE DE L'ONI

Pour les Yoruba, Ifé est le centre du monde et la capitale religieuse de leur peuple. Construite par Odoudoua, un roi guerrier légendaire, elle est considérée comme le berceau de la civilisation yoruba. C'est là que siège l'Oni, le chef spirituel des Yoruba.

Les Masaï, hommes du rite

À cheval sur le Kenya et la Tanzanie, les Masaï sont des pasteurs nomades. Leur vie religieuse est dominée par un dieu unique, Enkaï, et est marquée par d'importants rites de passage.

Enkaï, le dieu unique

Les Masaï croient en Enkaï, un dieu suprême, unique, éternel, savant et tout-puissant. Selon eux, Enkaï séjourne dans le ciel et règle de loin le sort de l'humanité. Pur esprit, invisible, il ne peut être représenté par une image terrestre. Certains signes célestes témoignent pourtant de son existence. Le soleil est son reflet lumineux. Une étoile filante n'est autre que son œil se rapprochant de la terre pour l'observer de plus près. Les éclairs expriment sa colère et l'arc-en-ciel sa bienveillance.

Le mont Kenya est la montagne sacrée des Masaï. Ils l'appellent « Oldoinyo Keri », la Montagne tachetée.

À l'abri du bleu

Les Masaï n'organisent pas de grandes cérémonies dédiées à Enkaï. Pour eux, la foi est plutôt une affaire privée : ils rendent hommage à leur dieu chaque jour en répandant du lait à terre, ils portent des bijoux ou des vêtements bleus (couleur du ciel) pour attirer sa protection. Les Masaï sollicitent également la bienveillance d'Enkaï lors des rites initiatiques qui marquent le passage d'une classe d'âge à une autre.

Cette jeune femme porte un vêtement bleu en l'honneur d'Enkaï.

Dur, dur de devenir adulte

Pour devenir adulte, les jeunes garçons passent des épreuves. Ils doivent immobiliser un bœuf à mains nues, en le tenant par les cornes, car la lutte avec l'animal symbolise les épreuves de la vie. Puis ils doivent se faire raser le crâne par leur mère avant de subir une circoncision. Cet acte chirurgical (l'ablation du prépuce) se fait sans aucune anesthésie… à part des aspersions d'eau froide ! Les adolescents ne doivent pas montrer leur souffrance, sinon ils passeront pour des lâches toute leur vie. Une fois circoncis, ils sont Moran, jeunes guerriers au service de la communauté : ils jouissent alors d'une grande liberté et courent la brousse en quête d'exploits.

Masaï s'emparant d'un troupeau.

L'Eunoto

Après quelques années, l'Eunoto permet au Moran de devenir aîné. Il peut alors se marier, avoir des enfants, vivre au village et s'occuper de ses troupeaux. Le rituel commence par le défilé des Moran : leurs mères les aspergent de lait et de bière au miel en signe de bénédiction. Les jeunes guerriers expriment leur peine de voir disparaître leurs plus belles années : ils pleurent, crient et certains s'évanouissent. Ensuite, les mères rasent leur belle chevelure. Puis un bœuf est sacrifié et les hommes boivent son sang mélangé à de la bière au miel.

Bon appétit les hyènes !

Lorsqu'un Masaï meurt, sa famille le pleure et lui confectionne de nouvelles sandales pour son dernier voyage. Puis son cadavre est abandonné en pleine nature, livré aux hyènes et aux vautours. Son nom ne sera plus jamais prononcé dans sa communauté. Les laïbons et les notables, eux, sont enterrés sous un tas de pierres ou au pied d'un olivier, l'arbre sacré des Masaï.

Les Moran se livrent à des danses très impressionnantes : il s'agit de sauter le plus haut possible.

Logique masaï

Une légende masaï raconte que Enkaï confia la garde de ses vaches aux Masaï et qu'il les fit descendre sur Terre en empruntant la Voie lactée. Persuadés qu'ils sont les gardiens du bétail de la Terre entière, les Masaï considèrent les troupeaux des autres tribus comme de la marchandise volée et n'hésitent pas à organiser des raids pour reprendre leur bien.

Le Laïbon

Le laïbon est un expert en rituels, un guérisseur et un devin. Il veille au bon déroulement des cérémonies. Il doit savoir faire tomber la pluie, protéger le bétail et assurer la fécondité des femmes. Il connaît aussi les plantes qui soignent les malades. Pour prédire l'avenir, il jette des cailloux contenus dans une calebasse et interprète leur position.

L'oracle des Shona

Les Shona vivent principalement au Zimbabwe. Ils croient aux esprits des ancêtres et en un dieu, Mwari, qui habite les monts Matobo et rend des oracles. Protégé par le mystère, le culte de Mwari est difficilement accessible aux non-initiés…

La création des monts Matobo

Une légende raconte que Mwari est le fils d'un dieu suprême, lointain et inaccessible. Ce grand dieu aurait demandé à Mwari de l'aider à fabriquer la Terre. Emporté par son élan créateur, Mwari aurait jeté des rochers dans tous les sens, formant un paysage extraordinaire, constitué de montagnes de roches en équilibre. Ainsi naquirent les monts Matobo, au Zimbabwe. La folle création de Mwari ne fut pas du goût de son père qui se mit en colère et punit son fils en l'enfermant à l'intérieur des monts Matobo.

Le chaos des monts Matobo

Les monts Matobo forment la capitale religieuse des Shona, là où se trouve l'oracle de Mwari. L'endroit ressemble à un chaos d'énormes blocs de granit empilés selon un équilibre parfois précaire. C'est un lieu sacré depuis la préhistoire et on y trouve de nombreuses grottes couvertes de très anciennes peintures rupestres.

Mwari créant les monts Matobo.

Les esprits-lions

Les Mhondoro («lions» en shona) sont de puissants esprits territoriaux. Ce sont eux qu'il faut consulter quand un fléau, une épidémie ou une guerre, frappe la population. Le médium chargé d'incarner un Mhondoro se livre à des séances de transe. Selon les Shona, il peut alors se transformer en lion.

L'oracle en verlan

Mwari implora le pardon de son père et finit par décrocher un rôle de premier plan : celui d'intermédiaire entre les mondes humain et divin. Depuis, Mwari est l'oracle des monts Matobo. Selon certaines légendes, il est aidé par sa mère, Va Nya Chava, qui répond toujours à l'envers. Par exemple, si Va Nya Chava dit «il ne pleuvra pas», il faut comprendre que les pluies seront abondantes. Des prêtres et des prêtresses médiums sont chargés de s'occuper de l'oracle et d'interpréter les paroles de Mwari et de sa mère.

La sécheresse, une punition divine

Mwari est un dieu de la fertilité et de la pluie. Ses fidèles sont persuadés que toute sécheresse est due à une faute. Aussi, quand cela arrive, ils questionnent Mwari sur l'origine de la faute et lui demandent comment l'expier. Mwari répond par la bouche des prêtres et des prêtresses en transe : il prescrit des principes à observer pour «purifier» le pays et ramener la pluie. Le clergé organise alors des cérémonies et implore la pluie par des offrandes, des sacrifices et des danses.

Les humeurs des Midzimu

Les Shona croient également aux esprits de leurs ancêtres, les Midzimu. Selon eux, les esprits des morts continuent d'habiter parmi les hommes et exercent une grande influence sur le monde physique. Lorsque les Midzimu sont contents, ils protègent leurs descendants. Mais lorsqu'ils sont fâchés, le malheur s'abat sur les hommes de leur lignage. En cas de problème, les familles font appel à un médium qui contacte le Midzimu mécontent pour lui demander quels sont ses griefs et ses suggestions pour régler le problème.

Mwari fait la guerre

Quand les Britanniques s'emparèrent du Zimbabwe (baptisé à l'époque Rhodésie), les Shona se soulevèrent contre l'occupant. Selon eux, cette guerre de libération, appelée «Chimurenga», fut déclenchée en 1896 sur ordre de l'oracle. Ce qui est certain, c'est qu'elle fut dirigée par deux prêtres médiums de Mwari. Malheureusement pour les Shona, la révolte fut écrasée par les Britanniques et les deux prêtres pendus en 1897.

Les îles des mers du Sud

FUNÉRAILLES TORAJA

Bien qu'officiellement chrétiens, les Tojara (en Sulawesi) conservent nombre de croyances et pratiques ancestrales. Ils organisent notamment de somptueuses et (très) coûteuses funérailles pour permettre à l'âme des défunts de gagner l'au-delà dans de bonnes conditions. Pour l'occasion, ils sacrifient de nombreux buffles considérés comme les « passeurs d'âme » qui mènent au paradis. Après la fête, le corps de chaque défunt est déposé dans une niche creusée dans la falaise, et son « tau tau » (effigie en bois) est placé à côté de la sépulture.

Australie, Indonésie, Mélanésie, Micronésie, Polynésie : des milliers d'archipels parsèment les océans Indien et Pacifique. Sur leurs îles, parfois reculées, vivent encore des peuples qui ont conservé leurs propres croyances.

L'Indonésie

État indépendant depuis 1949, l'Indonésie rassemble quelque 13 700 îles. Sa population est formée d'une mosaïque de peuples très différents. L'islam est pratiqué par près de 87 % de la population. Viennent ensuite les chrétiens (9 %), les hindous (2 %) qui vivent surtout à Bali, et quelques communautés bouddhiques. N'adhérant à aucune de ces « grandes religions », certains peuples isolés ont conservé leurs propres croyances. C'est le cas, par exemple, des Toraja, des Sumba et des Papou.

L'Australie

Abordée par le navigateur James Cook en 1770, l'Australie fut colonisée par les Britanniques. Mais cette terre, aussi vaste que l'Europe, était habitée depuis des millénaires par le peuple aborigène. Maltraités, privés de leurs biens, convertis de force au christianisme, les Aborigènes ont bien failli disparaître. Ils ont pourtant survécu et, depuis quelques années, ils retrouvent leur dignité. Aujourd'hui, quelques groupes aborigènes continuent de pratiquer la religion de leurs ancêtres.

BIENVENUE AUX VERS DE MER !

Une fois par an, les habitants de l'île de Sumba se livrent à un rituel unique au monde : le « pasola ». La cérémonie débute par l'arrivée sur les plages de milliers de vers marins multicolores appelés « nyale ». Selon la légende, ces vers seraient les cheveux de la déesse Nyale, fille de la Lune. La pauvre Nyale aurait été découpée en morceaux et offerte aux hommes en gage d'abondance.
Des prêtres examinent les vers pour prédire l'avenir : si les nyales sont abondants, la récolte de riz à venir sera bonne ! La cérémonie se poursuit par des combats simulés : montés sur des chevaux, les hommes se chargent et se battent à grands coups de lance.

Particulièrement violents, les affrontements conduisent parfois certains cavaliers sumba à la mort.

Les îles du Pacifique

Ces îles sont généralement regroupées en trois grands ensembles : la Mélanésie, la Micronésie et la Polynésie. Colonisées dès le XVIIIe siècle par les Européens, ces îles ont été christianisées par des missionnaires protestants et catholiques. Aujourd'hui, les religions anciennes ont cédé la place au christianisme. Mais certaines croyances locales, parfois appelées « superstitions », continuent d'exister plus ou moins officiellement.

LE CULTE KAGO

À la fin du XIXe siècle, certaines îles de Mélanésie inventent le culte Kago. Ses adeptes attendent un bateau (ou cargo) extraordinaire, chargé de richesses. Selon eux, le navire ramènera les ancêtres et reconduira les Blancs chez eux. Pour les spécialistes, cette croyance est liée à l'arrivée des Occidentaux, qui se déplaçaient d'île en île à bord de navires cargos chargés d'objets.

POUR EN SAVOIR PLUS SUR :

• **Les anciennes croyances polynésiennes**, voir p. 68 à 71.
• **L'islam en Indonésie**, voir p. 188.

Les rêves des Aborigènes

Yurlungur, le python Arc-en-Ciel, est associé à la pluie et aux points d'eau.

Quelque 500 tribus aborigènes vivent en Australie, principalement au centre et au nord du continent. Ces tribus ne parlent pas forcément la même langue, mais elles croient toutes en des esprits éternels appelés « Rêves ».

Jeune fille arborant un maquillage symbolique.

La création du monde

Selon les Aborigènes, la terre existe depuis la nuit des temps. Un jour, des êtres surnaturels surgirent de la mer, des entrailles de la terre ou bien du ciel (selon les légendes). Ils sillonnèrent la surface de la terre et laissèrent de nombreuses traces de leur passage : du sang pétrifié devint un rocher rouge, des œufs de fourmis se transformèrent en monticules de quartz, le déplacement onduleux d'un serpent creusa le lit d'une rivière… Tout en façonnant le paysage, ces héros mythiques donnèrent la vie aux plantes, aux animaux et aux hommes.

Le Temps du Rêve

Au terme de leurs aventures, les héros mythiques quittèrent la surface de la terre. Dans l'esprit des Aborigènes, ils n'ont cependant pas complètement disparu et continuent d'agir sur le monde. Ils vivent dans un espace-temps parallèle à celui des hommes, traditionnellement appelé le « Temps du Rêve ». C'est un monde invisible qui influence à chaque instant le monde physique des hommes.

PAR CŒUR !

Les Aborigènes ne connaissent pas l'écriture : ils transmettent leurs croyances par le chant et la peinture. Des « chanteurs » apprennent les mythes par cœur et sont capables de les réciter pendant plusieurs heures sans se tromper. Pour les mémoriser plus facilement, ils illustrent leurs mythes avec des dessins.

En plein désert central de l'Australie se dresse le mont Uluru (Ayers Rock). Cet énorme rocher est un haut lieu sacré des Aborigènes.

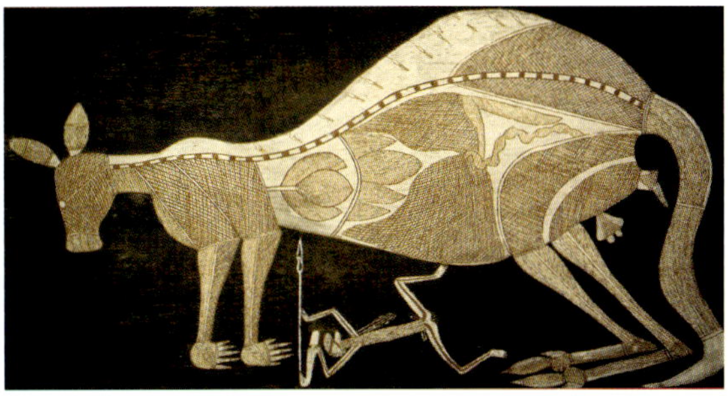

Le kangourou, héros de nombreux mythes.

Un Rêve pour chaque chose

Les héros mythiques sont des esprits, des principes éternels. Les Aborigènes les appellent « Rêves ». Ils peuvent prendre la forme de plantes, d'animaux, d'êtres à figure humaine ou de phénomènes naturels. Il existe un nombre incalculable de Rêves : le Varan (grand lézard), la Fourmi à miel, l'Igname (racine comestible), la Prune, la Lance, la Pluie, etc. Certains sont particulièrement surprenants, comme le Rêve Rhume, le Rêve Diarrhée ou le Rêve Cadavre… Pour les Aborigènes, toute chose n'existe que par son Rêve.

Écolos avant l'heure

Les Aborigènes sont des nomades qui vivent de chasse, de pêche et de cueillette. Leurs croyances les poussent à respecter et entretenir la nature : ils ne prélèvent que ce qui est nécessaire à leur survie, ils protègent les végétaux et les animaux jeunes ou faibles, ils ressèment certaines graines sauvages… Selon eux, leur rôle est de maintenir l'harmonie entre les êtres et les choses qui peuplent l'univers.

Le grand livre du paysage

Chaque Rêve est associé à une zone géographique ou à un site particulier qui conserve sa trace. Les Aborigènes lisent le paysage comme un grand livre qui raconte les aventures des héros mythiques et témoigne de leur présence éternelle. De très nombreux sites sont sacrés. Les Aborigènes se considèrent comme leurs gardiens. C'est là qu'ils organisent rituels et cérémonies.

Mimi, ou génies des roches.

Propriété sacrée

Ces sites sacrés jouent un rôle religieux mais aussi social. En effet, le mythe permet de justifier l'appropriation d'un territoire, d'un trou d'eau ou d'un abri par un individu ou un groupe. Il agit un peu comme un acte de propriété que personne n'oserait contester. Second avantage, les territoires étant sacrés, les guerres de conquêtes sont impossibles.

Sur la piste des héros

À CHACUN SON TOTEM
Chaque Aborigène entretient une relation privilégiée avec le Rêve qui lui sert de totem, c'est-à-dire d'esprit protecteur. Par exemple, une femme qui se dit descendante du Rêve Prune se considère comme la sœur de toutes les prunes. Elle sera la gardienne privilégiée du site lié au Rêve Prune et elle devra y célébrer des rites particuliers.

Les Aborigènes sont très religieux. Leur vie itinérante est rythmée par la recherche de nourriture tout autant que par les rites et les cérémonies qu'ils doivent accomplir au cœur de la nature.

Des rites secrets

Les Aborigènes se disent les descendants de leurs héros mythiques. Ils rejouent sans cesse leur histoire par des récits, des danses, des chants et des dessins. Ces rites ont pour eux une importance essentielle : c'est ainsi qu'ils accèdent au Temps du Rêve et entrent en contact avec leurs ancêtres. Réunis au bord d'une rivière, au sommet d'une colline ou au fond d'une grotte, ils célèbrent de nombreuses cérémonies qui sont réservées aux seuls initiés.

Jeunes garçons prêts pour la circoncision.

À rude école

La religion aborigène est complexe et secrète. Les femmes s'occupent d'initier les filles, et les hommes les garçons. Ces derniers subissent différentes épreuves (isolement, silence, privations alimentaires…) avant de connaître une mort symbolique les obligeant à quitter l'enfance. Afin qu'ils se souviennent de leur passage à l'état adulte, leur corps est marqué par l'extraction d'une dent, une circoncision, des scarifications, etc.

Sur les traces des héros mythiques

Pour les Aborigènes, parcourir la brousse est une nécessité religieuse. N'hésitant pas à marcher pendant des heures, ils se déplacent d'un site sacré à un autre en suivant les routes et les chemins tracés par leurs ancêtres mythiques. Ces itinéraires sacrés quadrillent presque toute l'Australie. Certains touchent plusieurs territoires, donc plusieurs tribus. Chacune détient alors une partie de l'itinéraire, autrement dit une partie du mythe. Les tribus liées par un mythe commun se réunissent de temps en temps pour organiser de grandes cérémonies religieuses : les « corroboree ».

Reconstituer le puzzle mythique

Les corroboree sont des fêtes de première importance. C'est le moment de reconstituer le mythe dans son ensemble et de le mettre en scène. Sous la forme de chants, chaque tribu connaît le morceau du mythe qui correspond à son territoire. C'est seulement en mettant bout à bout tous les chants que l'on peut comprendre le mythe dans son ensemble. Les chants sont accompagnés de danses rythmées par le claquement des boomerangs, des bâtons et par le son du « didjeridoo » (tronc d'arbuste creux qui sert de trompe). Les corroboree attirent un public nombreux. Ils jouent aussi un rôle social, en permettant aux différentes tribus de se rencontrer et de tisser des liens.

La nuit porte conseil…

Les Aborigènes prêtent la plus grande attention à leurs rêves. Ils pensent que les songes ouvrent une porte sur l'espace-temps des ancêtres, donc sur le Temps du Rêve. Selon eux, l'interprétation des rêves permet de recueillir des informations de la plus haute importance sur les totems ou les lieux sacrés.

Les danseurs se peignent le corps de motifs symboliques.

L'art sacré des Aborigènes

Creusées par Yurlungur, ces deux rivières sont bordées de palmiers. Les petits ronds représentent des rochers et les points le gravier.

Peuple d'artistes, les Aborigènes ont élaboré une peinture liée à leurs croyances et à leurs pratiques religieuses. Cette peinture, chargée de symboles, témoigne de la richesse de la vie spirituelle des Aborigènes.

Des peintures comme des cartes

Certaines peintures sont faites de petits points colorés et de formes géométriques. Elles paraissent abstraites aux non-initiés, mais, en réalité, elles possèdent une signification bien précise. Par exemple, de nombreuses œuvres représentent des cartes géographiques où chaque élément du paysage est symbolisé par un signe: les cercles correspondent à des lieux de repos (campements, grottes, trous d'eau…), les lignes à des chemins, les ondulations à des cours d'eau, etc.

Le mythe des sœurs Wawilak

Il y a fort longtemps la Terre connut un grand déluge. Deux sœurs, l'une enceinte, l'autre mère d'un enfant, essayèrent d'arrêter la pluie par des chants et des danses. Ces danses déclenchèrent l'accouchement de la femme enceinte qui perdit quelques gouttes de sang dans un trou d'eau. Le sang réveilla le serpent sacré Yurlungur, qui surgit du trou et avala tout cru mamans et bébés. Mais Yurlungur ne put les garder dans son estomac. Il les recracha au loin, près d'une fourmilière. Ce sont les morsures des fourmis qui réveillèrent les victimes et les ramenèrent à la vie.

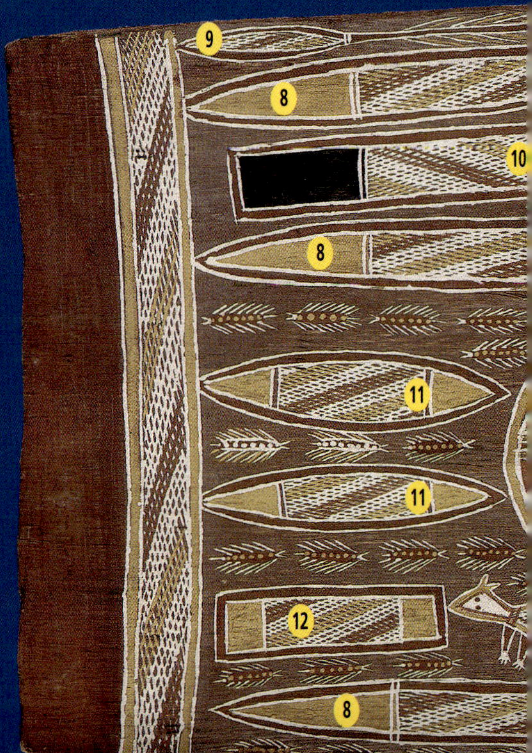

Cette peinture de l'artiste aborigène Daurangulili illustre l'histoire des célèbres sœurs Wawilak: chaque élément, chaque forme représente un objet, un personnage ou un moment du mythe.

Beauté et diversité

Les Aborigènes peignent sur des supports naturels comme la roche, le bois ou l'écorce, mais font aussi des tableaux sur des toiles. Ils utilisent les teintes traditionnelles (rouge, jaune, noir, blanc) et des peintures modernes qui offrent des gammes de couleurs plus variées. Certaines créations sont appelées à durer. D'autres, comme les dessins de sable, de terre ou les peintures corporelles, disparaissent au bout de quelques jours.
Les œuvres peuvent être figuratives, c'est-à-dire ressembler à la réalité, ou alors abstraites, géométriques et symboliques.

Des « rayons X » venus de la nuit des temps

Les grottes australiennes sont couvertes de peintures rupestres très anciennes. Les plus vieilles dateraient de 20 000 ans.
Dans le parc national de Kakadu, en Terre d'Arnhem, certaines peintures sont dites aux « rayons X ».
Ces œuvres étranges montrent des êtres vus de manière radioscopique : on voit leur silhouette ainsi que leurs organes internes et leur colonne vertébrale !

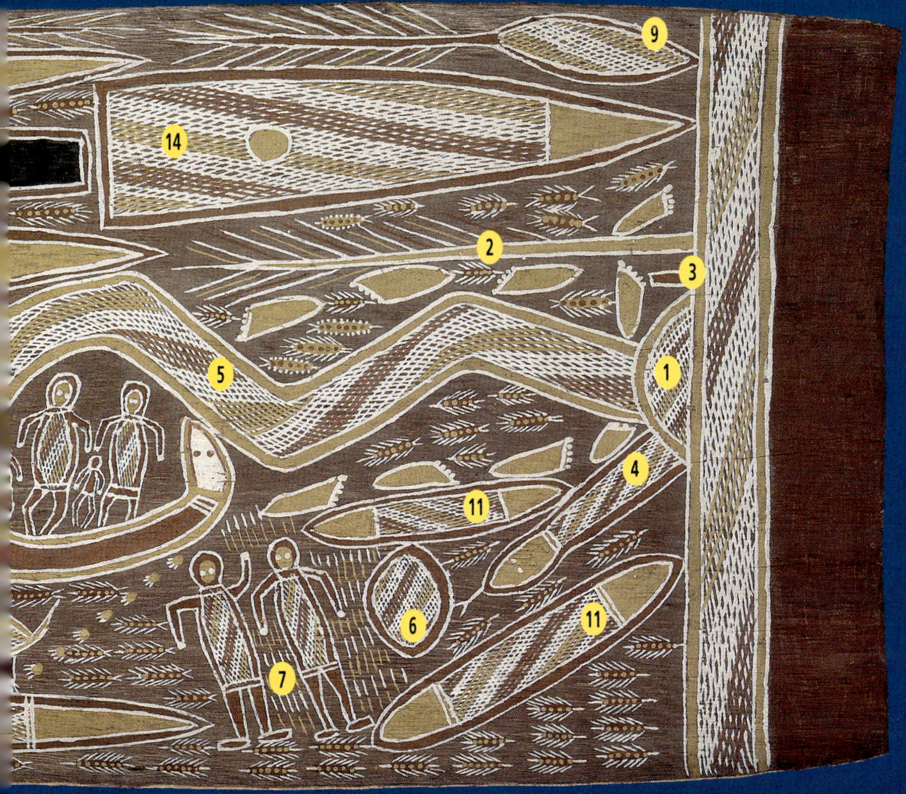

**Entre le trou d'eau 1 et l'eucalyptus 2, une trace de sang est visible 3.
Yurlungur émerge du trou 4.
Yurlungur avale les sœurs et leurs enfants 5.
Les sœurs sont rejetées près d'une fourmilière 6 et attaquées par les fourmis 7.
Les bâtons à fouir 8 sont utilisés par les sœurs pour déterrer les ignames 9.
Le didjeridoo 10, les bâtons sonores 11 et le résonateur creux ubar 12 sont des instruments de musique utilisés pour accompagner les chants et les danses des sœurs.
Le chien des sœurs 13 fait vibrer le résonateur creux ubar.
Le triangle 14 est l'emblème de Yurlungur : le rond représente son cœur.**

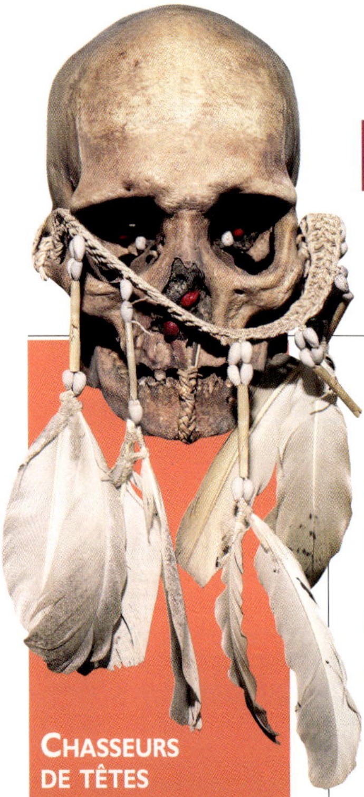

Les Papou et les esprits de la jungle

Les Papou vivent en Nouvelle-Guinée. Nombreux sont ceux qui restent très attachés à leurs croyances ancestrales, centrées sur les esprits et les ancêtres. On les retrouve surtout au milieu de l'île, en pleine jungle.

Chasseurs de têtes

Pour les Papou, la tête est la partie la plus importante du corps humain : c'est là que se concentrent l'énergie et la force d'un individu. Cette croyance les pousse à collectionner les têtes de mort : celles des hommes importants de leur tribu et celles des ennemis courageux. Pour avoir un maximum de têtes, les Papou se livraient jadis à la « chasse aux têtes ». Ils espéraient ainsi accroître leur puissance, mais aussi leur prestige de guerrier.

Une nature peuplée d'esprits

Les Papou croient que l'univers est peuplé d'esprits. Certains esprits sont des « héros civilisateurs » : ils ont participé à la création du monde et aidé l'humanité à se développer. D'autres sont associés à la nature : ils habitent des arbres, des rochers, des animaux… Les Papou Yali, par exemple, pensent que les cochons ont une âme. Ils les traitent comme des membres de leur famille et il n'est pas rare de voir une femme allaiter un petit cochon en même temps que son bébé.

Des ancêtres tout-puissants

Les Papou vénèrent leurs ancêtres qui leur servent d'intermédiaires auprès des esprits. Bienveillants et protecteurs, les ancêtres sont très puissants : ils peuvent calmer l'esprit d'un volcan ou solliciter l'esprit de la pluie… Pour communiquer avec un ancêtre, les Papou organisent une cérémonie rituelle, au cours de laquelle l'ancêtre est invité à venir habiter sa statue. Une fois en place, l'ancêtre écoute les demandes des hommes qui le sollicitent à grand renfort de chants, de danses et d'offrandes… À la fin de la cérémonie, il quitte la statue et rejoint le monde des ancêtres.

La maison des hommes est un lieu sacré.

Papou de la tribu des Asmat.

VOUS AVEZ DIT « CANNIBALE » ?

Certaines tribus papou refusent toujours le contact avec la civilisation extérieure. Selon une rumeur persistante, elles continueraient de couper les têtes, voire de dévorer leurs ennemis. Les derniers actes de cannibalisme dateraient de 1995. Info ou intox ? Difficile à dire… Ce qui est sûr, c'est que ce genre de rumeur éloigne les étrangers trop curieux.

Nez percés

Pour devenir hommes, les adolescents doivent subir des épreuves, dont le percement du nez. Ils prouvent leur courage en ne montrant aucun signe de douleur au moment où on leur transperce le cartilage avec une aiguille en bois. Par la suite, des « bijoux » de plus en plus volumineux sont introduits jusqu'à ce que le trou soit assez large pour y passer une défense de cochon ou une nacre taillée en demi-lune. Au cours de l'initiation, les jeunes apprennent les règles, les lois et les mythes de leur communauté, ainsi que la signification et le rôle des objets sacrés.

Pour les Asmat, le mât « bisj » est un poteau sacré représentant les ancêtres.

La maison des hommes

Les cérémonies ont lieu dans un bâtiment sacré, souvent richement décoré et réservé aux seuls mâles initiés : la maison des hommes. C'est un endroit strictement interdit aux femmes, inviolable, y compris par les ennemis. Les hommes s'y rassemblent pour bavarder, manger, discuter des problèmes de la communauté, accomplir leurs devoirs religieux et les rites d'initiation. C'est également là que sont conservés les objets sacrés : statues, masques, tambours, flûtes… et crânes.

Les Indiens d'Amérique

La diversité indienne

Iroquois, Sioux/Dakota, Cheyenne, Comanche, Apache, Navajo, Pueblo… Avant la colonisation, l'Amérique du Nord était peuplée de centaines de tribus indiennes. Chacune avait son mode de vie particulier et ses propres croyances, en un ou plusieurs dieux. Chez les Sioux/Dakota, le Grand Esprit se nommait Wakan Tanka. Chez les Algonquins, il s'appelait Manitou.

« Lorsqu'ils sont arrivés (les Blancs), ils n'avaient que la Bible et nous les terres ; aujourd'hui nous avons la Bible et ils ont les terres. »
Vine Deloria junior, écrivain sioux (1969).

Les Indiens occupaient le continent américain bien avant l'arrivée des Européens. Leurs cultures et leurs croyances étaient très riches, mais les Blancs les ont détruites. Seules de rares tribus ont conservé leur héritage.

L'Amérique, un patchwork de peuples

Selon la thèse la plus couramment admise, des groupes de chasseurs venus d'Asie par le détroit de Béring se sont aventurés sur le continent américain il y a au moins 15 000 ans. Puis leurs descendants se sont dispersés de l'océan Arctique à la Terre de Feu. Éparpillées sur un immense territoire, les tribus ont développé des modes de vie très différents. Certaines sont restées nomades, d'autres ont fondé des empires.

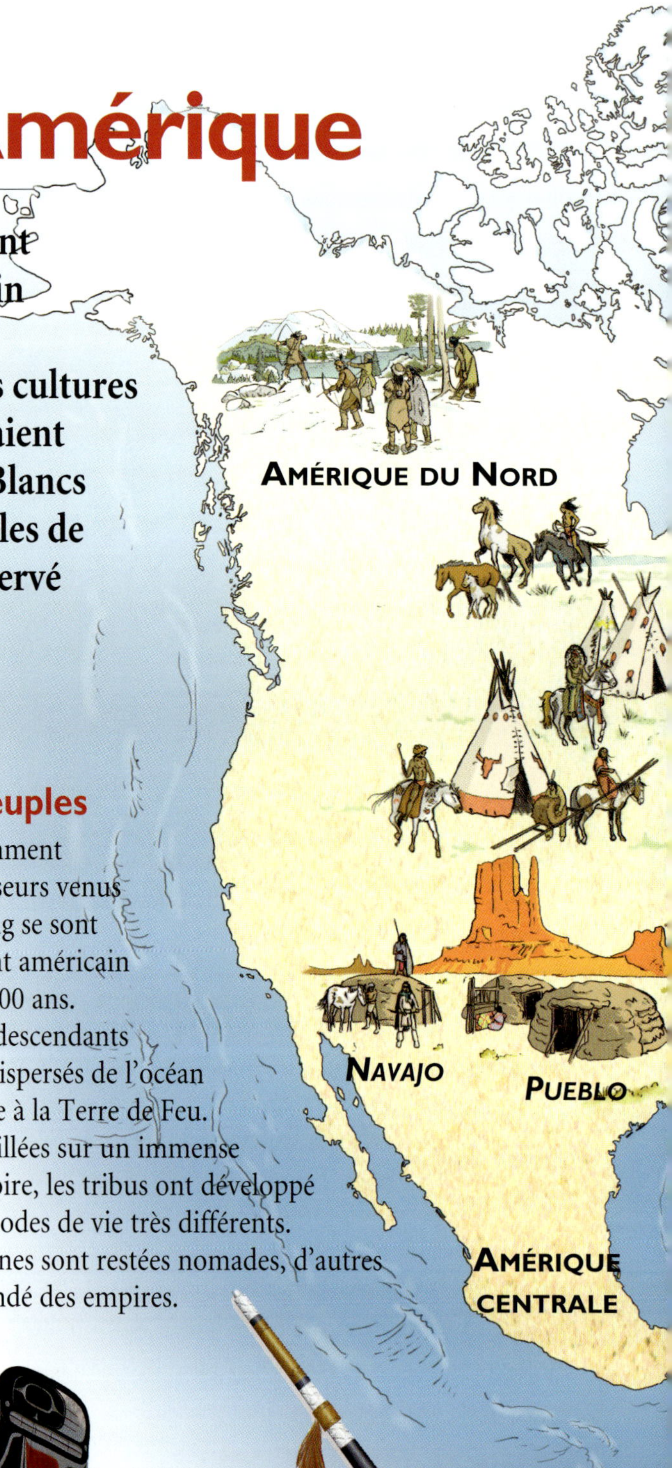

Les Indiens de la côte nord-ouest sculptaient des totems, c'est-à-dire des mâts représentant des créatures mythiques.

Pour les Indiens, fumer le calumet était un moyen de communiquer avec les esprits.

INUIT

L'Amérique change de mains

En 1492, Christophe Colomb découvre le Nouveau Monde. Le destin de l'Amérique bascule. Voulant s'enrichir et agrandir leurs empires, les puissances européennes partent à l'assaut du continent. Les Espagnols conquièrent une grande partie de l'Amérique du Sud et de l'Amérique centrale. Ils massacrent au passage les Incas, les Maya et les Aztèques, quand ils n'en font pas des esclaves… Les Anglais, eux, chassent et exterminent les Peaux-Rouges pour s'installer en Amérique du Nord.

De nombreux Indiens se convertirent pour sauver leur vie.

Conversion forcée

Dès leur arrivée, les Espagnols (et les Portugais au Brésil) convertissent de force au catholicisme les populations d'Amérique du Sud et d'Amérique centrale. De nos jours, c'est dans cette partie du monde que l'on trouve le plus grand nombre de catholiques fervents. Pourtant, quelques rares tribus ont réussi à conserver leurs propres croyances. La plupart vivent loin des villes, protégées au cœur de l'épaisse forêt amazonienne.

Les Indiens massacrés

Confrontés aux Anglais, Français et Hollandais, puis victimes de la conquête de l'Ouest menée par les États-Unis d'Amérique, de nombreuses tribus indiennes du nord disparaissent. Celles qui survivent sont refoulées dans des réserves et contraintes de renoncer à leurs coutumes et à leurs croyances. La plupart des Indiens sont obligés de se convertir au christianisme. À l'heure actuelle, seules quelques tribus, comme les Navajo et les Pueblo, continuent de pratiquer la religion de leurs ancêtres.

LE CHAMANISME

Le chamanisme associe le culte de la nature et la croyance aux esprits. Sa pratique est commune aux Indiens d'Amérique (ou Amérindiens), aux peuples du Grand Nord et aux habitants de l'Asie du Nord. Elle est l'affaire du « chaman », un homme (ou une femme) doué de pouvoirs surnaturels. Il serait notamment capable de dialoguer avec les esprits, de prédire l'avenir ou de voyager dans les airs. Parfois appelé « homme-médecine » il peut aussi soigner les malades. Mémoire de son peuple, le chaman connaît des centaines de chants, qui rassemblent les savoirs hérités des ancêtres.

LE SAIS-TU ?

Les Indiens d'Amérique ont dû attendre 1979 pour qu'une loi leur donne le droit de pratiquer librement leur religion et leurs cérémonies rituelles. Ainsi, les Indiens des plaines, par exemple, ont pu célébrer de nouveau au grand jour leur fameuse Danse du Soleil.

YANOMAMI

AMÉRIQUE DU SUD

POUR EN SAVOIR PLUS SUR :

- Les **Maya**, voir p. 52-55.
- Les **Aztèques**, voir p. 56-61.
- Les **Incas**, voir p. 62-65.
- Les **Amérindiens aujourd'hui**, voir p. 66-67.

Le monde sacré des Navajo

QUI SONT LES NAVAJO ?

Les Navajo ont pour véritable nom « Dineh », le peuple. C'est la plus grande nation indienne des États-Unis. Ils vivent dans une réserve de 64 000 km^2 (deux fois la Belgique !), à cheval sur l'Utah, le Colorado, le Nouveau-Mexique et l'Arizona.

UN MONDE EN TECHNICOLOR

Certaines légendes navajo racontent que la vie est sortie des entrailles de la Terre. À l'origine, il n'y avait au centre de la Terre qu'un monde noir et silencieux, peuplé de brumes informes. Un jour, Brume noire et Brume blanche s'unirent pour donner naissance à Premier homme. Puis Brume bleue et Brume jaune firent Première femme. Chassés du monde noir par un cataclysme, Premier homme et Première femme traversèrent successivement trois mondes souterrains (rouge, bleu, jaune) avant de gagner la surface de la Terre. Le monde qu'ils découvrirent était paré de toutes les couleurs de l'arc-en-ciel. C'était le cinquième monde, celui que nous connaissons actuellement.

Les Indiens Navajo vivent au cœur d'un territoire aride du sud-ouest des États-Unis. Peuple spirituel et mystique, ils vouent un grand respect à la nature qu'ils croient peuplée d'esprits.

Une nature pleine d'esprits

Selon les Navajo, l'univers est habité d'esprits et de forces naturelles supérieures. Ces « Êtres sacrés » (« Diyin Dine'é » en navajo) se manifestent sous forme de personnages mythiques (Premier homme, Première femme, Femme changeante), d'animaux (Araignée, Coyotte…) ou d'éléments naturels (Lumière blanche de l'aube…). Le vent est un esprit particulièrement puissant : il est le souffle qui donne la vie aux choses, il est la parole, le mouvement, celui qui permet aux hommes de communiquer avec les esprits et les éléments.

Femme changeante

La plus importante divinité des Navajo s'appelle Femme changeante. Elle personnifie la terre soumise au rythme des saisons : le printemps symbolise la naissance, l'été l'âge adulte, l'automne la vieillesse et l'hiver la mort. Née sur le mont Gobernador Knob, Femme changeante devint adulte en seulement quatre jours. Elle s'accoupla avec le Soleil et donna naissance à des jumeaux : Tueur de Monstres et Né pour l'Eau. De nombreuses légendes racontent leurs combats contre les terribles monstres qui accablaient le cinquième monde. De son côté, Femme changeante fabriqua les Navajo, en mélangeant des morceaux de sa propre peau avec du maïs, des pierres colorées, de la terre et de l'eau.

Monument Valley.

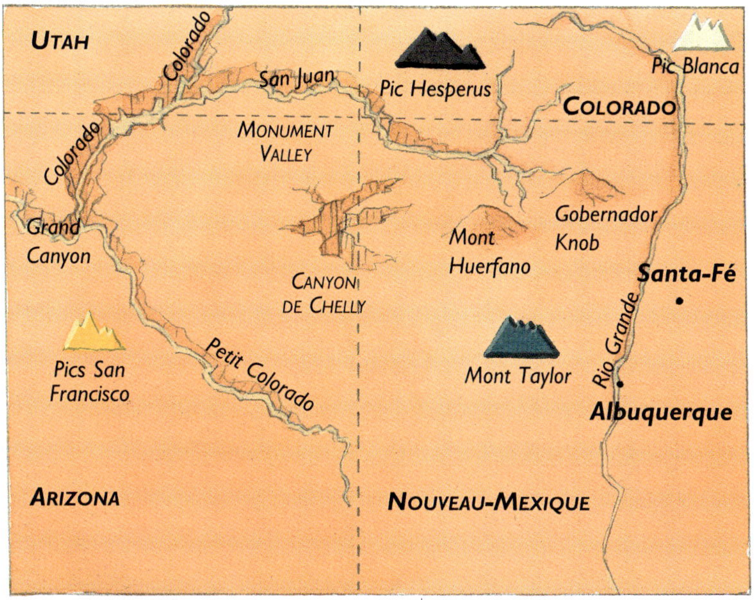

Une terre sacrée

Les Navajo considèrent que leur terre est sacrée. Les êtres humains ne la possèdent pas : ils lui appartiennent. Leur territoire est délimité par quatre montagnes sacrées aux couleurs symboliques : blanc pour le pic Blanca, à l'est ; jaune pour les pics San Francisco, à l'ouest ; bleu pour le mont Taylor, au sud ; noir pour le pic Hesperus, au nord. Les Navajo vénèrent beaucoup d'autres lieux, comme le mont Huerfano, où auraient vécu Premier homme et Première femme.

Tonnerre noir tient la foudre dans sa main (flèches en zigzag).

Cette femme, parée de turquoises, tient une couverture tissée de motifs Navajo.

LE POUVOIR DE L'ARAIGNÉE

« Être sacré » des Navajo, Femme araignée vivrait dans une grotte au sommet de Spider Rock, dans le canyon de Chelly, en Arizona. C'est elle qui aurait enseigné aux femmes l'art du tissage et les motifs symboliques qui racontent les mythes navajo.

Des esprits peints sur le sable

Les Navajo croient que leur devoir religieux est de maintenir l'harmonie de l'univers. Pour ce faire, ils organisent des cérémonies destinées à éloigner les forces du mal et à attirer la protection des Êtres sacrés.

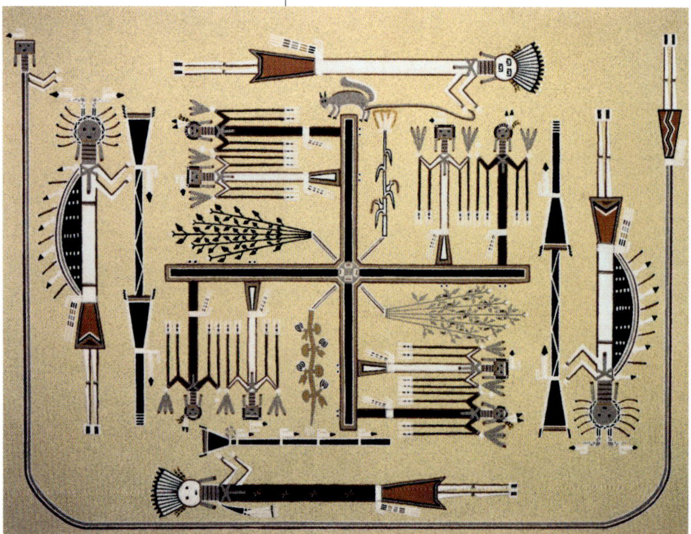

Iikaah représentant le monde. La croix symbolise les quatre points cardinaux. Du centre poussent quatre plantes sacrées : le maïs, le haricot, la courge et le tabac.

Peindre les esprits

L'homme qui s'occupe des cérémonies, sorte de chaman, s'appelle le « hataali » (chanteur en navajo). Il connaît les rites, les prières, les chants, les danses et le pouvoir magique de certains objets, comme les cristaux, les plumes ou les plantes. Il sait aussi dessiner les « iikaah ». Ces peintures sacrées éphémères sont tracées sur le sol à l'aide de grains de sable coloré, d'ocre en poudre, de charbon de bois pilé, de farine ou de pollen. Elles sont l'élément indispensable à tout rituel car, selon les Navajo, chaque dessin possède le pouvoir de l'esprit qu'il représente.

Des remèdes très spéciaux

Les Navajo croient en un principe suprême qui régit le monde : l'« hozho », état d'harmonie, de santé et de beauté. Lorsque celui-ci est menacé, du fait d'un mauvais esprit par exemple, des perturbations apparaissent. Il s'agit le plus souvent de maladies. Pour rendre sa santé à un malade, l'hataali doit organiser une cérémonie de guérison. Il demande aux esprits quelle est la cause du mal et comment en venir à bout. Puis il soumet le malade à des rituels : bains de vapeur, prises de remèdes à base de plantes, offrandes de turquoises… Enfin, il trace un iikaah, place le malade au centre et danse autour de lui en chantant des prières.

C'EST L'HALLU TOTALE !

Pour entrer en contact avec les esprits, les Navajo cherchent à avoir des visions. Ils les provoquent par toutes sortes de techniques, comme le jeûne, la soif, la privation de sommeil ou l'exposition prolongée au soleil. Ils peuvent aussi absorber des substances hallucinogènes. Parfois, la technique est moins violente : c'est le rêve. Ils pensent en effet que les esprits profitent des rêves pour donner conseils et avertissements.

Hataali traçant un iikaah. Il l'effacera dès la fin de la cérémonie.

Cérémonie de guérison
à l'intérieur d'un hogan.

LE COYOTE SE MÊLE D'ASTRONOMIE

Les Navajo s'intéressent au ciel. Ils dessinent des cartes célestes et parlent des astres. L'une de leurs légendes raconte que Premier homme et Première femme s'installèrent sur une couverture pour tailler le Soleil, la Lune et les étoiles dans un bloc de cristal. Puis, minutieusement, ils se mirent à accrocher leurs créations dans le ciel. Absorbés par leur travail, ils ne virent pas Coyote s'approcher de la couverture constellée d'éclats de cristal. L'animal voulait participer à la création du firmament… Mais Coyote n'était pas patient! Au lieu d'accrocher les morceaux un à un, il secoua la couverture. Les étoiles s'éparpillèrent et formèrent une longue traînée: ainsi naquit la Voie lactée!

Mieux vaut prévenir que guérir…

Le « hozhooji » (Chemin de la Bénédiction en navajo) est une cérémonie organisée pour porter bonheur. Elle assure paix, harmonie, prospérité et protection en maintes occasions, comme la naissance d'un enfant ou un départ en voyage. Cette cérémonie est particulièrement importante car elle raconte la création du monde et la naissance du peuple navajo. On y célèbre Femme changeante, la protectrice des Navajo, par un iikaah réalisé seulement en matières végétales: pollens, farines et pétales de fleurs écrasées.

CHANT DE LA GUÉRISON

« Avec joie, je guéris
Avec joie, la fraîcheur me pénètre
Avec joie, mes yeux retrouvent leur pouvoir
Avec joie, la fraîcheur pénètre ma tête
Avec joie, mes membres retrouvent leur pouvoir
Avec joie, je retrouve le pouvoir d'entendre
Avec joie, le sortilège a fui
Avec joie, je retrouve le pouvoir de marcher
Insensible à la douleur, je marche,
Léger au-dedans, je marche,
Les sens aiguisés, je marche. »

LES HOGAN, DES MAISONS MINI-MONDES

Les « hogan » sont des maisons de cérémonie construites en rondins de bois et recouvertes de terre. Chaque hogan représente le monde en miniature: rond comme l'univers navajo, il a un toit en forme de coupole qui symbolise la voûte céleste. L'entrée se situe à l'Est, face au soleil levant. Quatre pieux marquent la direction des quatre montagnes sacrées et des points cardinaux.

La Kachina aux longs cheveux apporte la pluie.

La Kachina maïs moucheté favorise les récoltes.

La Kachina oiseau représente le monde des nuages.

Les Pueblo et le culte kachina

Qui sont les Pueblo ?

Les Pueblo sont les descendants d'un peuple très ancien : les Anasazis. Le terme « Pueblo » (village en espagnol) leur vient des colons espagnols, qui voulaient les différencier des Indiens nomades. Les Pueblo vivent aujourd'hui au Nouveau-Mexique. Bien qu'ils partagent les mêmes croyances, ils ne forment pas une nation indienne unifiée : chaque village est autonome et parle sa propre langue. Les Indiens Hopi, qui sont installés en Arizona, au milieu de la réserve des Navajo, sont leurs cousins.

Les Indiens Pueblo habitent une vingtaine de villages du Nouveau-Mexique, aux États-Unis. Leurs croyances se concentrent sur le respect de la nature et le culte des Kachina.

Ne jamais blesser la nature

Les Pueblo vivent en harmonie avec la nature. Les cultivateurs organisent des rites pour faire venir la pluie, assurer la fertilité de la terre ou faire pousser le maïs. Les chasseurs ne tuent que pour se nourrir et traitent leurs « victimes » avec le plus grand respect. Ils adressent une prière aux animaux morts et dansent pour eux afin que leur âme garde un bon souvenir des hommes. Ainsi lorsqu'elle se réincarnera dans un autre animal et qu'elle croisera à nouveau la route d'un chasseur, elle n'hésitera pas à se sacrifier une seconde fois.

Les Kachina, esprits messagers

Les Pueblo croient au Ciel-Père, à la Terre-Mère et à d'autres dieux lointains, invisibles et mal connus des non-initiés. Ils croient aussi aux « Kachina », des centaines d'esprits qui servent d'intermédiaires entre les hommes et les dieux. Ce sont des êtres surnaturels, des ancêtres, des animaux, des plantes, des astres ou encore des éléments comme la pluie, le vent ou le tonnerre. Les Kachina sont généralement représentées avec un corps d'homme et une tête fantastique. Chacune joue un rôle précis: la Kachina ours guérit les malades, la Kachina arc-en-ciel assure la paix et l'harmonie entre les tribus…

LE SAIS-TU ?
Chez les Pueblo, christianisme et religion ancestrale se mêlent. Les fidèles fréquentent aussi bien l'église que la kiva du village.

Des chambres souterraines

Les « kivas » sont des chambres sacrées, à demi enterrées dans le sol. Elles n'ont ni porte ni fenêtre. Les fidèles y pénètrent par une trappe ouverte dans le toit et descendent par une échelle. Chaque kiva possède un « sipapu », c'est-à-dire un trou sacré pratiqué dans le sol, qui sert d'accès au monde des esprits. Sur un autel reposent les objets de culte: récipients sacrés, bâtons à prière, pipes, plumes…

Une kiva.

Le village pueblo de Taos.

Réservé aux hommes !

Bien à l'abri dans les kivas, les hommes célèbrent des rites secrets. Ils prient les dieux, appellent la faveur des Kachina et consultent les ancêtres. C'est aussi là qu'ils tiennent conseil, tissent, peignent et sculptent. Les femmes n'ont pas le droit d'assister aux cérémonies, mais elles peuvent descendre de la nourriture à leurs époux. Les étrangers, eux, n'ont absolument pas le droit de pénétrer les lieux. Voilà pourquoi les Occidentaux ne savent pas vraiment ce qui s'y passe.

APPRENDRE EN S'AMUSANT
Les Kachina sont souvent représentées sous la forme de petites figurines en bois peint. Les Pueblo ont l'habitude de donner ces « poupées » à leurs enfants, afin qu'ils apprennent sous forme de jeu le nom et le rôle de chaque divinité et les mythes de la communauté.

Danses sacrées des Pueblo

Non aux étrangers gaffeurs

Comme elles s'adressent aux esprits et qu'elles garantissent l'ordre de choses, les danses indiennes sont réglées dans le moindre détail. La plus petite erreur risquerait en effet d'entraîner les pires catastrophes pour la communauté. Voilà pourquoi les Pueblo hésitent à accueillir des étrangers qui, dans leur ignorance, pourraient avoir des paroles déplacées, des pensées malveillantes ou des comportements inconvenants…

Béni par une marionnette géante

Au début du mois de décembre, les habitants du village de Zuni organisent le « Shalako ».
Des êtres surnaturels, représentés par des mannequins géants, viennent bénir les nouvelles maisons.
Ils arrivent au village au coucher du soleil pour danser et chanter toute la nuit. Hautes de 3 à 4 m, ces marionnettes ont un squelette de bois recouvert de tissus, de peaux et de plumes. Elles portent un masque grotesque et sont animées par des danseurs.

Qu'il s'agisse de fêter les Kachina, de faire tomber la pluie, d'assurer une bonne récolte ou une chasse fructueuse, les Pueblo dansent.

Des danses religieuses

La danse accompagne toutes les grandes cérémonies pueblo. Elle permet d'invoquer la bienveillance des esprits et de maintenir l'ordre de l'univers. Les danseurs se préparent à cet acte symbolique et religieux avec le plus grand sérieux : ils se retirent dans la kiva, méditent, se purifient et respectent des interdits, comme éviter de manger de la viande et du sel.

Les danses kachina

Selon les Pueblo, les Kachina se cachent au sommet des pics San Francisco la moitié de l'année. Le reste du temps, de janvier à juillet, elles vivent dans les villages. Elles sont alors incarnées par des danseurs masqués et costumés. Ces danseurs participent à toutes les cérémonies et s'adressent aux dieux pour demander la pluie, la fertilité et l'harmonie. Lorsque les Kachina sacrées, les villageois fêtent « Niman ». À cette occasion, les danseurs distribuent de petits présents, comme des fruits, du chocolat, du pop-corn ou des gâteaux.

Danse des Moissons à Santo Domingo.

FOUS, SAGES… OU CLOWNS?

Lors des danses kachina, des clowns se mêlent à la fête. Certains portent des masques de boue, d'autres se peignent le corps de bandes noires et blanches. Tous singent les danseurs, se moquent de la foule, disent des grossièretés… Bref, ils font le contraire de ce qui est convenable. Ce sont des fous, mais aussi des sages car ils se permettent certaines mises en garde humoristiques.

La danse des Moissons

La danse des Moissons, ou danse du Maïs, est dédiée aux récoltes. Dans le village de Santo Domingo, cette cérémonie se déroule début août. Quelque 500 danseurs, de 2 à 80 ans, frappent sur des tambours, foulent le sol et chantent des incantations afin de ranimer l'énergie vitale de la terre. Tous tiennent dans les mains des branches de pin. Les femmes portent une coiffe bleue, qui symbolise une montagne recevant la pluie.

Les danses de la chasse

Les Pueblo organisent des danses pour favoriser la chasse. Selon les villages, elles s'appellent « danse du Chevreuil », « danse du Bison » ou « danse du Cerf ». Les danseurs portent le masque de l'animal, ou simplement ses cornes, et imitent ses mouvements. C'est ainsi qu'ils remercient les esprits des animaux abattus et prient pour que le gibier soit abondant.

LA DANSE DES SERPENTS

Tous les deux ans, au mois d'août, les Pueblo Hopi font une danse de la pluie, qu'ils appellent la « danse des Serpents ». Les hommes se réunissent dans la kiva et déposent sur l'autel un bâton en forme de serpent, symbole de l'éclair qui fait venir la pluie. Ils se présentent ensuite sur la place du village avec des serpents vivants, souvent des crotales. Ils serrent ces serpents entre leurs dents et dansent tout en les caressant avec une plume d'aigle. Après la cérémonie, les serpents sont relâchés dans le désert.

Les Yanomami et les esprits de la forêt

Les Indiens Yanomami vivent au cœur de la jungle amazonienne, à la frontière du Brésil et du Venezuela. Leur monde est peuplé d'esprits, bons ou mauvais, qui décident du sort des hommes et des choses.

Un monde d'esprits

Les Yanomami appellent les esprits : « hekura ». L'Esprit lune, l'Esprit Voie lactée, l'Esprit tonnerre, l'Esprit tourbillon des eaux, l'Esprit jaguar et l'Esprit tarentule sont quelques-uns des plus puissants hekura de la forêt amazonienne. Il en existe beaucoup d'autres qui commandent aux animaux, aux plantes, aux astres et même aux phénomènes naturels.

Les pouvoirs du chaman

Pour communiquer avec les esprits, les Yanomami font appel à des chamans. Ceux-ci se disent habités par des hekura qui vivent dans leur poitrine et leur donnent de la puissance. Les chamans ont la réputation de posséder des pouvoirs surnaturels fabuleux. Ils peuvent, par exemple, se transformer à volonté en animal ou en hekura.

Chamans accomplissant une danse rituelle.

POUR EN SAVOIR PLUS SUR :

Le **chamanisme**, voir p. 97.

LE DESTIN DES INDIENS D'AMAZONIE

Comme tous les Indiens du continent américain, ceux de la forêt amazonienne ont beaucoup souffert de la conquête de leur territoire par les Européens. La plupart des survivants ont dû abandonner leur mode de vie traditionnel et se convertir au christianisme. Aujourd'hui, les Yanomami font partie des très rares tribus ayant réussi à sauvegarder leur mode de vie et leurs propres croyances.

Engrenage infernal

Les chamans protègent leur communauté en invoquant les esprits bénéfiques ou au contraire en chassant les mauvais. Leur tâche est immense. Car, aux yeux des Yanomami, rien n'est jamais dû au hasard ou à la malchance : incidents, accidents ou maladies sont forcément le fait d'esprits malfaisants envoyés par le chaman d'une tribu ennemie. Cette façon de voir les choses entraîne inévitablement un désir de vengeance. L'engrenage infernal des représailles peut alors durer des années.

Les dévoreurs d'âme

Les Yanomami expliquent la maladie par l'action maléfique des « dévoreurs d'âme ». Ces esprits hostiles kidnappent les âmes pour s'en nourrir. Privée de son âme, donc de sa force vitale, la victime tombe malade et se met à dépérir. Le chaman intervient alors pour éviter le pire. Il fait avaler au malade des remèdes à base de plantes, il danse, il chante, il parle aux esprits et peut même leur livrer bataille. S'il réussit à récupérer l'âme avant qu'elle ne soit avalée, il la rend à son propriétaire qui retrouve ses forces et sa santé.

Le double animal

Chaque bébé, peu après sa naissance, est associé à un animal. C'est son image, son double. Les hommes peuvent être singe, jaguar, ara, toucan… Les femmes sont plutôt loutre, serpent ou tapir… Selon les croyances des Yanomami, il existe une relation profonde entre l'individu et son animal emblème. Si l'un souffre, l'autre ressent sa souffrance. Si l'un meurt, l'autre est menacé de mort.

Le « shabono » est un grand auvent circulaire qui sert d'habitation et de lieu pour les cérémonies.

HALLUCINANT !

Lors des rituels, les chamans prennent du « yakoana », une drogue puissante qui provoque des hallucinations. Ils se font souffler cette poudre végétale dans les narines à l'aide d'une longue pipe. Selon eux, l'état de semi-conscience, voire de délire, qu'elle provoque leur permet d'accéder au monde des esprits et de communiquer avec les hekura.

CADAVRE EXQUIS

Les Yanomami ont coutume d'incinérer leurs morts. Ils récupèrent ensuite les os carbonisés des défunts pour les réduire en poudre. Lors d'une cérémonie spéciale, cette poudre est mélangée à de la banane et mangée par la famille et les amis de la personne disparue. C'est ainsi qu'ils gardent en vie l'esprit du défunt.

L'âme du Grand Nord chez les Inuit

PEUPLES DU GRAND NORD

Les Inuit sont répartis à travers l'Arctique: en Alaska, au nord du Canada et au Groenland. Quelques communautés vivent également en Sibérie, où elles côtoient d'autres peuples du Grand Nord comme les Tchouktches, les Evens, les Lakoutes et les Nenets. Les Sâme vivent eux, en Laponie, à l'extrême nord de l'Europe.

POUR EN SAVOIR PLUS SUR:

Le **chamanisme**, voir p. 97.

De nos jours, la plupart des Inuit ont adopté un mode de vie occidental. Toutefois, malgré leur conversion forcée au christianisme, ils n'ont pas renoncé à toutes leurs anciennes croyances.

Vivre en respectant la nature

Confrontés depuis des millénaires à un milieu très hostile, les Inuit prennent soin des plus petites ressources offertes par leur environnement. Ils ont développé un mode de vie en totale harmonie avec la nature. Ils respectent tout particulièrement les animaux car ils pensent que tous ont une âme. Cette dernière ne doit pas être contrariée, sinon elle ne sera plus bienveillante envers les hommes: elle refusera de se laisser chasser ou elle voudra se venger.

Les inuat des Inuit

Les Inuit croient qu'il existe un monde invisible peuplé d'esprits appelé «inuat». **Sila**, l'inuat de l'univers, est très importante. Elle représente le ciel, l'air, le temps et, par extension, le souffle de la vie. Les Inuit vénèrent aussi l'**inuat du Soleil** et son frère, l'**inuat de la Lune**. Ils pensent que l'inuat de la Lune et ses esprits associés sont à l'origine de certains phénomènes naturels comme les orages ou les tremblements de terre. L'inuat le plus populaire s'appelle **Sedna** (également connue sous le nom de Sanna ou Takannaaluk, «la Grande d'en bas»). C'est un esprit féminin, qui incarne la mer et règne sur le monde marin.

L'inuat de la Lune.

Tupilak: petite figurine chargée de porter malheur aux ennemis.

Sculpture inuit représentant Sedna.

Les esprits maléfiques

Les Inuit craignent des mauvais esprits et des monstres invisibles capables des pires « plaisanteries » : retenir le soleil sous la mer ou creuser des trous dans la banquise pour faire tomber les hommes dans l'eau glacée. D'autres sont plus méchants encore : ils capturent les enfants et les entraînent au fond de la mer pour les fouetter avec des algues.

Protections magiques

Pour se protéger des esprits maléfiques et des dangers du Grand Nord (la famine, le froid, la tempête, la maladie, les animaux sauvages…), les Inuit s'entourent d'amulettes protectrices et respectent de nombreux tabous : interdiction de chasser en période de deuil, ne jamais mélanger gibier terrestre et gibier marin, ne jamais utiliser le matériel de pêche à la baleine plus d'une saison…

Les missions de l'angakkuq

Quand survient un problème grave, tel que la disparition du gibier, une tempête ou une maladie, les Inuit font appel à l'« angakkuq », le chaman. Son rôle est d'apaiser les esprits ou de les combattre. L'angakkuq intervient par exemple lorsque Sedna est en colère : son esprit plonge au fond de l'eau, rejoint Sedna, l'aide à se peigner et tente de la calmer afin qu'elle redevienne bienveillante.

SEDNA FACE À SON DESTIN

Mariée à un oiseau, Sedna n'était pas heureuse. Un jour, son père vint la rechercher. Furieux, l'oiseau provoqua une tempête pour faire chavirer leur embarcation. Pris de peur, le père jeta sa fille à l'eau. Celle-ci tenta de se cramponner, mais son père lui coupa les doigts. Sedna sombra au fond de la mer et ses doigts se transformèrent en phoques, morses et autres baleines… Les Inuit racontent qu'à chaque fois qu'un homme transgresse un tabou, un nœud se forme dans sa chevelure. Sedna n'ayant plus de doigts pour se peigner, les animaux se prennent dans ses cheveux. Et ça l'énerve tellement qu'elle peut en déclencher des tempêtes !

« Nous ne croyons pas. Nous craignons simplement. »
Déclaration d'un chaman à l'ethnologue Knud Rasmussen.

Les Inuit vivent dans un environnement de neige et de glace.

Les enfants d'Abraham

Juifs, chrétiens et musulmans
croient en un seul dieu
et se reconnaissent tous
un même ancêtre, Abraham.
Selon ces trois religions,
Dieu aurait en effet demandé
à Abraham de renoncer
à ses anciennes croyances
pour ne plus croire qu'en Lui seul.
Ainsi est né le monothéisme…

Un Dieu pour trois religions

Qu'ils l'appellent Yahvé, Dieu ou Allah, juifs, chrétiens et musulmans croient en un dieu unique, créateur du monde et des hommes. Malgré leurs différences, ils se reconnaissent des ancêtres communs, qui ont pour nom Adam, Noé ou Abraham…

Création express

« Au commencement, Dieu créa le ciel et la terre. » Phrase célèbre… C'est par elle que commence la Bible, le livre sacré des juifs et des chrétiens. On y raconte comment Dieu a créé le monde en six jours. Le premier, Il invente le ciel, la terre et la lumière ; le deuxième, le firmament. Satisfait de son travail, Dieu sépare les mers des continents le troisième jour, puis fait pousser la végétation. Le quatrième, Il fabrique la lune et le soleil. Le cinquième, Il crée les animaux des mers et les oiseaux. Vient le sixième jour… Dieu façonne « bestiaux, bestioles, bêtes sauvages ». Puis Il dit : « Faisons l'homme à notre image (…). » Une fois son œuvre achevée, Dieu s'accorde un peu de repos : c'est le septième jour (qui deviendra shabbat pour les juifs et dimanche pour les chrétiens).

La version du Coran

« Allah est Celui qui créa les cieux et la terre et ce qui est entre eux, en six jours, puis [qui] s'assit en majesté sur le Trône. » Sourate 32, verset 4.

Adam, homme de terre

Curieusement, la Bible délivre ensuite deux récits expliquant la création de l'homme. Dans le premier, le texte dit simplement que l'homme et la femme sont créés « à l'image de Dieu ». La seconde « version », qui vient juste après, est plus détaillée : Dieu modèle un homme avec de la poussière (ou de la terre, selon les traductions), et lui insuffle la vie par les narines. On retrouve la même histoire dans le Coran. Puis, voyant que l'homme est seul, Dieu crée la femme… à partir d'une côte d'Adam !

Le sais-tu ?

La Bible raconte que l'homme et la femme vivent heureux et nus dans le jardin d'Éden. Ce n'est qu'après avoir mangé le fruit de l'Arbre de la Connaissance du Bien et du Mal que le couple se rend compte de sa nudité et en éprouve de la honte.

Adam et sa compagne dans le jardin d'Éden.

Dans la Bible un serpent suggère à Ève de désobéir. Le Coran ne parle que d'Adam et de sa zauj, sa compagne.

Scandale au jardin d'Éden

Dieu installe Adam et sa compagne dans le jardin d'Éden (le paradis). Le couple y mène une existence libre et paisible. La seule chose qui lui soit interdite, c'est de manger les fruits de l'Arbre de la Connaissance du Bien et du Mal. Mais le couple désobéit à Dieu et goûte le fruit défendu. La colère divine est telle qu'Adam et sa femme sont chassés du paradis et condamnés à vivre sur la terre où l'existence est faite de travail et de souffrance.

LE PÉCHÉ ORIGINEL

Pour les chrétiens, Ève est la première à avoir désobéi à Dieu en croquant le fruit défendu : c'est donc elle qui a commis le « péché originel ». Cette notion n'existe ni chez les juifs ni chez les musulmans.

NOÉ ET LE DÉLUGE

Le déluge est un thème présent dans la Bible et le Coran. On le retrouve aussi dans de nombreuses civilisations (sumérienne, grecque, indienne…): à chaque fois, un monde ancien est submergé par les eaux et détruit, puis une nouvelle humanité est chargée de tout reconstruire.

Le déluge sale temps sur la terre

Renvoyés du paradis, Adam et sa femme sont obligés de travailler, ce qui ne les empêche pas de faire des enfants aussi turbulents que leurs parents! Les générations passent, mais ne s'améliorent pas. Excédé, Dieu décide de tout recommencer… ou presque. Avant de déclencher un déluge qui doit tout anéantir sur la terre, Il ordonne à Noé de construire une arche pour sauver sa famille, ainsi qu'un couple de chaque espèce animale.

Noé doit repeupler la terre

Après quarante jours de déluge, Dieu se radoucit, chasse la tempête et construit un immense arc-en-ciel: c'est le signe de Sa nouvelle alliance avec la terre. Noé et tous les passagers de l'arche reçoivent alors la mission de se reproduire pour repeupler le monde. Sem, l'un des fils de Noé, va ainsi fonder la grande famille des Sémites, dont est issu Abraham (Ibrahim dans le Coran), l'ancêtre des Arabes et des Hébreux.

Le Coran et la Bible affirment que Dieu veut anéantir la terre en déclenchant un déluge, car les hommes ne croient pas en Lui. Sauf Noé…

Cette miniature du XVe siècle montre Dieu ordonnant à Abraham de quitter son pays et de fonder un peuple qui croira en Lui.

Abraham, père des croyants

La tradition biblique prétend que Dieu a demandé à Abraham de renoncer à ses anciennes idoles pour ne plus croire qu'en Lui. Le patriarche aurait reçu en échange la promesse d'une terre et d'une descendance nombreuse, dont seraient issus deux grands peuples : les Hébreux et les Arabes.

Isaac ou Ismaël ?

La Bible affirme que c'est Isaac qui est offert en sacrifice. Si le Coran ne donne pas de réelle précision, la tradition musulmane prétend que l'enfant sacrifié est Ismaël. La question est d'importance : il s'agit de savoir si Dieu cherche à faire alliance avec les juifs (descendants d'Isaac) ou avec les arabes (descendants d'Ismaël)…

Promesse divine

Originaire d'Ur, une ville de Mésopotamie (Irak actuel) où l'on vénérait une multiplicité de dieux, Abraham (Ibrahim pour les musulmans) a 75 ans quand Dieu lui ordonne de quitter son pays : le vieil homme a pour mission de fonder un nouveau peuple et de renoncer à ses anciennes croyances pour ne croire qu'en ce Dieu unique qui s'adresse à lui. N'ayant pas d'enfant, Abraham accepte de partir, car Dieu lui a promis une terre et une « descendance aussi nombreuse que les étoiles »…

Des religions révélées

Dieu ne s'adresse pas à n'importe qui. Il cherche des hommes justes, capables d'entendre sa parole et de la transmettre aux autres hommes. Cette parole, envoyée à un prophète, est appelée révélation. Après une première tentative avec Noé, Dieu choisit Abraham, puis Moïse, Jésus ou encore Muhammad…

Peinte par Andreï Roublev au XVe siècle, cette icône orthodoxe représente trois anges venus annoncer à Abraham la naissance d'Isaac.

Papa à 100 ans !

Accompagné de sa femme Sara, qui ne peut avoir d'enfant, Abraham part vers l'ouest, dans le pays de Canaan, et répand la parole divine sur son chemin. En accord avec sa femme, il a un premier fils avec Agar, une Égyptienne que la Bible présente comme une servante de Sara. Ce fils, Ismaël, est l'ancêtre des Arabes. Quelques années plus tard, Sara, âgée de 90 ans, donne un second fils à Abraham qui va gaillardement sur ses 100 ans ! Ce second fils, Isaac, est l'ancêtre des Hébreux.

LE TOMBEAU DES PATRIARCHES

Situé à Hébron en Palestine, c'est un site sacré pour le judaïsme, le christianisme et l'islam. Selon les traditions de ces religions, ce tombeau abriterait en effet les dépouilles d'Abraham, d'Isaac et de son fils Jacob. Mais les archéologues n'en sont pas si sûrs…

Sanglantes épreuves

Comme signe de leur alliance, Dieu demande à Abraham de se circoncire et de faire de même sur tous les hommes de son peuple, y compris ses deux fils. Le patriarche se plie au commandement divin. Les années passent. Dieu, toujours un peu méfiant à l'égard de l'humanité, demande un jour à Abraham de prouver sa soumission en Lui offrant son fils en sacrifice. Abraham accepte… Il se prépare à faire la terrible offrande, saisit un couteau pour tuer l'enfant, lève le bras, quand soudain l'ange Gabriel (Jibril chez les musulmans) arrête son geste: Dieu est convaincu de la foi d'Abraham et fait de lui le père des monothéistes.

COMMÉMORATION DU SACRIFICE

Les juifs et les musulmans célèbrent le souvenir d'Abraham, qui sacrifia finalement un bélier à la place de son fils. Les premiers le commémorent en soufflant dans une corne de bélier (shofar), lors des fêtes de Rosh Hashana et de Yom Kippour. Chez les musulmans, chaque père de famille doit «faire couler le sang», autrement dit égorger un mouton: c'est la fête de l'Aïd.

Envoyé par Dieu, l'ange arrête le geste d'Abraham qui s'apprêtait à sacrifier son fils et remplace l'enfant par un bélier.

D'après la Bible, Jacob a vu en songe des anges grimpant sur une échelle reliée au ciel. Par ce rêve, Dieu aurait promis à Jacob que la terre sur laquelle il était couché serait à lui et à sa descendance.

Le peuple élu

Un mystérieux adversaire descendu du ciel, des catastrophes et des exils à répétition… Dieu mène la vie dure aux Hébreux. Pourtant jamais Il ne les abandonne et c'est eux qu'Il choisit pour mener à bien Son projet : faire que les hommes croient en un seul dieu.

Frères ennemis

Isaac, fils d'Abraham, vit sur la Terre promise par Dieu à son père. Sa femme lui donne deux jumeaux, Esaü et Jacob. Un jour, Jacob se fâche avec son frère et s'exile. Des années plus tard, riche, marié et père de douze enfants, Jacob revient dans son pays. Mais une épreuve l'attend sur le chemin du retour : une nuit, Dieu envoie un mystérieux messager, qui entraîne Jacob dans un corps à corps sans pitié…

Celui qui s'est battu avec Dieu

Les deux hommes se battent toute la nuit. Blessé à la cuisse, Jacob finit par prendre le dessus. L'inconnu lui avoue alors qu'il est l'envoyé de Dieu et dit : « On ne t'appellera plus Jacob, mais Israël. » Il explique ensuite qu'Israël veut dire « celui qui s'est battu avec Dieu ». C'est ainsi que Jacob va donner son nom à la Terre promise : la terre d'Israël. À sa mort, elle sera partagée entre ses héritiers, qui formeront les douze tribus d'Israël.

Les Dix Commandements

Voici, résumées, les lois que Moïse transmet au peuple d'Israël, sur ordre de Dieu :

- Je suis l'Éternel, ton Dieu, qui t'ai fait sortir du pays d'Égypte et de l'esclavage.
- Tu n'auras pas d'autres dieux que moi. Tu ne te feras aucune image, ni aucune sculpture.
- Tu ne prononceras pas le nom de Yahvé ton Dieu pour rien.
- Observe le jour du shabbat : pendant six jours tu travailleras, mais le septième jour tu te reposeras.
- Honore ton père et ta mère.
- Tu ne tueras pas.
- Tu ne commettras pas l'adultère.
- Tu ne voleras pas.
- Tu ne porteras pas de faux témoignage contre ton prochain.
- Tu ne convoiteras pas la femme de ton prochain, ni rien de ce qui est à lui.

Sauvé des eaux

La famine s'étant abattue sur Israël, une partie des Hébreux se résout à émigrer en Égypte. Là, ils deviennent si puissants que Pharaon prend peur et se met à les persécuter. Un jour, le roi d'Égypte ordonne de jeter dans le Nil tous les garçons hébreux nouveau-nés…
Un seul en réchappe. Le petit garçon est abandonné au fil de l'eau, dans un panier, et sauvé par la propre fille de Pharaon : il s'appelle Moïse.

Moïse abandonné sur le Nil.

Les dix plaies d'Égypte

Moïse grandit à la Cour et assiste avec horreur aux mauvais traitements réservés à son peuple. Jusqu'au jour où Dieu lui ordonne de délivrer les Hébreux… Moïse va voir Pharaon et lui demande de laisser sortir les Hébreux d'Égypte. Pharaon refuse. Appuyé par Dieu, Moïse déclenche alors dix catastrophes épouvantables sur le pays : il change l'eau du Nil en sang, provoque des invasions de grenouilles, de sauterelles, de vermine… En vain. Il annonce alors la mort de tous les premiers-nés d'Égypte. Seuls seront épargnés les enfants hébreux, dont les parents auront marqué leur porte d'un signe fait avec le sang d'un agneau. Pharaon ne croit pas à la menace et s'obstine dans son refus.

Porte-parole de Dieu

Selon la Bible, Dieu a choisi les Hébreux pour porter sa parole à toute l'humanité. L'alliance ainsi conclue n'est pas un privilège. Elle oblige les Hébreux à accepter un ensemble de devoirs et de responsabilités, inscrits sur les Tables de la Loi.

Pour en savoir plus sur :
Abraham et sa famille, voir p. 114.

Cette miniature juive représente l'une des dix plaies d'Égypte : une pluie de furoncles qui se transforment en pustules dès qu'ils atteignent hommes et bêtes.

La Loi de Yahvé

À minuit, ce jour-là, Dieu exécute la menace. Pharaon cède. Guidés par Moïse, les Hébreux quittent le pays dans la nuit : c'est l'Exode. Les fugitifs se retrouvent dans le désert, au pied du mont Sinaï. Dieu appelle alors Moïse au sommet de la montagne : Il lui confie les Tables de la Loi, sur lesquelles sont gravés les Dix Commandements (les juifs disent les « Paroles »), puis 603 autres lois religieuses que devront désormais observer les Hébreux.

Moïse recevant les tables de la Loi.

Du temps de la Bible à celui de l'Histoire

La Bible raconte comment les Hébreux ont conquis la Terre promise par Dieu avant de se donner un roi. Uni au sein d'un même État, le peuple d'Israël entre désormais dans l'Histoire : archéologues et historiens vont enfin pouvoir se détacher de la Bible pour suivre sa trace…

Une Terre promise mais pas vraiment acquise…

Après quarante ans d'errance dans le désert, les Hébreux finissent par retrouver le chemin de la Terre promise par Dieu à Abraham. Mais la place est prise. Les douze tribus d'Israël se lancent dans une campagne de conquête éclair (Jéricho, Aï, Haçor…) et s'installent à différents endroits du pays. Peu après, les Hébreux doivent repousser les tentatives d'invasion des Égyptiens, des Syriens ou des Perses. Ils décident alors d'unir leurs forces et de se donner un roi.

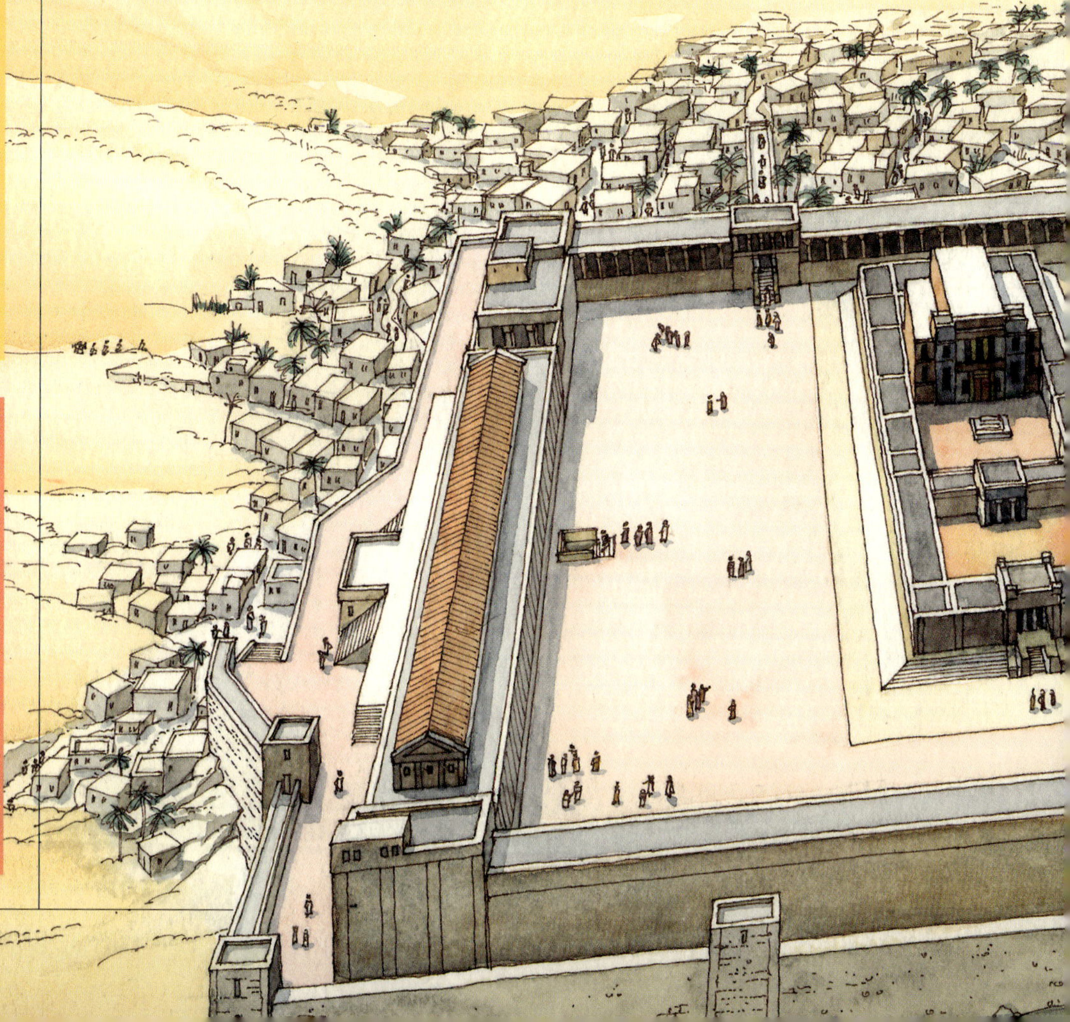

Les rois d'Israël

Le premier roi est Saül (vers 1030-1010 av. J.-C.). Vient ensuite David, qui unifie le pays et fonde une dynastie, dont seront désormais issus tous les rois d'Israël. Son fils, le sage Salomon, développe la prospérité du pays entre 970 et 930 av. J.-C. Il fait construire le Temple de Jérusalem et y dépose l'Arche d'alliance, qui abrite les Tables de la Loi. Ce « Grand Temple » devient le lieu le plus sacré du peuple juif.

Le sionisme

C'est un mouvement politique, fondé à la fin du XIXe siècle, qui a milité pour le retour en Terre d'Israël et la création d'un État juif. Son nom vient de Sion, un autre mot utilisé pour désigner Jérusalem.

Le temps des troubles

À la mort du roi Salomon, le pays se divise en deux : Israël au nord et la Judée (d'où vient le mot juif) au sud, qui conserve Jérusalem comme capitale. En 587 av. J.-C., Jérusalem est attaquée par le roi de Babylone, qui ordonne de brûler le Grand Temple et de déporter les habitants. Libérés cinquante ans plus tard, les juifs retournent chez eux et reconstruisent le Temple. Mais les Grecs puis les Romains occupent le pays à leur tour. Des mouvements de résistance juifs s'organisent. En 70 ap. J.-C., les Romains décident d'en finir : ils brûlent le second Temple de Jérusalem et rasent la ville.

Le temps des persécutions

Privés de lieu saint, de nombreux juifs quittent la Judée et se dispersent dans le monde : c'est la Diaspora. Dans certains pays, leur installation est très mal vécue par les chrétiens. En 1492, Isabelle-la-Catholique, reine d'Espagne, chasse les juifs hors de son royaume. Beaucoup émigreront vers les pays du Maghreb. Au XVIe siècle, les juifs de Venise sont cantonnés dans un quartier de la ville : le Ghetto. Au XVIIe siècle, des attaques et des massacres contre les juifs (pogroms) se multiplient en Russie et en Europe centrale.

Israël aujourd'hui

Fondé après la guerre, en 1948, l'État d'Israël a permis à de nombreux juifs de regagner la « Terre promise ». Mais son implantation sur des territoires peuplés d'Arabes palestiniens a provoqué des séries de conflits et de guerres entre Arabes et Israéliens. Signés en 1993, les accords d'Oslo ont permis d'engager un processus de paix… qui n'a toujours pas abouti !

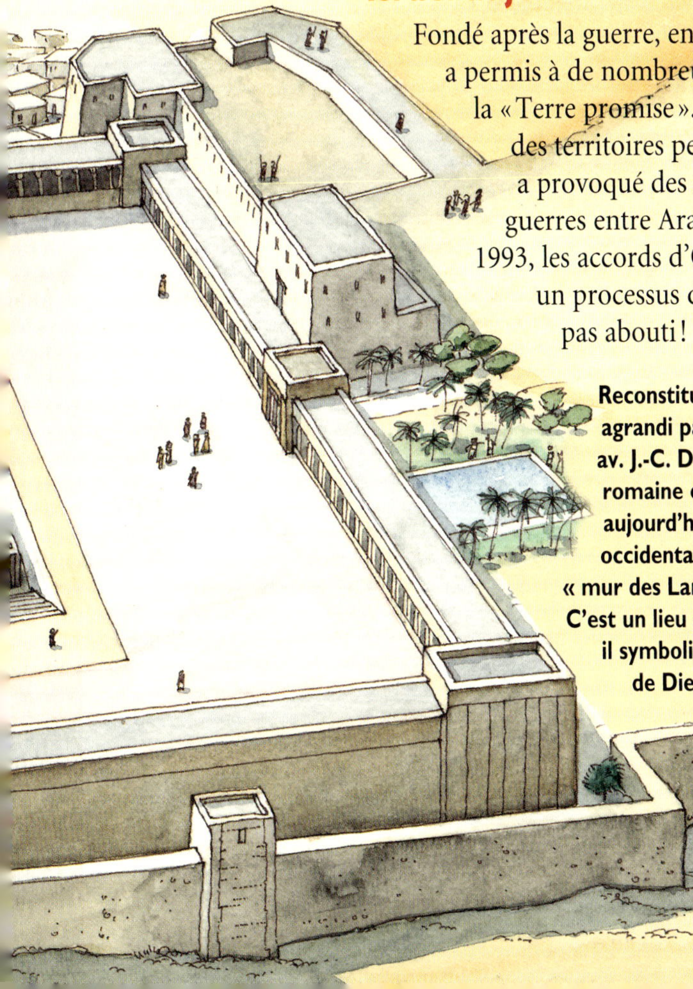

Reconstitution du Temple de Jérusalem, agrandi par le roi Hérode au Ier siècle av. J.-C. Détruit par l'armée romaine en 70, il ne reste plus aujourd'hui que le mur de fondation occidental, appelé « Kotel » ou « mur des Lamentations » (ci-contre). C'est un lieu sacré pour les juifs car il symbolise la présence de Dieu.

LE SAIS-TU ?

Diaspora est un mot grec qui signifie « dispersion ».

HITLER ET LA SHOAH

L'antisémitisme culmine en Allemagne avec l'arrivée au pouvoir des nazis en 1933. Conduits par Adolf Hitler, les nazis professent leur haine des juifs et veulent éliminer la « race » juive d'Europe. Devenu chancelier (premier ministre), Hitler prend des mesures racistes contre les juifs et les enferme dans des ghettos et des camps. Puis il décide de les exterminer dans des chambres à gaz. Cette « solution finale » conduira à la mort plus de six millions de juifs, hommes, femmes et enfants. C'est ce que les juifs appellent la Shoah (« catastrophe » ou « anéantissement », en hébreu).

Livre sacré commun à tous les juifs, la Torah est toujours écrite et recopiée à la main sur des rouleaux de parchemin.

À chacun sa Torah

Pour les juifs, il est essentiel de respecter la bible juive : la Torah. Mais tous n'interprètent pas les textes de la même manière. Certains appliquent la Loi de Dieu de façon très stricte. D'autres préfèrent se montrer plus souples.

Les premières querelles

Les disputes et les divisions entre interprètes de la Torah sont anciennes. Dans l'Antiquité, sadducéens et pharisiens s'opposaient sur de nombreux sujets. Issus de l'aristocratie, les premiers s'occupaient du Temple et appliquaient la Loi de façon très rigide. Plus proches du peuple, les pharisiens étudiaient et commentaient la Torah. Ils cherchaient également à l'enseigner autour d'eux.

Ashkénazes et sépharades

Après la destruction du second Temple de Jérusalem, en 70, les juifs partent en exil. Beaucoup s'installent en Europe. Ceux qui ont rejoint l'Espagne (*sefarad*, en hébreu) en seront chassés en 1492 : ils s'enfuiront alors vers l'Empire ottoman et l'Afrique du Nord. On les appelle les juifs sépharades. Quant aux juifs installés en Allemagne (*ashkenaz*, en hébreu), ils se déplaceront bientôt dans toute l'Europe orientale (Pologne, Russie, Moravie...). Ces juifs, dits « ashkénazes », parlent en yiddish (mélange d'allemand, de slave et d'hébreu).

Une célébration ashkénaze en Hongrie.

La tradition rabbinique

Héritiers des pharisiens, des sages appelés rabbins vont peu à peu construire le judaïsme traditionnel à partir de l'étude de la Torah et des commentaires qu'ils en font (le Talmud). Ils décrivent ainsi comment les juifs doivent vivre et pratiquer leur religion. Le Talmud est un livre très important qui réunit des textes juridiques réglementant la vie quotidienne (la Halakha) et des récits légendaires (la Haggada), qui sont lus lors de certaines fêtes, comme pour la Pâque.

Juifs sépharades célébrant la Pâque.

Une tradition, des judaïsmes

Au fil des siècles, la tradition rabbinique a donné naissance à plusieurs courants:
– le judaïsme orthodoxe, qui se considère comme le gardien de la tradition;
– le courant mystique (la Kabbale), qui cherche à percer le sens caché de la Bible;
– le hassidisme, pour qui Dieu est présent partout, même dans les activités les plus inattendues (le repas, le sommeil, les danses, les chants, l'amour physique...).
Le mouvement intégriste loubavitch est issu du hassidisme.

POUR EN SAVOIR PLUS SUR:
La Pâque juive, voir p. 126 et 135.

Le judaïsme réformé

À partir du XIXe siècle, certaines communautés ont voulu simplifier la pratique religieuse. Appelés réformateurs ou libéraux, ils ont renoncé à certaines prières et traduit de nombreuses autres dans la langue de leur pays d'accueil, pour que l'office soit compris par tout le monde. Ils ont aussi affirmé l'égalité des femmes et des hommes en matière religieuse.

LES FALASHAS D'ÉTHIOPIE

La légende en fait de lointains descendants d'une des douze tribus d'Israël. Les Falashas sont des juifs noirs, qui respectent la Torah mais ne connaissent pas le Talmud. Ils pratiquent la circoncision et respectent les règles de pureté et de casheroute. Leur synagogue s'appelle masgid.

Le peuple du Livre

Pour les juifs, la Bible est plus qu'un livre : c'est le Livre. Appelé aussi TaNaK, cet ensemble de textes sacrés retrace toute l'histoire du peuple élu et fixe la loi de Dieu. Les fidèles le considèrent un peu comme le guide pratique de la foi juive.

Ce morceau de parchemin très abîmé fait partie du plus ancien manuscrit biblique que nous connaissons à ce jour. Vieux de dix-neuf siècles, il a été découvert par hasard dans une grotte de Qumran, près de la mer Morte.

Casse-tête biblique

La Bible n'a pas été écrite en un jour ni par une seule personne : il a fallu plus de mille ans et trois langues différentes (hébreu, araméen et grec) pour rédiger la multitude de textes qui la composent ! La Bible des juifs rassemble vingt-quatre livres. Celle des chrétiens soixante-treize. La différence vient de ce que les juifs ne prennent en compte que la partie la plus ancienne de la Bible, écrite en hébreu : le TaNaK.

Le TaNaK

Ce mot un peu mystérieux est composé des initiales du nom de chacune des trois parties de la Bible juive : la Torah, les Neviim (récits des Prophètes) et les Ketouvim (textes regroupant des poèmes, des proverbes, des écrits de sagesse et des chroniques historiques).

Les croyances des juifs

Les juifs croient en l'existence de Dieu… dont ils ne doivent jamais prononcer le nom. Pour eux, Dieu est unique, éternel et omniscient (Il sait tout). Les juifs croient aussi aux prophètes, à la révélation de la Torah et à la supériorité de Moïse sur les autres prophètes. Mais leur grande originalité vient de leur confiance en l'avenir : les juifs attendent la venue du Messie, un libérateur porteur de paix et d'abondance pour l'humanité tout entière. Le Messie doit arriver à la fin des Temps et permettre aux morts de revenir à la vie.

Les cinq livres de la Torah

La Torah, inclue dans l'Ancien Testament des chrétiens sous le nom de Pentateuque (du grec *penta*, « cinq », et *teuchos*, « volume, rouleau »), est constituée de cinq livres : la Genèse qui raconte l'histoire de la création du monde et des débuts de l'humanité ; l'Exode qui évoque la sortie d'Égypte et le départ vers la Terre promise ; le Lévitique qui énumère les instructions divines ; les Nombres (recensement des tribus et lois diverses) et le Deutéronome, qui rapporte le discours de Moïse et relate sa mort.

613 commandements à respecter !

La Torah raconte aux juifs l'histoire de leur peuple et répond à toutes leurs questions. Elle leur rappelle aussi leurs devoirs envers Dieu au moyen de 613 mitsvot (248 obligations et 365 interdits des Tables de la Loi). Les mitsvot organisent le quotidien dans les moindres détails : relations entre les hommes, usages domestiques et agricoles, règles d'hygiène, interdits alimentaires, maladies… Ils rappellent aussi les lois morales et religieuses à respecter (prières, rites, interdiction de représenter Dieu ou de prononcer son nom…).

Ce bas-relief assyrien (vers 645 av. J.-C.) représente l'exil des juifs, chassés de leur pays par Nabuchodonosor, le roi de Babylone.

Les lumières du Talmud

Les commandements de la Torah sont parfois difficiles à comprendre ou à observer tels qu'ils sont formulés. Aussi les rabbins ont-ils apporté des explications, voire des précisions, sur les lois, les coutumes et les traditions que les fidèles doivent respecter. L'ensemble de ces commentaires est réuni dans un ouvrage très important pour la vie civile et religieuse des juifs : le Talmud.

יהוה

LE SAIS-TU ?

Les juifs n'ont pas le droit de prononcer le nom de leur dieu. Ils le désignent donc par ces quatre lettres hébraïques (*Youd Hé Vav Hé*, d'où « Yahvé »). Mais ces lettres elles-mêmes sont trop saintes pour être prononcées ! Les Juifs les remplacent donc souvent par le mot « Adonaï » qui signifie « mon Seigneur ».

POUR EN SAVOIR PLUS SUR :

- **Les tables de la loi,** voir p. 117.
- **Le Talmud,** voir p. 121.

PEUT-ON CROIRE LES RÉCITS BIBLIQUES ?

De nombreux lieux et peuples décrits dans la Bible ont réellement existé. Mais qu'en est-il des événements racontés ? Si certains semblent correspondre à une certaine réalité historique, d'autres ne sont pour le moment prouvés par aucun indice archéologique. Mais, pour les croyants, l'important n'est pas dans la preuve ; l'important est dans la richesse des enseignements apportés par la Bible.

Être juif au quotidien

Rue des Rosiers, à Paris. Les boutiques et les restaurants sont casher : les produits vendus sont fabriqués selon les règles religieuses juives.

Le judaïsme est une religion qui touche tous les aspects de la vie quotidienne. Guidés par le rabbin, les juifs pratiquants appliquent avec respect un grand nombre de règles, dont certaines datent du temps de Moïse !

La communauté

Dispersés à travers le monde, les juifs d'une même ville ou d'un même quartier se sont très tôt regroupés en communautés. Chacune d'elles a son rabbin, sa synagogue, son bain rituel, son cimetière, ses écoles et ses associations… Il y a aussi des artisans et des commerçants qui fabriquent ou vendent la nourriture et les objets rituels. Longtemps seule référence des fidèles, la communauté n'exerce plus aujourd'hui la même influence : les juifs ont désormais une pratique plus individuelle de leur religion.

Produits casher.

Le code de la casheroute

Les juifs pratiquants mangent de la nourriture casher (« convenable », en hébreu). Car Dieu a dit à Moïse : « Tout animal qui a le sabot fourchu, fendu en deux ongles, et qui rumine, vous pourrez le manger. » Les juifs ne peuvent donc consommer ni porc, ni lièvre, ni chameau. Ils n'ont pas non plus le droit d'absorber du sang, du gibier, du poisson sans écaille ou des crustacés. Il est également interdit de manger « l'agneau cuit dans le lait de sa mère », autrement dit de mélanger viande et laitage dans un même repas. Ce qui oblige à avoir deux types de vaisselles, et parfois même deux éviers pour les laver !

Étudiant à vie !

Pour appliquer au mieux la Loi hébraïque, les juifs doivent étudier la Torah. Commencée dès l'enfance, l'étude se fait sous l'autorité des parents et du rabbin. À 6 ans, les enfants suivent les cours à la synagogue : c'est le Talmud-Torah. L'étude peut se prolonger toute la vie. Après leur bar-mitsvah, les adultes très pratiquants fréquentent parfois une yeshivah (académie d'études talmudiques).

Le jour du shabbat

C'est le jour le plus important de la semaine. Temps de repos, d'étude et de prière, il commence le vendredi au coucher du soleil et dure jusqu'au samedi soir, quand trois étoiles sont visibles dans le ciel. Il commémore le septième jour de la Création, celui où Dieu a béni le monde et s'est reposé. Le vendredi, avant le coucher du soleil, on allume les bougies et on ne doit plus travailler, ni écrire, ni toucher à l'argent, ni voyager jusqu'au lendemain soir.

Des gestes très précis

Les juifs pensent que le respect des gestes rituels permet de prouver leur fidélité à Dieu, mais aussi de protéger l'univers contre la colère divine. Tout est donc très réglementé. La prière, par exemple, est réservée aux hommes et se pratique trois fois par jour (au lever, l'après-midi et le soir). Les fidèles prient en hébreu, en direction de Jérusalem.

Des prières pour tout

Les juifs très pratiquants récitent des bénédictions (berakhot) pour chaque chose… Même lorsqu'ils sortent des toilettes ! Car Dieu entend toutes les prières. Mais la plupart des fidèles en récitent surtout deux : l'amida (prière communautaire dite à la synagogue) et le shema, que l'on récite trois fois par jour. Le shema commence ainsi : « Écoute, Israël, l'Éternel est notre Dieu, l'Éternel est un. Tu aimeras l'Éternel, ton Dieu, de tout ton cœur, de toute ton âme et de toute ta force… ».

Le calendrier des fêtes

Les fêtes sont très importantes pour le peuple juif : décrites dans la Torah, elles permettent de rassembler les membres dispersés de la communauté. La plupart d'entre elles rappellent également l'histoire ancienne des Hébreux.

Le soir de Rosh Hashana, les juifs s'offrent des morceaux de pommes trempés dans du miel pour que l'année nouvelle soit douce.

1 Rosh Hashana : Nouvel An ou jour du Jugement ?

C'est l'anniversaire de la Création du monde et le début de l'année juive. Il est célébré au mois de *tishri* (septembre). Les fidèles doivent faire le bilan de leurs actions, car ils vont être jugés par le Créateur. Ils se réunissent à la sonnerie du *shofar*, la corne de bélier, qui rappelle le sacrifice d'Abraham. Le soir, ils s'échangent des vœux. Le lendemain commencent dix jours de pénitence.

7 Shavouot : le don de la Torah

Sept semaines après Pessah, les juifs fêtent Shavouot en souvenir du don de la Torah fait à Moïse. Mais ils ne font pas de cérémonie particulière. C'est aussi la fête des Moissons : en souvenir des paysans qui offraient leurs premières récoltes au Temple de Jérusalem, on décore les fenêtres des maisons et les synagogues de branches, de fleurs et d'épis de blé.

Chasse aux miettes

La veille de Pessah, les familles doivent nettoyer la maison et organiser la recherche du hametz. Des miettes de pain sont cachées un peu partout.
Si les enfants les trouvent, ils reçoivent un petit cadeau.

6 Pessah : la Pâque juive

Pessah commémore la fuite des juifs hors d'Égypte. La fête dure huit jours, pendant lesquels on mange du pain azyme (sans levure), en souvenir du pain qui n'a pas eu le temps de lever la nuit de la fuite. Le soir, on sert un repas, le *seder*, avec des herbes amères qui évoquent l'amertume de l'esclavage en Égypte, de l'eau salée qui rappelle les larmes, etc. Le chef de famille lit le récit de l'Exode dans un livre appelé la *Haggada*.

2 YOM KIPPOUR : LE GRAND PARDON

Dix jours après Rosh Hashana, arrive Yom Kippour, le jour le plus saint du calendrier juif. Il commence par un jeûne de 25 heures. Chaque juif doit prier, être prêt à reconnaître ses fautes et à pardonner le mal qu'on lui a fait. C'est à cette seule condition qu'un juif peut obtenir le pardon de Dieu. À Jérusalem, les juifs pratiquants confessent leurs fautes publiquement devant le mur des Lamentations.

3 SOUCCOT : LA FÊTE DES CABANES

Quelques jours après Kippour, les juifs commémorent la sortie d'Égypte et les 40 ans d'errance dans le désert : ils construisent des cabanes (*souccot*) au toit de feuillage, rappelant celles dans lesquelles les Hébreux ont vécu, sous la protection de Dieu. Certains y prennent juste leur repas, d'autres y habitent vraiment pendant une semaine.

4 HANOUCCAH : LA FÊTE DES LUMIÈRES

Célébrée en décembre, Hanouccah évoque la reconquête du Temple de Jérusalem sur les Syriens. Après la victoire, le peuple juif a nettoyé le Temple et ravivé miraculeusement la Lumière en l'honneur de Dieu. En souvenir, les juifs placent devant leur fenêtre un chandelier à huit branches, appelé la khanoukia, dont ils allument chaque soir une nouvelle bougie. Le huitième soir, ils dansent et offrent des jouets aux enfants.

5 POURIM : LA FÊTE DES SORTS

La Bible raconte qu'Esther, reine de Perse et juive de religion, sauva les juifs du pays et provoqua la chute de l'affreux vizir Aman qui voulait les exterminer. Comme la date du massacre avait été tirée au sort, la fête s'appelle Pourim (« sort » en perse). Ce jour-là, tout est permis : les enfants se déguisent, les gens sont joyeux, on s'offre des pâtisseries et les pauvres reçoivent des dons.

UN MONDE VIEUX DE PLUS DE 5 000 ANS

Les juifs font commencer leur calendrier le jour de la création de l'homme (selon la Bible), soit 3 760 ans avant la naissance de Jésus-Christ. Pour eux, l'an 2000 était en fait l'an 5 760 !

Le jour de Pourim, les juifs lisent la meguila (livre) d'Esther à la synagogue. Les fidèles doivent faire le plus de bruit possible chaque fois qu'est prononcé le nom du méchant Aman.

Les grandes étapes de la vie

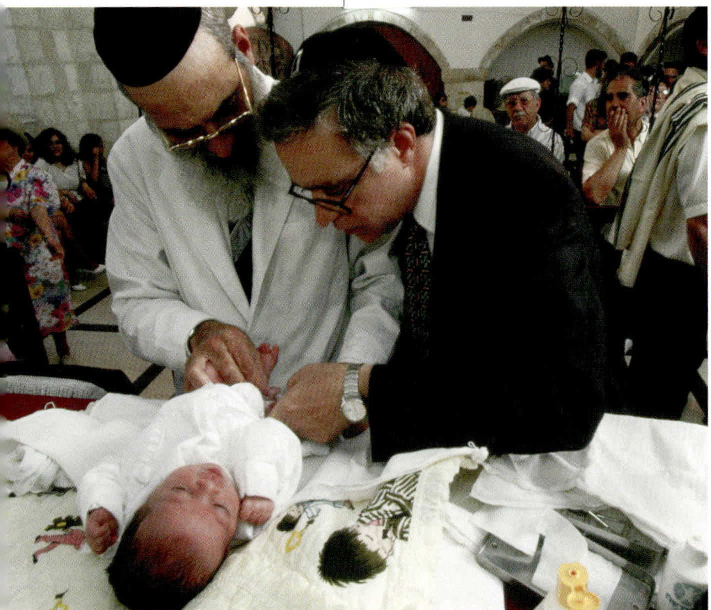

Une cérémonie de circoncision dans une synagogue de Jérusalem.

De la naissance à la mort, la vie des juifs est marquée par de nombreux rituels qui sont l'occasion de cérémonies et de fêtes, où les symboles jouent un grand rôle.

L'alliance avec Dieu

Huit jours après leur naissance, les petits garçons doivent sceller leur alliance avec Dieu : c'est la brit milah (alliance de la circoncision). Le bébé est circoncis par un spécialiste, le mohel, qui lui enlève tout ou partie du prépuce, comme l'exige l'ordre divin. Puis le bébé reçoit un prénom juif. La cérémonie se termine par un grand repas de fête. Si l'enfant est un fils premier-né, son père doit aussi pratiquer son « rachat » avec cinq pièces d'argent : grâce à ce second rituel, l'enfant ne sera pas obligé de devenir prêtre, comme Dieu l'avait exigé quand Il a fait sortir les juifs d'Égypte… Pour les petites filles, l'accueil dans la communauté et le don du prénom se font à l'occasion du shabbat.

La circoncision, un ordre de Yahvé

« Que tous vos mâles soient circoncis. Vous ferez circoncire la chair de votre prépuce, et ce sera le signe de l'alliance entre moi et vous… Quand ils auront huit jours, tous vos mâles seront circoncis, de génération en génération. »

Extrait de la Bible, Génèse, 17, 9-14.

Fils et filles de la Loi

À 13 ans, les garçons atteignent leur majorité religieuse. Ils peuvent alors devenir bar-mitsvah, c'est-à-dire « fils de la Loi ». Les filles deviennent bat mitsvah à 12 ans. Mais il leur faut un peu d'entraînement : la préparation dure un an ! L'enfant apprend par cœur la lecture en hébreu d'un extrait de la Bible : c'est sa paracha.

Comme il connaît très bien la Torah, le rabbin enseigne la religion aux enfants et les aide à préparer leur bar-mitsvah.

Les mariés reçoivent la bénédiction de leur mariage sous la houppah, un morceau d'étoffe qui symbolise la maison qu'ils doivent construire.

Le mariage

Pour les juifs, fonder une famille est une obligation biblique. Un peu avant le mariage, la fiancée doit prendre un bain rituel pour se purifier. Puis le hatan (le marié) et la kala (la mariée) se retrouvent à la synagogue. Après l'échange des anneaux, le rabbin lit le ketoubah, un contrat de mariage qui énonce les devoirs du mari envers sa femme : l'habiller, la nourrir et la rendre heureuse. Un officiant chante sept bénédictions pour le bonheur du couple.
Puis le hatan casse avec le pied un verre posé par terre : ce geste rappelle la destruction du Temple de Jérusalem.

Les funérailles

Un juif qui se sent mourir doit réciter une prière appelée shema. On annonce son décès en disant : « Béni soit le Juge de Vérité. » Après la toilette rituelle, le mort est enveloppé dans un habit de toile blanche et déposé dans un cercueil. Une lumière symbolisant l'âme immortelle est souvent placée près de sa tête pendant la veillée mortuaire. Les proches du défunt doivent déchirer un vêtement en signe de deuil et dire une prière. Les funérailles, très simples, se déroulent le lendemain du décès, dans un cimetière juif. Puis, pendant sept jours, parents et amis se retrouvent pour prier dans la maison du mort ou à la synagogue.

Pas facile de devenir juif !

Pour être juif, il faut être né de mère juive ou bien se convertir. Le candidat à la conversion doit s'initier et étudier la Torah pendant au moins deux ans. Lorsque le rabbin juge que le candidat est prêt, il le présente au beth din, un tribunal rabbinique qui vérifie ses connaissances. Ensuite le prétendant s'engage à respecter les croyances, les pratiques et le mode de vie juif. Une fois accepté, il peut pratiquer le rituel de conversion (bain rituel et circoncision pour les hommes).

Pour en savoir plus sur :

- La **bar-mitsvah**, voir p. 130-131.
- Le **shabbat** et le **shema**, voir p. 125.

Un cimetière juif à Kazimierz (Pologne).

Une bar-mitsvah à la synagogue

À 13 ans, l'adolescent fête sa bar-mitsvah. Célébrée à la synagogue, cette cérémonie va faire de lui un adulte religieusement majeur, qui devra désormais respecter tous les commandements de la Torah.

La yad et les tefillin

La yad est un instrument en forme de main qui permet de dire les lignes de la Torah, car le texte est trop sacré pour être touché. Les tefillin sont des petits boîtiers de cuir contenant des passages de la Torah. Les hommes les attachent au front et au bras gauche avec des lanières pour la prière du matin. Car Dieu a dit: « Et ce sera pour toi en signe sur ton bras, et en rappel entre tes yeux afin que la doctrine du Seigneur reste dans ta bouche. »

Les obligations du bar-mitsvah

À partir du moment où il devient bar-mistvah, le jeune garçon doit chaque jour:
- respecter tous les mitsvot (commandements) énoncés dans la Torah;
- mettre les tefillin chaque matin pour la prière;
- dire les trois prières quotidiennes;
- étudier la Torah;
- faire shabbat.

L'appel solennel à la Torah

Le bar-mitsvah a une grande responsabilité : il doit diriger l'office sous le contrôle du rabbin. Il prononce d'abord une bénédiction pour remercier d'avoir atteint ce jour. Il prie pour la première fois avec les tefillin et lit le passage de la Torah qu'il a étudié. Cette lecture est accompagnée d'un commentaire (drachah) et de morceaux chantés (la paracha). Le bar-mitsvah fait ensuite sa « profession de foi », en récitant le shema Israël.

LE PÈRE

Il dit une bénédiction car il est soulagé d'avoir rempli sa mission : donner à son fils une éducation juive et lui enseigner la Torah.

LE PUBLIC

La famille et les amis sont invités à la synagogue, où un kiddoush (prière de sanctification sur le vin) est souvent organisé après la cérémonie.

LA KIPPA

C'est un petit chapeau porté par les hommes en signe de soumission à l'Éternel.

LA LECTURE DE LA TORAH

Le bar-mitsvah lit la Torah en suivant les lignes à l'aide d'une yad.

LE TALIT

C'est un châle de prière dont chaque frange rappelle au fidèle les 613 commandements de Dieu.

LA SYNAGOGUE

Orientée vers Jérusalem, la synagogue est un lieu de prières, d'étude et de réunion. Son style d'architecture est libre, à la différence des églises chrétiennes. Les cérémonies se déroulent dans la salle principale. Un étage est souvent réservé aux femmes. Sinon, les hommes et les femmes sont isolés par une séparation. À côté, des pièces plus petites servent de lieux d'étude ou de réunion.

LE SAIS-TU ?

De nombreuses communautés juives autorisent les filles à marquer elles aussi leur majorité religieuse. Mais la cérémonie ne se déroule pas à la synagogue (les femmes n'ont pas le droit d'y lire la Torah). La jeune fille qui devient bat-mitsvah doit réciter les vœux qu'elle s'engage à accomplir durant sa vie de femme juive.

LE RÔLE DU RABBIN

Le rabbin est un responsable religieux (et non un prêtre) qui guide les fidèles, leur enseigne la Torah et règle les conflits. Il veille aussi au respect des rituels et des règles de vie juives. Il participe à tous les moments importants de la vie (circoncision, bar-mitsvah, mariage…) et porte assistance à ceux qui en ont besoin (visite aux malades et aux prisonniers, aide aux pauvres…).

L'art juif

Portes de Tabernacle sculptées (XVIIe siècle).

Peuple en exil, les juifs ont adopté et adapté la culture des pays qui les accueillaient. Mais leurs artistes se sont longtemps heurtés au deuxième Commandement de Dieu, qui interdit de le représenter, ainsi que tous les êtres vivants.

Que dit la Bible ?

Source de la Loi juive, la Bible interdit à plusieurs reprises de fabriquer des images. Le deuxième des Dix Commandements dit : « Tu ne feras pas d'idoles [image sculptée], ni rien qui ait la forme de ce qui se trouve au ciel là-haut, sur terre ici-bas ou dans les eaux sous la terre. » Il est donc interdit de représenter des êtres vivants et encore moins Dieu, qui est invisible et ne peut être réduit à une image.

Le sais-tu ?

Entre les XVIe et XVIIe siècles, les juifs n'avaient pas le droit d'exercer certains métiers, comme celui d'orfèvre ou de brodeur. Ils confiaient donc la confection de leurs objets rituels à des artisans… chrétiens.

Des synagogues décorées

Cet interdit fut respecté à l'époque du Temple. Mais après sa destruction en 70 apr. J.-C., les juifs sont partis en exil et ont remplacé le Temple par des synagogues. Les autorités religieuses ont alors autorisé certaines pratiques. De nombreuses synagogues ont été décorées de fresques représentant Moïse, l'Arche d'alliance, le Temple de Jérusalem et quelques scènes de la Bible. Plus tard, les artistes peindront des scènes d'exil, les tombeaux des rois et des prophètes, des shofars, des instruments de musique et des musiciens juifs itinérants, les klezmers.

Veste de cérémonie brodée (XIXe siècle).

Retrouvées dans la synagogue de Doura-Europos (Syrie), ces fresques, peintes vers 245, évoquent de nombreuses scènes de la Bible.

Mezouzah (XVIIe siècle). Ce petit étui de bois, qui contient un passage de la Bible, est accroché en biais à la porte de la maison pour la protéger. On le touche de la main en entrant ou en sortant, pour montrer que l'on respecte les commandements de Dieu.

Un art pour le culte plutôt qu'un culte de l'art

Fidèles au deuxième Commandement de Dieu, les juifs n'ont pas d'art sacré. Mais ils confectionnent de très beaux objets qui servent dans tous les rituels. Certaines synagogues recèlent des trésors : rideaux richement brodés abritant de précieuses Arches saintes, rouleaux de la Torah sculptés, yads et chandeliers en argent… Pour les fêtes, les familles utilisent une vaisselle particulière et un mobilier spécial : plats décorés de Pessah ou de Pourim, cruches en argent, fontaines ouvragées pour les ablutions…

Rouleau du livre d'Esther et son étui d'argent (XIXe siècle).

La Bible illustrée

Avant l'invention de l'imprimerie, tous les livres étaient publiés sous forme manuscrite. Les juifs ont conservé cette habitude pour certains textes de la Bible qui, selon la Torah, doivent être écrits à la main. Ils les ont décorés d'enluminures, représentant des animaux, des figures du zodiaque et ou des scènes de la Bible.

Une littérature nomade

La Bible inspire les savants et les rabbins juifs depuis l'Antiquité. Nombre d'entre eux ont écrit des œuvres célèbres, mêlant commentaires des textes sacrés, poésie, réflexions scientifiques et philosophiques. Au Moyen Âge, des rabbins célèbres, comme Maïmonide, voyageaient beaucoup, ce qui leur permettait d'étendre et de diffuser leur savoir. Des poètes, parfois influencés par la littérature arabe, ont même composé des pièces qui sont devenues des prières (les Siddourim).

Musique du monde

Partout où ils se sont installés, les juifs ont adopté les traditions musicales locales. Les sépharades ont par exemple « inventé » le chant judéo-espagnol, tandis que les askhénazes créaient la musique klezmer, à partir de répertoires tzigane, ukrainien, roumain ou balkanique. Le point commun entre toutes ces traditions, c'est le rôle très important que joue la musique à la synagogue, dans la vie familiale et dans les fêtes.

Un violoniste juif peint par Chagall.

Icône contemporaine représentant le baptême du Christ par Jean dit « le Baptiste ».

Un juif nommé Jésus

Quand Jésus est né, les juifs étaient dans l'attente d'un Sauveur : le Messie. Jésus de Nazareth est-il cet homme, lui qui parcourt les routes annonçant le prochain règne de Dieu sur terre ? Les hommes de l'époque s'interrogent…

Un juif baptisé

D'après les historiens, Jésus est probablement né à Bethléem, près de Jérusalem. Joseph et Marie, ses parents, lui ont donné une éducation juive. On connaît peu de choses sur sa jeunesse passée à Nazareth, en Galilée. Le pays était alors occupé par les Romains. Un jour, Jésus rencontra Jean, un prophète qui annonçait le jugement prochain de Dieu : Jean proposait à ceux qui avaient offensé le Seigneur de les « laver » de leurs péchés. C'est ce qu'on appelle le baptême. Quand Jésus demanda à être baptisé, Jean reconnut en lui le fils de Dieu.

Quelle « bonne nouvelle » !

Jésus vécut quelque temps auprès de Jean, dit « le Baptiste ». Il s'entoura de compagnons, qu'on appellera plus tard les apôtres. Puis il partit porter la « bonne nouvelle » (*evangelion*, en grec, qui donnera le mot « évangile ») à travers la Galilée. Il annonçait partout le prochain règne de Dieu sur terre. Il s'adressait à tous, mais surtout aux faibles, aux pauvres et aux malades. À chaque fois Jésus évoquait l'amour de Dieu et s'exprimait à l'aide d'histoires, appelées paraboles, qui permettaient à tout le monde de le comprendre et de retenir ses enseignements.

Jésus, vu par les juifs et les musulmans

Pour les juifs, Jésus n'est ni le Fils de Dieu, ni le Messie auquel ils croient : selon eux, le Messie doit arriver à la fin des temps, et pas avant… Au regard de l'islam, au contraire, Jésus est un prophète et un messie qui a apporté la parole divine. Les musulmans l'appellent Isâ, mais ils ne croient pas à son origine divine. Ils contestent également la crucifixion et la résurrection.

Un contestataire qui dérange

Jésus était juif. Il ne reniait pas la Torah, mais il déclarait que l'homme était libre et plus important que le respect de la Loi juive. La Bible (Nouveau Testament) raconte qu'il faisait des miracles pour soulager la misère des gens. Peu à peu, le peuple a commencé à voir en Jésus le Messie, envoyé par Dieu pour aider les juifs à reconstruire Israël. Ses paroles et son comportement dérangèrent les autorités religieuses juives et les occupants romains: pour qui se prenait-il cet homme qui parlait de liberté et soignait les gens le jour du shabbat?

MIRACLE ILLÉGAL

Les Évangiles racontent que Jésus a miraculeusement guéri des gens paralysés, des aveugles, des malades et même des personnes possédées par le diable! Comble de l'audace: il aurait soigné un lépreux. Or à l'époque, on pensait que la lèpre était une punition divine et il était interdit de toucher celui qui en était atteint...

De la crucifixion à la Résurrection

Venu à Jérusalem pour célébrer la Pâque juive, Jésus fut accueilli par la foule. Mais Judas, l'un des douze apôtres, le livra aux Romains qui l'arrêtèrent pour trouble à l'ordre public. Le lendemain, Jésus fut condamné à mourir sur une croix: c'est la crucifixion. Il succomba au supplice et ses compagnons le déposèrent dans un tombeau. Trois jours après, on s'aperçut que le corps de Jésus avait disparu. Certains de ses disciples affirmeront bientôt l'avoir vu vivant: pour eux, Jésus avait ressuscité le matin de Pâques.

La crucifixion: livre d'heures de Rohan-Montauban (vers 1430-1440).

La Résurrection du Christ, (Prague, XIVe siècle).

La naissance du christianisme

L'écho de ce nouveau prodige s'est propagé très vite dans l'Empire romain. D'abord chez les juifs, puis auprès d'un nombre grandissant de non-juifs. Les gens y voyaient un message d'espoir: si Jésus était ressuscité, n'était-ce pas la preuve qu'une nouvelle vie était possible après la mort? Portée par les apôtres, la parole de Jésus-Christ connut un succès grandissant. Des petites communautés se formèrent, regroupant les fidèles du Christ: les chrétiens.

LES PSEUDOS DE JÉSUS

Les chrétiens appellent Jésus le «Messie», de l'hébreu *mashiah*, qui veut dire «oint» ou recouvert des saintes huiles. En grec, Messie se dit *christos*, ce qui a donné «Jésus-Christ». Le Fils de Dieu est aussi appelé Seigneur, *Agnus Dei* (Agneau de Dieu) ou Sauveur.

Fêter la vie de Jésus

L'année chrétienne est rythmée par des fêtes qui rappellent les principaux épisodes de la vie de Jésus. Si nombre d'entre elles sont moins célébrées aujourd'hui qu'autrefois, Noël et Pâques restent des valeurs sûres.

Prévenus par un ange de la naissance d'un Sauveur à Bethléem, les bergers viennent rendre hommage au nouveau-né.

Noël, la naissance de Jésus

Noël vient du mot latin *natalis* (naissance). Personne ne sait vraiment quel jour est né le Christ… Les premiers chrétiens ont choisi le 25 décembre pour concurrencer une fête très populaire célébrée sous l'Empire romain : la naissance du soleil invaincu (le solstice d'hiver). Durant les semaines qui précèdent Noël (l'Avent), les chrétiens préparent la venue de Jésus, le Sauveur. C'est un moment de réflexion et de paix. Ceux qui vont à la messe de minuit, le 24 au soir, chantent et lisent les récits de la naissance de Jésus.

L'Épiphanie, la présentation de Jésus

Quelques jours plus tard, le 6 janvier, les chrétiens célèbrent la présentation de Jésus au monde (ou, chez les orthodoxes, son baptême). La tradition veut que les rois mages, qui représentent le pouvoir, et les bergers, qui symbolisent le peuple, soient venus les premiers rendre hommage au nouveau-né. Depuis le Moyen Âge, les Français ont coutume de manger une galette des rois le jour de l'Épiphanie. Celui qui trouve la fève devient roi ou reine. En Espagne, c'est le jour où les enfants reçoivent les cadeaux apportés par les rois mages.

Le sais-tu ?

En février, les chrétiens font Mardi gras avant d'entamer un jeûne qui rappelle les quarante jours que Jésus a passés dans le désert (le Carême). Mardi gras est un jour où l'on fait la fête et où l'on mange beaucoup, notamment de la viande. Le mot « carnaval » vient de là : c'est le jour avant que la viande (*carne* en latin) soit « enlevée » (*levare* en latin).

Jésus né avant Jésus-Christ ?

Les chrétiens comptent les années à partir de la naissance de Jésus. Ils ont pris cette date comme référence : c'est l'an 1 de leur calendrier. Mais quand les historiens calculèrent la vraie date de naissance du Messie, ils s'aperçurent que Jésus était né quatre ou six ans… avant Jésus-Christ !

Une procession de Pâques en Espagne : des pénitents revivent la Passion du Christ.

La Semaine sainte de Pâques

Pâques est la plus importante fête chrétienne. Elle symbolise la promesse de vie éternelle et elle rappelle le retour du Christ à la vie : la Résurrection. Tout au long de la Semaine sainte, les croyants revivent la dernière semaine de la vie de Jésus. Ils commencent par l'arrivée à Jérusalem (le dimanche des Rameaux). Le jeudi qui suit, les chrétiens commémorent le dernier repas de Jésus : la Cène. Le vendredi est un jour de deuil et de jeûne, car c'est celui où le Christ a été crucifié. Certains fidèles parcourent les quatorze étapes du « chemin de croix », qui rappelle le supplice (Passion) du Christ jusqu'à sa mise au tombeau. Enfin, le dimanche de Pâques, les chrétiens fêtent la Résurrection.

LE GRAND VOYAGE DES CLOCHES

À Pâques, on raconte aux enfants que les cloches des églises partent à Rome pour être bénies par le pape et qu'elles reviennent chargées d'œufs en chocolat. Cette tradition des œufs de Pâques est bien plus ancienne que le christianisme lui-même. Symbole de la renaissance, l'œuf était offert en cadeau à l'arrivée du printemps. Cette coutume est encore vivante chez les chrétiens d'Orient.

DIMANCHE, LE JOUR DU SEIGNEUR

Pour les chrétiens, le dimanche est le premier jour de la semaine. C'est un jour de fête, car c'est celui où le Christ est ressuscité. Les fidèles assistent généralement à un office religieux.

L'Ascension et la Pentecôte

Pour les chrétiens, le jeudi de l'Ascension est le jour où Dieu a rappelé Jésus auprès de lui (quarante jours après sa résurrection). Dix jours plus tard, les fidèles fêtent la descente de l'Esprit saint sur les apôtres : c'est la Pentecôte. Les textes racontent comment le souffle divin s'est posé sur chacun des apôtres. Ceux-ci ont aussitôt su parler toutes les langues pour aller porter la Bonne Nouvelle (Évangile) à travers le monde entier. La Pentecôte ressemble beaucoup au don de la Loi chez les juifs (Shavouot). Pour les chrétiens, elle symbolise la fondation de l'Église.

Ce tableau du XVIIe siècle représente la Pentecôte. L'Esprit saint (la colombe) descend sur les apôtres entourant la Vierge Marie. Les petites langues de feu au-dessus de leurs têtes symbolisent la parole de Dieu, qu'ils doivent porter à travers le monde.

Le dernier repas du Christ (La Cène), peint par Léonard de Vinci.

Tous en Cène

Un sacrement inventé par le Christ

Avec le baptême, la Cène est le seul sacrement commun à tous les chrétiens. Établie par Jésus lui-même, elle commémore les dernières prières du Christ, les « actions de grâces ». Elle rappelle le sacrifice du Christ et l'existence du Royaume de Dieu. Quand les chrétiens reçoivent le sacrement de l'eucharistie, on dit qu'ils « communient ».

La Cène est le dernier repas du Christ. Après avoir partagé le pain et le vin, le Christ expliqua à ses disciples le sens de son geste et demanda qu'on le renouvelle « en mémoire » de lui : c'est la « communion ». Chaque famille chrétienne a sa manière de faire.

Le prêtre orthodoxe célèbre la Liturgie des fidèles

Pendant que le diacre, ou le chœur, chante, le prêtre se purifie. Puis il prépare le pain et le vin dans le sanctuaire, derrière le rideau tiré de l'iconostase (cloison décorée d'icônes). Il invoque le nom de Jésus, de Marie, des saints et de tous les défunts pour lesquels les fidèles ont demandé une prière. Il revient ensuite devant les fidèles et fait le signe de croix. Les fidèles répondent en s'inclinant. Puis le prêtre distribue le pain et le vin.

Le prêtre prend le pain trempé dans le vin avec une cuillère et le dépose dans la bouche des fidèles.

Les symboles du pain et du vin

Le pain (ou l'hostie) représente le corps du Christ qui va être « rompu » (brisé) sur la Croix. Le vin symbolise le sang qu'il va verser pour sauver l'humanité. Chez les orthodoxes et les catholiques, le prêtre consacre le pain et le vin : c'est ainsi qu'ils deviennent corps et sang du Christ.

Le prêtre distribue l'hostie aux fidèles.

LA CÈNE, VUE PAR MATTHIEU

Pendant le repas, Jésus prit du pain et, après avoir prononcé la bénédiction, il le rompit; puis, le donnant aux disciples, il dit: « Prenez, mangez, ceci est mon corps. » Il prit ensuite une coupe et, après avoir rendu grâce, il la leur donna en disant: « Buvez-en tous, car ceci est mon sang, le sang de l'alliance, versé pour la multitude, pour le pardon des péchés. »

Évangile de Matthieu (26, 26-28).

Le prêtre catholique célèbre l'Eucharistie

L'Eucharistie commence par un chant à la gloire de Dieu, des prières et une homélie (lecture de la Bible commentée par le prêtre). Imitant les gestes de Jésus, le prêtre rompt ensuite l'hostie et boit le vin: c'est le rite central de la messe catholique. Après s'être échangé le « signe de paix » (en général un baiser), les fidèles vont communier et recevoir l'hostie consacrée par le prêtre.

Le ciboire est le récipient où l'on range les hosties (rondelles de pain non levé). Le calice est la coupe dans laquelle le prêtre boit le vin de messe.

Les protestants et leur pasteur célèbrent la sainte Cène

Les fidèles qui veulent participer à la sainte Cène se mettent en cercle. Chacun reçoit de son voisin le plateau de pain et la coupe de vin. Contrairement aux orthodoxes et aux catholiques, beaucoup de protestants estiment que le pain ne se transforme pas réellement en corps du Christ ni le vin en sang: la présence du Christ est spirituelle, voire symbolique.

Laïcs et pasteur préparent et célèbrent le culte ensemble. Le prédicateur porte parfois une robe noire.

La Bible des chrétiens

Une page de la Bible, imprimée par Gutenberg entre 1452 et 1454. C'est le premier grand livre fabriqué en Europe.

La Bible des chrétiens se divise en deux parties : l'Ancien et le Nouveau Testaments. Le premier regroupe les livres saints que les juifs appellent le TaNaK. Le second rassemble des textes qui décrivent la vie de Jésus et des premiers chrétiens, ainsi que les principes du christianisme.

L'héritage hébreu

Les récits qui retracent sa vie montrent que Jésus connaissait la Bible hébraïque : il est souvent dit qu'il prêchait en citant Moïse ou un passage des Écritures. Les chrétiens en ont fait la première partie de leur livre saint. Dès la fin du IIe siècle, ils l'appellent « Ancien Testament », par allusion à la première « alliance » entre Dieu et les juifs. Car depuis, Dieu a conclu une alliance nouvelle… avec les chrétiens !

Le Nouveau Testament

Les premiers chrétiens ont d'abord transmis par oral l'histoire et les enseignements de Jésus.
Puis, pour être sûr de ne rien perdre du message, ils ont tout mis par écrit. Entre les Ier et IVe siècles, les chrétiens ont ainsi rédigé 27 livres regroupés sous le nom de « Nouveau Testament ».
On y trouve les quatre évangiles (ceux de Marc, Matthieu, Luc et Jean), les Actes des apôtres (récit de ce que les compagnons du Christ ont fait), les Épîtres (lettres des apôtres aux communautés chrétiennes). L'ouvrage se termine par l'Apocalypse de Jean, qui décrit la fin des temps, mais apporte un message d'espoir aux chrétiens persécutés par les Romains.

L'agneau au centre symbolise Jésus-Christ. Il est entouré des quatre symboles évangéliques : le lion représente Marc, l'aigle Jean, le taureau Luc et l'ange Matthieu.

Les lettres de Paul

Après avoir persécuté les chrétiens, Paul s'est finalement converti et a lui-même diffusé la parole du Christ. Sa technique : s'installer dans une ville et prêcher dans la synagogue pour inviter les gens à se convertir. Une fois la communauté bien établie, Paul allait en fonder une autre ailleurs, mais il gardait le contact. Quand un problème se posait, il écrivait des lettres dans lesquelles il conseillait les chrétiens ou leur faisait des reproches. Ces lettres ont pour nom Épîtres aux Romains, aux Corinthiens, aux Galates, etc.

Un dieu « trois en un »

Le Nouveau Testament ne fait pas que raconter la vie de Jésus. Il explique aussi la manière dont il faut célébrer sa foi et surtout ce en qui il faut croire. Pour les chrétiens, comme pour les juifs, Dieu est unique. Mais le Dieu du Nouveau Testament est un dieu « trois en un ». Il se manifeste en trois personnes distinctes (La Trinité) : le Père, le Fils (Jésus-Christ ou Dieu fait homme) et l'Esprit saint (le souffle divin qui donne vie).

La Trinité chrétienne : on aperçoit la colombe de l'Esprit saint dans la barbe du Père.

UNE PRIÈRE COMMUNE À TOUS LES CHRÉTIENS

Notre Père qui es aux Cieux, que Ton nom soit sanctifié que Ton règne vienne, que Ta volonté soit faite sur la terre comme au ciel. Donne-nous aujourd'hui notre pain de ce jour.Pardonne-nous nos offenses, comme nous pardonnons aussi à ceux qui nous ont offensés.
Et ne nous soumets pas à la tentation, mais délivre nous du mal.

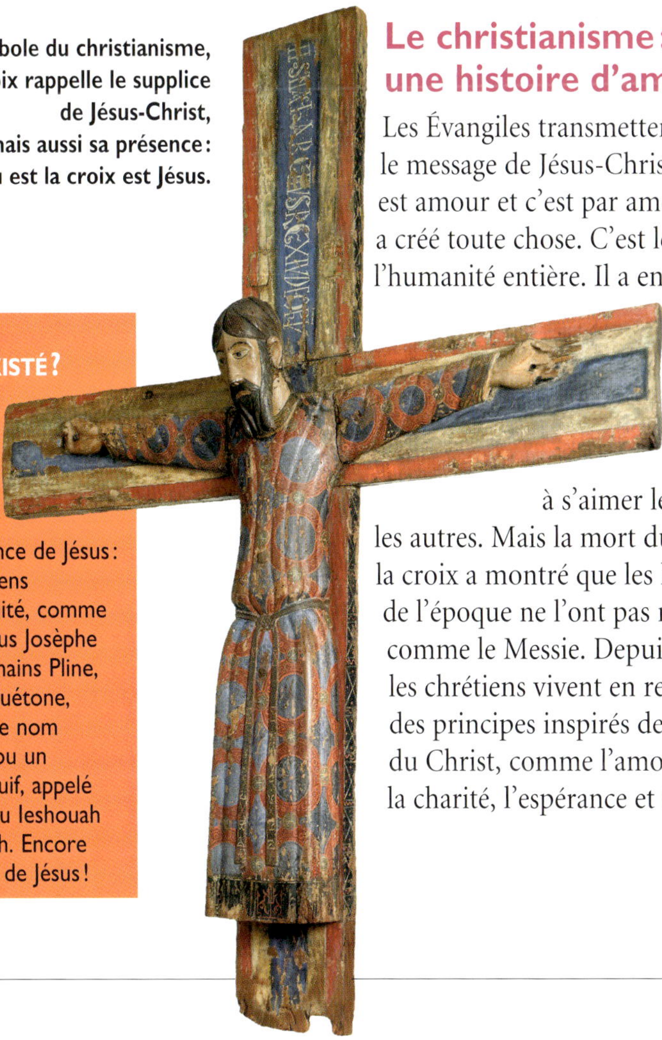

Symbole du christianisme, la croix rappelle le supplice de Jésus-Christ, mais aussi sa présence : là où est la croix est Jésus.

Le christianisme : une histoire d'amour

Les Évangiles transmettent le message de Jésus-Christ : Dieu est amour et c'est par amour qu'Il a créé toute chose. C'est le Dieu de l'humanité entière. Il a envoyé son fils sur terre pour appeler les hommes à s'aimer les uns les autres. Mais la mort du Christ sur la croix a montré que les hommes de l'époque ne l'ont pas reconnu comme le Messie. Depuis, les chrétiens vivent en respectant des principes inspirés des paroles du Christ, comme l'amour, la charité, l'espérance et la fraternité.

JÉSUS A-T-IL EXISTÉ ?

Outre les Évangiles, d'autres sources attestent de l'existence de Jésus : des historiens de l'Antiquité, comme le juif Flavius Josèphe ou les Romains Pline, Tacite et Suétone, évoquent le nom d'un sage ou un prophète juif, appelé Christos ou Ieshouah Bar Iosseph. Encore un pseudo de Jésus !

LA RECETTE DU BONHEUR

Les Évangiles de Luc et de Matthieu rapportent le « sermon sur la montagne ». C'est là que Jésus décrit la vie dans le Royaume des Cieux.
« Heureux ceux qui ont une âme de pauvre, car le Royaume des Cieux est à eux.
Heureux les doux, car ils posséderont la terre.
Heureux les affligés, car ils seront consolés.
Heureux les affamés et assoiffés de la justice, car ils seront rassasiés.
(...) Heureux les cœurs purs, car ils verront Dieu.
Heureux les bâtisseurs de la paix, car ils seront appelés fils de Dieu. »

Les chrétiens : une famille plurielle

Tous les chrétiens croient en Dieu et en Jésus ressuscité. Mais ils n'ont pas forcément les mêmes pratiques ni la même relation à Dieu. Au fil de son histoire, le christianisme s'est séparé en trois grandes familles : les orthodoxes, les catholiques et les protestants.

Le martyre de sainte Blandine : les lions à qui elle fut donnée en pâture refusèrent de la dévorer. Les bourreaux la livrèrent alors à un taureau sauvage qui la transperça…

Chrétiens et martyrs

Au début, les chrétiens partageaient leurs biens et vivaient en communauté. Leur influence grandissant, ils ont commencé à gêner les autorités romaines. Le pouvoir les persécuta pendant plus de deux siècles : certains chrétiens furent jetés aux lions, d'autres livrés aux gladiateurs ou transformés en torches vivantes. Finalement, l'empereur Constantin leur accorda la liberté de culte en 313, puis se convertit lui-même. En 324, il abandonna Rome et s'installa à Byzance, qu'il rebaptisa Constantinople.

La séparation des Églises

En 380, l'empereur Théodose proclama le christianisme religion officielle. À sa mort, l'empire est divisé en deux : l'empire d'Occident, avec Rome pour capitale, et l'empire d'Orient (ou empire byzantin), dirigé par Constantinople. Tout les séparait : la langue et l'écriture (latines à Rome et grecques à Constantinople), la manière de prier, de célébrer le culte, et même le calendrier ! Les différences se sont tellement creusées entre eux qu'en 1054, l'Église d'Orient, qui refusait l'autorité du pape de Rome, s'est détachée de l'Église d'Occident : c'est le schisme d'Orient.

MINUSCULE OU MAJUSCULE ?

On appelle Église avec un « é » majuscule les différentes communautés chrétiennes (catholique, orthodoxe, réformée…). Pour parler d'un bâtiment, on écrit « église » avec un « é » minuscule.

LA PRISE DE CONSTANTINOPLE

En 1204, la prise de Constantinople par les soldats de la quatrième croisade, envoyée par le pape, s'achève par le pillage de la ville. Traumatisés, les chrétiens d'Orient décideront de rompre définitivement avec l'Église de Rome.

L'Église orthodoxe

L'Église d'Orient est dite « orthodoxe » (conforme à la juste doctrine), car elle est restée proche de l'Église chrétienne d'origine. Elle est organisée en Églises indépendantes, chacune sous l'autorité d'un patriarche. Le culte est célébré par des prêtres qui peuvent être mariés. Les orthodoxes, comme les catholiques, vénèrent Marie, la mère de Jésus, et les saints. Ils sont particulièrement attentifs à l'action de l'Esprit saint.

L'Église catholique

L'Église d'Occident a suivi la tradition héritée des apôtres : elle est dite « apostolique ». Plus tard, on la dira aussi « catholique », un mot grec qui signifie « universel ». Conduite par le pape depuis Rome, cette Église représente la majorité des chrétiens. Elle est organisée en communautés (les diocèses). Ses serviteurs sont des prêtres qui n'ont pas le droit de se marier, des religieux et des laïcs. Les catholiques vénèrent Marie et les saints.

L'Église réformée des protestants

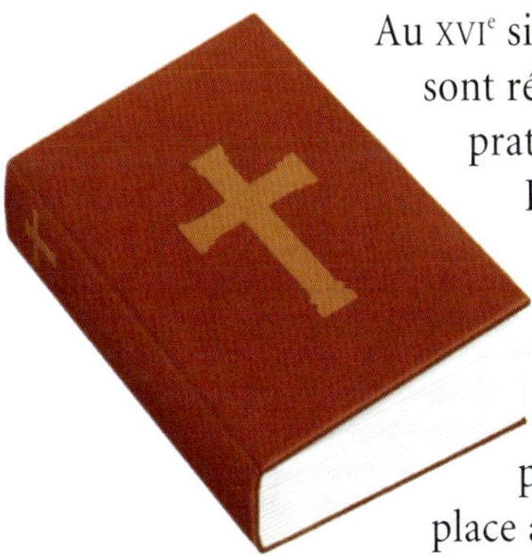

Au XVIe siècle, des catholiques se sont révoltés contre certaines pratiques de leur Église. Ils protestaient surtout contre la vente des « indulgences » : moyennant finances, les fidèles pouvaient s'assurer une place au paradis, quoi qu'ils fassent. Les croyants rebelles ont fondé leur propre Église et l'ont appelée « réformée ». Les protestants affirment que chaque homme est responsable de ses actes devant Dieu. Ils s'adressent directement à Dieu par la prière : ils ne font appel ni à Marie, ni aux saints, ni aux prêtres. Des pasteurs, hommes ou femmes, mariés ou non, animent la vie de la communauté.

L'œcuménisme

C'est un mouvement en faveur de l'unité des Églises. L'organisation la plus importante est le Conseil œcuménique des Églises (COE) qui rassemble 349 Églises dans plus de 120 pays. Le COE comprend des Églises indépendantes, la plupart des Églises orthodoxes ainsi qu'un grand nombre de communautés issues des traditions historiques de la Réforme protestante (anglicane, baptiste, luthérienne, méthodiste et réformée).

En quoi croient les chrétiens ?

Les chrétiens expriment leur foi dans des petits textes appelés « Credo ». Certains sont très anciens, d'autres plus modernes. Composé en 325, le Credo de Nicée-Constantinople est à l'origine de tous les autres. Il commence ainsi : « Je crois en Dieu, le Père Tout-Puissant, créateur du ciel et de la terre, de toutes choses visibles et invisibles. Et en un seul Seigneur, Jésus-Christ, fils unique de Dieu (...). »

Les guerres de religion (la Saint-Barthélemy)

Au XVIe siècle, la naissance du protestantisme provoque une terrible guerre civile en France : catholiques et protestants se battent pour faire triompher leur foi.

L'Église orthodoxe, gardienne de la Tradition

En Orient, la coupole des églises orthodoxes symbolise la descente du ciel sur la terre.

Les orthodoxes ont une pratique religieuse très proche de celle des premiers chrétiens. Pour eux, l'important est de garder la Tradition comme ils l'ont reçue. Voilà pourquoi leur Église a préservé bon nombre de croyances et d'usages très anciens.

Des Églises autonomes

Les orthodoxes sont surtout présents dans les Balkans (Grèce, Roumanie…) et les pays slaves (Russie, Bulgarie, Serbie…). Ils se regroupent en une communauté d'Églises « sœurs », qui sont soit des patriarcats anciens (Églises d'origine fondées par les apôtres du Christ), soit des Églises dites « autocéphales » (qui élisent leur propre chef). Toutes ces Églises sont autonomes et indépendantes. Chacune a son chef (appelé patriarche ou primat) et ses évêques. Ceux-ci sont élus parmi les moines et les prêtres orthodoxes pour prendre la tête d'un diocèse. Si les moines et les évêques doivent rester célibataires, les prêtres peuvent se marier.

Le Christ, vrai Dieu et vrai homme

Comme tous les chrétiens, les orthodoxes croient en la sainte Trinité, représentée par Dieu le Père et ses deux bras : le Christ et l'Esprit saint. Mais pour eux, « Dieu s'est fait homme pour que l'homme puisse devenir Dieu ». Généralement, c'est l'Esprit saint qui pilote les opérations : au moment des sacrements, il se pose sur chaque fidèle pour le faire participer à la vie divine.

La Tradition au cœur de la foi

Dès le IVe siècle, les évêques ont cherché à définir le contenu de la foi chrétienne. De 325 à 787, ils se sont réunis sept fois en « conciles œcuméniques » pour préciser par écrit les canons de l'Église, c'est-à-dire ce que les chrétiens doivent croire. De leur côté, des sages, appelés les « Pères de l'Église », ont commenté et expliqué la Bible. Pour les orthodoxes, l'ensemble de ces « Écritures saintes » (Bible, canons, écrits des Pères de l'Église…) constitue la Tradition. La Tradition est immuable et inspire toute la foi orthodoxe. Quant aux pratiques, elles n'ont presque pas changé depuis 2000 ans !

Quand ils entrent dans une église, les chrétiens orthodoxes en font le tour, allument des cierges, embrassent les icônes et prient devant elles.

Le patriarche de l'Église bulgare célèbre une cérémonie orthodoxe à Sofia.

Le pope est un prêtre de l'Église orthodoxe.

Coup d'œil sur le Royaume de Dieu

La plupart des célébrations orthodoxes suivent le rite dit « byzantin ». Elles se déroulent dans des églises richement décorées, qui évoquent l'image du ciel sur la terre et plongent les fidèles dans une atmosphère de mystère et de beauté. Les cérémonies, appelées « liturgies », sont très longues : les fidèles qui y assistent doivent rester debout entre deux et cinq heures. Intégralement chantées, les liturgies mêlent prières répétitives, inclinaisons du corps, parfum de l'encens, jeux de lumières des cierges et contemplation des icônes.

AUX ORIGINES DE L'ORTHODOXIE

Au début, la chrétienté était constituée de « patriarcats » autonomes, correspondant aux cinq Églises primitives fondées par les apôtres : Rome, Constantinople, Alexandrie, Antioche et Jérusalem. Ce système a fonctionné jusqu'à la rupture de 1054 (le « schisme d'Orient »). Les chrétiens d'Occident, conduits par le pape de Rome, ont alors été dits « catholiques ». Ceux d'Orient, comme ils continuaient de suivre la Tradition des premiers temps, ont pris le nom d'« orthodoxes » (des mots grecs *orthos*, « droit », et *doxa*, « opinion »). Ils ont donné la primauté d'honneur à l'Église de Constantinople (aujourd'hui Istanbul, en Turquie).

LES COPTES

Ce sont les chrétiens d'Égypte et d'Éthiopie. La plupart des Coptes suivent la tradition orthodoxe. Ils portent une croix tatouée sur le poignet et prient sept fois par jour. Un Copte ne peut pas être prêtre s'il n'est pas marié.

LE SAIS-TU ?

Cyrille et Méthode étaient deux évangélisateurs envoyés dans les pays slaves pour prêcher la foi chrétienne. Malin, Cyrille inventa un alphabet pour traduire la Bible (écrite en grec) dans la langue du peuple. Ainsi est né l'ancêtre de l'alphabet cyrillique, utilisé aujourd'hui par les Russes, les Ukrainiens, les Bulgares et les Serbes.

Pâques, la « fête des fêtes »

Chez les chrétiens orthodoxes, la semaine sainte de Pâques est le moment le plus important de l'année religieuse. Dans la nuit du samedi au dimanche, les fidèles participent à un office où ils fêtent, dans la joie, la Résurrection, triomphe du Christ sur la mort.

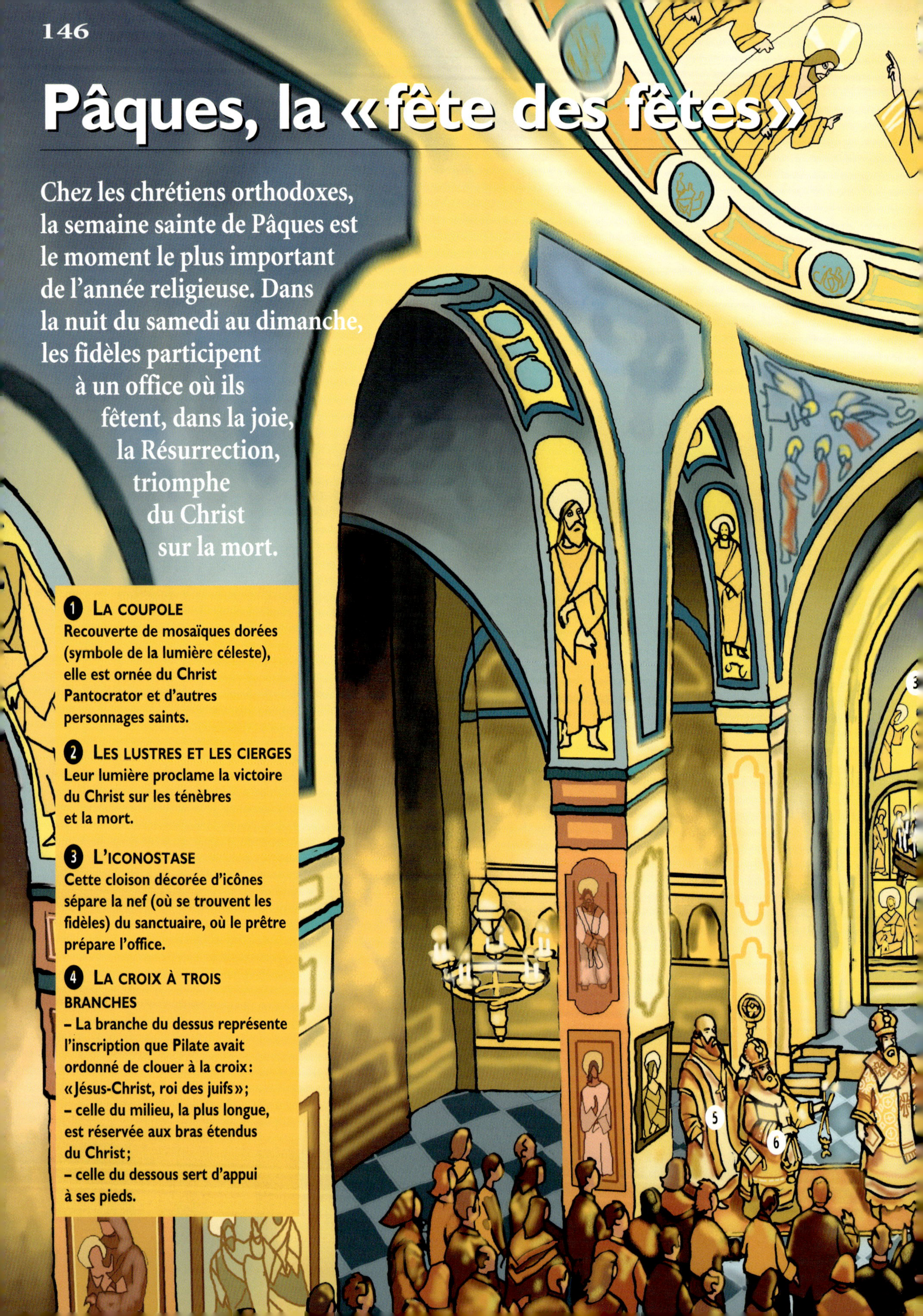

1 La coupole
Recouverte de mosaïques dorées (symbole de la lumière céleste), elle est ornée du Christ Pantocrator et d'autres personnages saints.

2 Les lustres et les cierges
Leur lumière proclame la victoire du Christ sur les ténèbres et la mort.

3 L'iconostase
Cette cloison décorée d'icônes sépare la nef (où se trouvent les fidèles) du sanctuaire, où le prêtre prépare l'office.

4 La croix à trois branches
– La branche du dessus représente l'inscription que Pilate avait ordonné de clouer à la croix : « Jésus-Christ, roi des juifs » ;
– celle du milieu, la plus longue, est réservée aux bras étendus du Christ ;
– celle du dessous sert d'appui à ses pieds.

La Vierge de Vladimir
Cette icône (XIIᵉ siècle) est connue en Russie pour les miracles qu'elle aurait accomplis. Le visage de Marie exprime une grande tristesse, comme si la Vierge pressentait le sort réservé à son enfant…

Le sais-tu ?
Dans de nombreux pays orthodoxes, les gens s'offrent des œufs décorés qui symbolisent le retour du printemps et la résurrection (retour à la vie) du Christ. Toutes les couleurs sont utilisées. Mais le rouge représente la nouvelle vie et le sang du Christ.

5 Le diacre
Il fait la première prière de la célébration, puis assiste le prêtre.

6 Le prêtre
Il lit le récit de la Résurrection et proclame « Christ est ressuscité » en plusieurs langues. Il encense l'église pendant que le chœur chante.

7 Les fidèles
Ils répondent au prêtre « En vérité Il est ressuscité » en s'embrassant trois fois sur les joues.

8 Les chœurs
Ils chantent des cantiques qui racontent la mort du Christ, sa descente aux enfers et sa résurrection. Les prières des orthodoxes sont chantées, mais jamais accompagnées de musique, car les instruments, au contraire de la voix humaine, ne peuvent pas prier.

9 Les fresques
Elles représentent l'histoire sainte et se lisent de haut en bas, car l'Église vient du Ciel.

10 Les icônes
Peintes sur des planches de bois, elles sont vénérées car elles sont comme la Parole de Dieu « écrite » en image et permettent aux fidèles de s'élever jusqu'à Lui. Les paysages ou les visages des saints, toujours très stylisés, sont sur un fond doré qui symbolise la lumière divine.

Une fête mobile
Pâques est toujours fêté le premier dimanche qui suit la première pleine lune après l'équinoxe de printemps. Si la pleine lune a lieu vendredi, samedi ou dimanche, la fête est reportée au dimanche suivant.

L'Église catholique

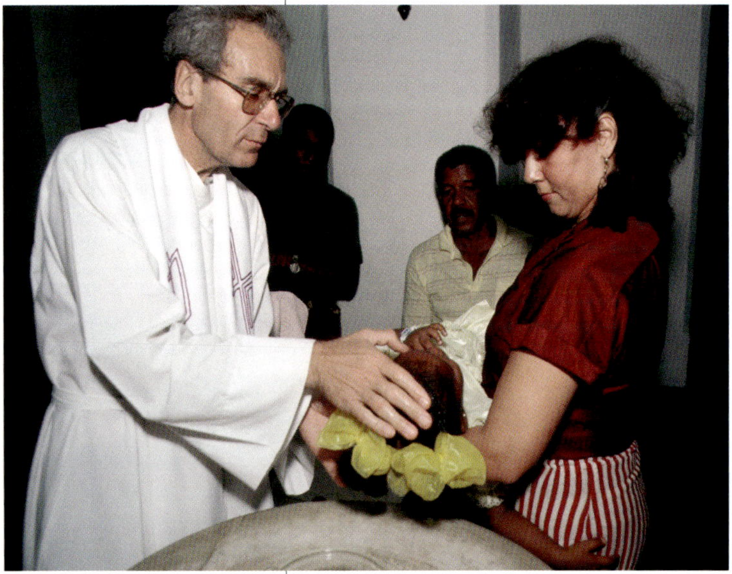

Un prêtre catholique baptise une petite fille à Cuba.

L'Église catholique se présente comme un peuple de fidèles, conduits par des diacres, des prêtres ou des évêques. Elle est organisée en paroisses et en diocèses, tous placés sous l'autorité du pape.

Rien que des hommes

L'Église catholique est servie par des prêtres qui ont pour mission de diffuser le message de Jésus-Christ. Ces prêtres animent la communauté, célèbrent la messe et administrent les sacrements. Aidés de laïcs, ils dispensent le catéchisme (instruction de la foi chrétienne). Certains s'occupent des gens dans les hôpitaux ou les prisons. Pour être ordonné prêtre, il faut être homme, célibataire et avoir fait des études au séminaire.

Le prêtre s'occupe de la paroisse

Les fidèles d'un village ou d'un quartier pratiquent leur foi au sein d'une paroisse. Chaque paroisse a son prêtre – le curé –, son église et son cimetière. Le curé a « charge d'âme » : il doit visiter les paroissiens, leur annoncer la parole de Dieu et leur accorder les sacrements qu'ils demandent (baptême, mariage, funérailles…). Le curé célèbre aussi la messe du dimanche et les grandes fêtes chrétiennes (Pâques, Noël…).

Le sais-tu ?

Les prêtres travaillent parfois en lien avec des « diacres ». Ce sont des hommes qui peuvent être mariés et avoir un métier hors de l'Église. Ordonné par l'évêque, le diacre est au service de l'Église. Il peut célébrer des baptêmes, des mariages ou des funérailles, proclamer l'évangile et distribuer la communion.

Comment devient-on prêtre ?

La cérémonie pour devenir prêtre s'appelle l'« ordination ». Le candidat doit promettre obéissance à l'évêque et se prosterner, allongé face contre terre. Puis l'évêque et l'ensemble des prêtres présents pratiquent l'« imposition des mains » : par ce geste, hérité du Christ, ils font le don de l'Esprit saint au futur prêtre.

L'évêque réunit parfois des assemblées appelées synodes pour discuter des affaires du diocèse.

L'évêque veille sur le diocèse

Les paroisses d'une même région forment un diocèse. Il existe aujourd'hui environ 4700 diocèses dans le monde. À la tête de chacun d'eux se trouve un évêque, qui est en lien avec le pape. Les évêques sont les successeurs des apôtres. Comme eux, ils doivent assumer les missions que leur a confiées Jésus-Christ: enseigner l'Évangile, baptiser, célébrer la messe, rassembler et conduire les fidèles. Comme cela demande beaucoup de travail, les évêques désignent des prêtres pour les aider.

Le pape conduit le monde catholique

Le pape Jean-Paul II a dirigé l'Église catholique pendant 27 ans.

Les Évangiles racontent qu'un jour Jésus dit à l'apôtre Pierre: « Tu es Pierre et sur cette pierre, je bâtirai mon Église. » Pierre, alors évêque de Rome, devint ainsi le Saint-Père (*papa* en latin), le premier pape de l'Église catholique. Depuis, le rôle du pape n'a pas changé: le Saint-Père nomme les évêques et veille à l'unité de l'Église, ainsi qu'au respect de la foi héritée des apôtres.

Mère Teresa

ENVOYÉS SPÉCIAUX DE L'ÉGLISE

Les « missionnaires » sont des prêtres, des religieux ou des religieuses, qui quittent leur pays pour prêcher à l'étranger, souvent dans des pays en voie de développement. Une fois sur place, ils ont pour mission de diffuser la parole du Christ et de fonder une Église locale. Ils aident aussi les populations en construisant des écoles, des dispensaires, des hôpitaux ou des ateliers.

LES CATHOLIQUES D'ORIENT

Plusieurs Églises chrétiennes d'Orient (byzantine, chaldéenne, syrienne, maronite…) adhèrent aux principes du catholicisme et reconnaissent le pape. Mais elles ont des rites et une organisation qui leur sont propres. Elles autorisent par exemple le mariage des prêtres.

La cité du Vatican

Symbole du Vatican, les clés sont censées ouvrir les portes du paradis.

Installée au cœur de Rome, la cité du Vatican est un État minuscule, gouverné par le pape. On y trouve la basilique Saint-Pierre, un vaste palais, des chapelles, des musées et des jardins magnifiques.

265 papes en 2000 ans

Télesphore, Eutychien, Zosime ou Pie, les papes ont parfois eu des drôles de noms. On en compte 265 depuis l'apôtre Pierre. Certains ont prêché la guerre et les croisades, d'autres ont défendu l'Église, d'autres encore leurs intérêts personnels… Beaucoup ont vécu comme des princes et ont accumulé des trésors. Il y eut même des papes, comme Hormisdas, Clément IV ou Alexandre VI (Borgia de son petit nom), qui prirent femme et eurent des enfants.

Pape et mécène

Les papes ont consacré une partie de leurs immenses richesses à soutenir les arts. À la Renaissance, ils ont ainsi passé commandes aux plus grands artistes de leur temps. Jules II, par exemple, fit venir à sa cour Bramante (architecte de la basilique Saint-Pierre), Raphaël, et Michel-Ange qui peignit le plafond de la chapelle Sixtine et travailla si bien qu'il servit sept papes d'affilée !

Quand l'Église fait sa révolution

Entre 1962 et 1965, le pape a réuni les évêques pour réfléchir à la façon d'adapter l'Église au monde moderne. C'est le concile de Vatican II. Des dizaines de décisions ont été prises, dont celles de reconnaître la diversité des cultes chrétiens (orthodoxe, protestant…) et de célébrer la messe dans la langue du pays, et non plus en latin…

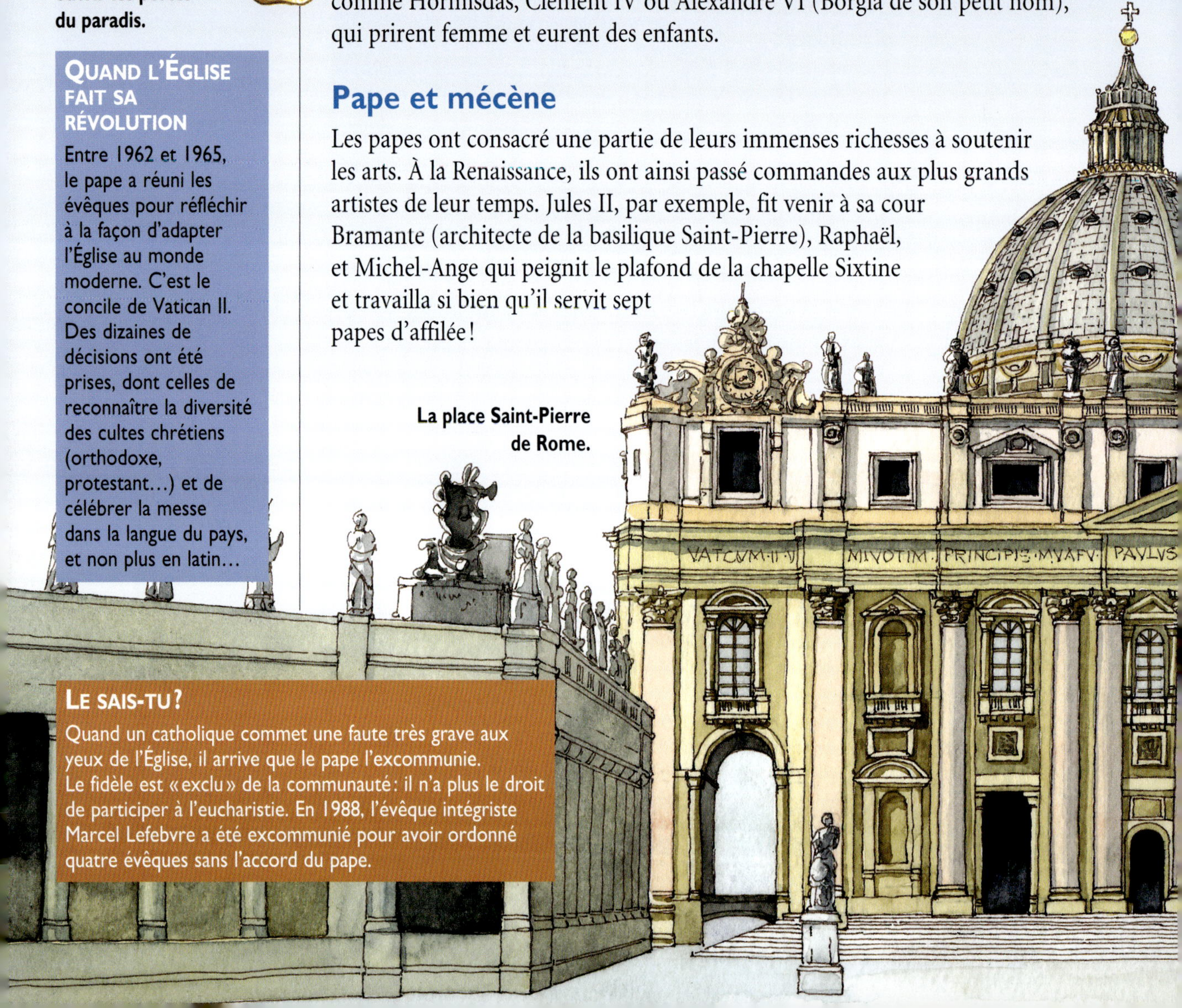

La place Saint-Pierre de Rome.

Le sais-tu ?

Quand un catholique commet une faute très grave aux yeux de l'Église, il arrive que le pape l'excommunie. Le fidèle est « exclu » de la communauté : il n'a plus le droit de participer à l'eucharistie. En 1988, l'évêque intégriste Marcel Lefebvre a été excommunié pour avoir ordonné quatre évêques sans l'accord du pape.

Benoît XVI est le 265e pape depuis saint Pierre.

Le plus petit État du monde

Le pape est à la tête d'un véritable État: la cité du Vatican. Situé au cœur de Rome, ce pays minuscule (moins de 900 habitants) possède son drapeau, sa monnaie, son armée (la Garde suisse), un service postal, des journaux, un centre de télévision et une radio qui diffuse des émissions dans plus de trente langues différentes. Le gouvernement, dirigé par le pape, s'appelle la Curie romaine. Il est composé de ministères (finances, familles, affaires étrangères…): les « dicastères ». À l'étranger, les ambassades du Vatican sont tenues par des « nonces ».

Le pape fait des bulles

Appelé aussi « souverain pontife », le pape s'informe auprès des évêques de ce qui se passe dans la communauté catholique. Il les réunit parfois en « synode » pour discuter de questions générales. Plus rarement, il convoque des « conciles » pour parler de l'organisation de l'Église ou décider de ce qu'il faut croire. Quand il a un message à faire passer, le pape communique par écrit: ce sont des « bulles » ou des « encycliques ». Le souverain pontife se fait conseiller par un « Sacré Collège » composé de sortes de super-évêques appelés cardinaux. À sa mort, les cardinaux se réunissent en « conclave » et élisent un nouveau pape.

LES CROISADES EN TERRE SAINTE

À partir du XIe siècle, le Vatican appelle les chrétiens à libérer Jérusalem et la Terre sainte, occupées par les « infidèles » (les musulmans). Des milliers de pèlerins partent en croisade au nom du Christ. Armés de leur seule foi, ils se font massacrer. Les chevaliers prennent alors la relève, guidés par des chefs prestigieux comme Richard Cœur de Lion ou saint Louis. Ces expéditions militaires seront parfois l'occasion de pillages et de tueries, qui laisseront de très mauvais souvenirs aux populations locales. Il y aura huit croisades en tout.

Vivre la foi chrétienne

Durant un baptême orthodoxe, le bébé est plongé trois fois dans l'eau. Cette immersion symbolise la mort du Christ, sa descente aux enfers et sa résurrection.

Orthodoxes et catholiques suivent les enseignements de la Bible et les grands principes du christianisme : la foi, l'amour, la charité et l'espérance. Chaque étape importante de leur vie religieuse est aussi marquée par un sacrement qui les relie à Dieu.

Des devoirs tous les jours !

Les orthodoxes et les catholiques ont les mêmes devoirs religieux que les autres chrétiens : ils doivent prier, mener une vie fraternelle faite d'amour et de respect, écouter la parole de Dieu et recevoir les sacrements de l'Église. Leurs Églises ont institué sept sacrements : le baptême, la confirmation (appelée « chrismation » chez les orthodoxes), l'eucharistie, la réconciliation (« réparation » chez les orthodoxes), le mariage, l'onction des malades et bien sûr l'ordination des prêtres et des diacres.

Qu'est-ce qu'un sacrement ?

C'est un signe qui permet au croyant de rencontrer Dieu. Tous les sacrements ont pour origine un geste du Christ: pardonner, guérir, nourrir… Chacun comporte un signe visible (de l'eau, de la lumière, du pain…) et une parole adaptée au sacrement («Je te baptise au nom du Père, du Fils et du Saint-Esprit»…).

Devenir chrétien

Pour devenir chrétien, il faut être baptisé et avoir confirmé sa foi. Le prêtre baptise les bébés ou les adultes qui en font la demande. Le baptême se déroule à l'église, en présence du parrain et de la marraine. Les orthodoxes « confirment » leur foi (« chrismation ») et communient pour la première fois dans la même cérémonie. Chez les catholiques, la confirmation vient plus tard. L'enfant doit d'abord apprendre l'enseignement du Christ (le catéchisme) et préparer sa première communion. À l'adolescence, il pourra demander le sacrement de confirmation.

Le signe de croix

Les chrétiens le font en de nombreuses occasions : à la messe, au moment de la prière ou lors des célébrations. Mais chacun a sa manière de faire. De la main droite, les catholiques se touchent d'abord le front en disant « Au nom du Père », puis la poitrine en disant « et du Fils », enfin les épaules en disant « et du Saint-Esprit ». Le signe de croix se termine en disant « amen ». Les orthodoxes font le même geste en sens inverse, mais ils lient le pouce, l'index et le majeur pour représenter la Trinité, tandis que l'annulaire et l'auriculaire sont repliés dans la paume pour rappeler la double nature (humaine et divine) du Christ.

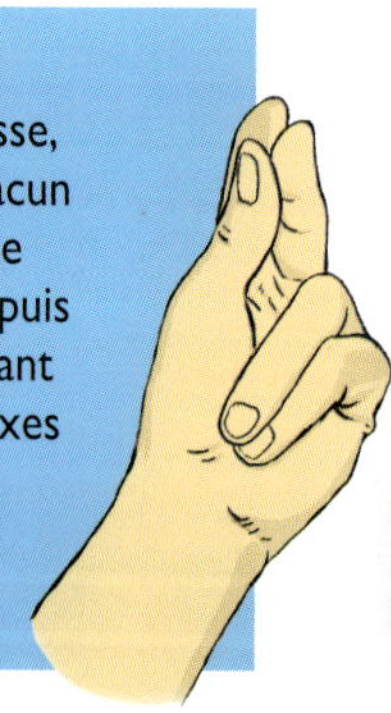

Oui pour la vie !

Le mariage est un engagement libre et indissoluble. Les futurs époux doivent s'y préparer et y réfléchir longuement. Le jour de la cérémonie, ils se donnent eux-mêmes le sacrement de mariage en déclarant publiquement, devant Dieu, leur volonté de devenir mari et femme pour la vie. Après la bénédiction, les époux s'échangent des anneaux qui évoquent l'alliance de Dieu avec son peuple.

Se réconcilier avec Dieu

Orthodoxes et catholiques sont invités à recevoir la communion avec une âme pure. Pour cela, ils doivent demander pardon pour leurs fautes. Autrefois, on appelait cela la « confession ». Aujourd'hui, cela s'appelle le sacrement de réconciliation : le prêtre accorde le pardon de Dieu au fidèle.

Au chevet des malades

Orthodoxes et catholiques peuvent demander le sacrement des malades pour les aider à surmonter leurs souffrances. Le prêtre qui vient les voir utilise l'huile des malades pour marquer le visage ou le corps en disant : « Désormais, la force de Dieu agit dans votre faiblesse. »

Lors d'un mariage orthodoxe, les fiancés sont couronnés par le prêtre qui s'adresse à Dieu en disant : « Couronne-les de gloire et d'honneur. »

Un mariage catholique.

Au cours des funérailles, le prêtre asperge le corps du défunt d'eau bénite et allume un cierge qui symbolise le Christ ressuscité et l'entrée dans la lumière de Dieu. Chez les orthodoxes, le cercueil n'est pas fermé.

Marie superstar

Catholiques et orthodoxes ne s'adressent directement à Dieu que pour les choses très importantes. Pour le reste, ils préfèrent passer par l'intermédiaire de Marie, la mère du Christ, ou de saints patrons, qui iront plaider leur cause auprès du Seigneur. Et peut-être accompliront un miracle…

Vierge à l'Enfant dite Notre-Dame de Grâce, Toulouse, XVe siècle.

Marie, mère de Dieu

Pour que Jésus-Christ soit « vrai dieu et vrai homme », il fallait qu'il soit né d'une femme. Cette femme, c'est Marie. La tradition chrétienne la présente comme une jeune juive destinée au service du Temple. Fiancée à Joseph, Marie (Myriam en hébreu) reçoit un jour la visite de l'ange Gabriel qui lui annonce qu'elle va donner naissance au Fils de Dieu. « Comment cela se fera, puisque je suis vierge ? », demande-t-elle à l'ange. Celui-ci lui répond que l'Esprit saint s'occupe de tout et que, de toute façon, rien n'est impossible à Dieu… L'Évangile raconte ensuite comment Marie accouche de Jésus et le dépose dans une mangeoire (la crèche).

Marie rachète les bêtises d'Ève

D'après la lecture chrétienne de la Bible, Ève, la femme d'Adam, a commis le péché originel en croquant la première le fruit de l'arbre de la Connaissance. Avec Marie, tout change : les femmes ne sont plus forcément des créatures malfaisantes, puisque Dieu en choisit une pour porter Son fils. Marie semble ainsi racheter la désobéissance de sa lointaine ancêtre…

L'ange Gabriel apprend à Marie qu'elle va mettre au monde le Fils de Dieu : c'est l'Annonciation.

La naissance de Jésus (Nativité) vue par un artiste chinois (XXe siècle).

Dans l'ombre de son fils

Une fois que Jésus est né, les Évangiles ne disent plus grand-chose de Marie. L'évangile de Jean raconte cependant qu'elle est à l'origine du premier miracle de son fils. Invitée avec lui à un mariage, elle se rendit compte qu'il n'y avait plus de vin. Elle demanda à Jésus de faire quelque chose et Jésus transforma de l'eau en vin : c'est le miracle des noces de Cana. Le reste de la vie de Marie est assez mystérieux et varie selon les traditions. Pour les uns, elle aurait terminé ses jours à Jérusalem. Pour les autres, elle aurait été confiée par Jésus mourant à l'apôtre Jean, qui l'aurait emmenée avec lui à Éphèse (Turquie).

Qu'est-ce que l'Immaculée Conception ?

Pour les catholiques, Marie est, avec Jésus, le seul être humain pur. Bien que conçue par de vrais parents, elle aurait été, par la grâce de Dieu, « préservée intacte de toute souillure du péché originel ». En 1854, le pape Pie IX a décrété cette croyance « doctrine révélée de Dieu ». Elle est depuis connue sous le nom de « dogme de l'Immaculée Conception ».

Fous de Marie

Les orthodoxes rendent hommage à Marie tout au long de l'année. Ils célèbrent sa naissance, sa présentation au Temple, l'Annonciation, la sainte Rencontre (présentation de Jésus au Temple) et la Dormition.

Ambassadrice auprès de Dieu

Devenue sainte pour avoir porté l'enfant de Dieu, Marie est vénérée par tous les chrétiens, à l'exception des protestants. Les croyants la considèrent comme l'ambassadrice des hommes auprès de Dieu. Ils lui demandent souvent de les protéger ou d'intervenir auprès de son Fils qui, en principe, ne peut rien lui refuser… Orthodoxes et catholiques célèbrent la mort et la montée au ciel de Marie le 15 août. Les premiers appellent cette fête la Dormition, les seconds l'Assomption.

Au Mexique, la Vierge de Guadalupe fait l'objet d'un véritable culte national. Apparue en 1531 à un jeune berger indien, elle est depuis devenue la patronne du Mexique et « l'impératrice » des Amériques !

Cette Vierge noire (XIIe siècle) ne vient pas d'Afrique mais de Corrèze !

Des saints anges gardiens

La Toussaint

C'est la fête de tous les saints chrétiens, notamment ceux qui n'ont pas de jour attribué dans le calendrier.
Les catholiques la célèbrent le 1er novembre et les orthodoxes le dimanche après la Pentecôte.

Orthodoxes et catholiques vénèrent un grand nombre de saints personnages. Modèles de courage et de vertu, ces anges gardiens sont censés protéger les fidèles contre les malheurs de l'existence ou réaliser leurs vœux les plus fous…

Comment devient-on saint ?

Les saints sont des femmes ou des hommes reconnus comme modèles à suivre. Seuls le pape ou les patriarches peuvent décider de les « canoniser ». Après les grands personnages de la Bible, les premiers chrétiens reconnus comme saints sont des martyrs morts pour avoir refusé de renoncer à leur foi en Jésus-Christ. Par la suite sont devenus saints les chrétiens qui ont consacré leur vie à Dieu et mené une vie chrétienne exemplaire.

Saintes légendes

De nombreux récits retracent la vie des saints. Certains prennent appui sur des faits historiques, d'autres sur des récits légendaires, parfois bien plus anciens que le christianisme.

Saint Christophe

Patron des voyageurs, il est le « porteur du Christ ». C'était un géant très gentil. Un jour un petit enfant lui demanda de l'aider à traverser un torrent furieux. Le géant s'exécuta. Mais soudain le torrent grossit, menaçant de noyer l'enfant qui se mit à peser très lourd. « Enfant, pourquoi es-tu si lourd ? demanda le géant. J'ai l'impression de porter le monde… » L'enfant répondit : « Tu portes le monde et celui qui l'a créé. Je suis le Christ, ton Dieu. »

Saint Georges

Aidé par le Christ, il aurait terrassé un dragon qui terrorisait un village, ce qui ne l'empêcha pas d'être persécuté : il aurait été brûlé, ébouillanté, écartelé, puis décapité. Particulièrement vénéré des orthodoxes, saint Georges est le protecteur des cavaliers et des archers.

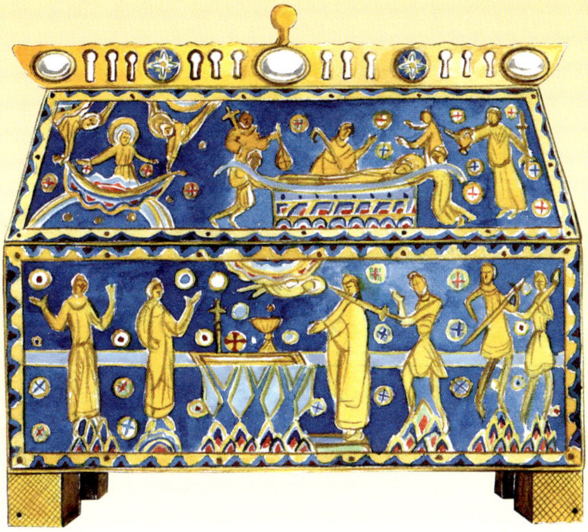

NOM D'UN SAINT !

Les hommes du monde entier ont donné des noms de saints à des villes (Saint-Ouen, Saint-Tropez, San Francisco…), des stations de métro (Saint-Michel à Paris), des bateaux (la *Santa-Maria* de Christophe Colomb), des fromages (le saint-nectaire), des animaux (le saint-bernard, la coquille Saint-Jacques) et même un gâteau (le saint-honoré) !

Un reliquaire est une sorte de boîte qui contient les reliques d'un saint (un ossement ou un bout d'objet lui ayant appartenu). Les fidèles viennent vénérer les reliques car ils leur attribuent le pouvoir de faire des miracles.

Des patrons spécialisés

Les croyants font appel aux saints quand ils ont besoin d'obtenir un secours ou une faveur de la part de Dieu. Saint Antoine de Padoue aide ceux qui ont perdu quelque chose, saint Gézelin les femmes qui sont trop poilues, et saint Urbain Ier les enfants qui n'ont pas envie de faire leurs devoirs. Il existe aussi des saints pour certaines professions : sainte Geneviève protège les gendarmes, saint Antoine les charcutiers, saint Honoré les boulangers, et sainte Cécile les musiciens. Quant à sainte Rita, elle s'occupe des cas désespérés !

SAINT DENIS

Envoyé par le pape pour évangéliser Paris, il connut un tel succès qu'il fit peur aux autorités de la ville. Il fut arrêté et condamné à mort. Une fois décapité, le saint homme se serait relevé, aurait ramassé sa tête, puis se serait mis à marcher jusqu'à l'actuel site de Saint-Denis (93), où fut construite la basilique qui porte son nom.

À la porte du paradis

Le Jugement dernier

Les chrétiens croient que Jésus-Christ reviendra juger les hommes à la fin des temps. Ceux qui auront vécu de façon chrétienne et seront morts en croyant en Jésus-Christ seront sauvés : ils iront au paradis. Les autres, les méchants et les pécheurs, seront maudits : ils iront en enfer pour y subir les pires tourments. Les musulmans croient eux aussi au Jugement dernier.

Les chrétiens croient au Jugement dernier du Christ qui les enverra soit au paradis, le royaume éternel de Dieu, soit en enfer, un espace sans Dieu.

1 La Croix annonce le jour J
La Croix représente le centre du monde et annonce la venue du Christ.

2 Jésus rend sa sentence
Présenté « en majesté ». Jésus est revenu juger les hommes : il lève son bras droit vers le ciel (le paradis) et baisse son bras gauche vers l'enfer.

3 Les anges manifestent
Ils portent des banderoles où sont inscrites les vertus chrétiennes qui conduisent au paradis : l'humilité, la constance, l'amour, la foi et l'espérance.

La menace plane

La scène ci-contre provient du tympan de l'abbatiale de Conques (Aveyron). Véritable bande dessinée sculptée au-dessus du portail de l'église (XIIe siècle), elle évoque le Jugement dernier. Au Moyen Âge, les fidèles et les pèlerins qui entraient dans l'édifice étaient prévenus de ce qui les attendait s'ils ne vivaient pas de façon chrétienne. Aujourd'hui les menaces ne sont plus aussi terribles…

4 Les anges sonnent le rappel

Envoyés par le Christ, les anges rassemblent les élus à grands coups de trompette.

5 Les méchants forcent la porte du paradis

Repoussés par les anges, les méchants et les damnés essaient d'échapper à l'enfer et veulent entrer au paradis.

6 Le cortège des élus

Plus on est près du Christ, plus on est saint… La plus sainte de tous est Marie. Elle est suivie de saint Pierre, qui tient les clés du paradis à la main.

Qu'est-ce qu'un péché ?

C'est une action ou une intention qui désobéit à une loi religieuse d'origine divine. Le mot vient du latin *peccatum*, qui signifie « chute ». Pour les chrétiens, le péché est comparable à une chute sur le chemin qui mène à Dieu.

7 La Jérusalem céleste

C'est l'autre nom du paradis.

8 Enfer ou paradis ?

Les bons passent la porte du paradis, les mauvais vont en enfer. Un démon coiffé à la punk enfourne les maudits dans la gueule du Léviathan.

9 La pesée des âmes

L'archange Michel pèse l'âme d'un défunt, comme le faisait Osiris en Égypte.

10 Les morts ressuscitent

Des anges soulèvent le couvercle des cercueils pour laisser sortir les morts qui vont être jugés par le Christ.

11 Satan

C'est le diable, l'exact opposé de Dieu. Appelé aussi Lucifer, il incarne le mal et règne sur l'enfer, où les pécheurs sont condamnés à subir des tortures éternelles.

12 L'usine infernale

Orgueil, avarice, envie, colère, luxure, gourmandise et paresse sont les sept péchés capitaux qui mènent directement en enfer ! Satan se réjouit du spectacle…

- Un démon arrache la langue d'un menteur.
- Le gourmand est pendu par les pieds.
- Le coléreux plonge dans une bassine d'eau bouillante.
- L'avare est pendu avec sa bourse autour du cou.

Les pèlerinages

L'ancêtre du Routard

Rédigé au XIIIe siècle, le Guide du pèlerin de Saint-Jacques-de-Compostelle donnait une foule de conseils. Il indiquait aussi bien les lieux saints à visiter que les zones dangereuses à éviter.

C'est à son costume que l'on reconnaissait le pèlerin : il portait un large chapeau de feutre, une pèlerine épaisse, une besace, un bâton (le bourdon) et de gros souliers.

Depuis les débuts du christianisme, les fidèles éprouvent le besoin de se rendre sur des lieux saints, proches ou lointains. Ces pèlerinages leur permettent de réfléchir au sens de leur engagement religieux… ou d'obtenir toutes sortes de faveurs divines !

Un voyage vers Dieu

Le pèlerinage est un voyage que l'on accomplit, seul ou en groupe, vers un lieu de culte. C'est à la fois une expérience intérieure et un chemin qui conduit vers Dieu. Les raisons d'entreprendre un tel voyage varient d'un fidèle à l'autre. Certains affirment répondre à l'appel du Seigneur. D'autres ont des motivations plus personnelles : exaucer un vœu, guérir une maladie, se faire pardonner une faute grave…

Chaque année, au mois de mai, gitans et tsiganes viennent de toute l'Europe aux Saintes-Maries-de-la-Mer pour vénérer sainte Sarah, leur patronne.

Destination : le monde entier !

Il existe des centaines de lieux de pèlerinage dans le monde. Dès les premiers temps du christianisme, il était d'usage de se rendre sur un lieu biblique, en Terre sainte, ou auprès du tombeau d'un apôtre (saint Pierre à Rome par exemple). Aujourd'hui, la majorité des pèlerinages se font vers des sites qui abritent des reliques ou commémorent des apparitions miraculeuses, comme celles de la Vierge Marie (Notre-Dame de Kazan en Russie, Czestochowa en Pologne, Fatima, au Portugal, ou Guadalupe au Mexique).

Chez les orthodoxes, les icônes font des miracles et sont souvent l'objet de pèlerinage. Cette icône représente la Vierge de Kazan. Elle est considérée comme la protectrice de l'orthodoxie.

À pied, à cheval, en voiture...

Partir en pèlerinage, c'est quitter ses habitudes et son confort personnel. Autrefois, plus l'effort à fournir était grand, plus le pèlerinage avait de valeur aux yeux de l'Église et du pèlerin. Les temps ont changé : la plupart des déplacements se font aujourd'hui en voiture, en train ou en avion. Mais il existe encore des gens qui font le trajet à pied. C'est le cas de ceux qui se rendent à Saint-Jacques-de-Compostelle (Espagne) : ils empruntent des routes souvent très anciennes, qui sont jalonnées d'églises, de chapelles, d'auberges et de maisons conçues pour les accueillir (les hospices).

Pas très catholique !

À Karkal, dans le diocèse de Mangalore (sud de l'Inde), 400 000 personnes viennent chaque année vénérer saint Laurent. Chrétiens, hindous et musulmans se retrouvent dans le même sanctuaire pour faire des offrandes de fleurs, de fruits et d'huile bénite. Les pèlerins portent un fil bénit au poignet et demandent à saint Laurent de leur accorder un enfant.

Terminus !

Arrivés à destination, les pèlerins peuvent toucher un objet qui symbolise la fin de leur voyage (un tombeau, une statue...) ou se baigner dans une eau sacrée (le Jourdain en Terre sainte, la piscine des malades à Lourdes...). Il arrive souvent qu'ils allument un cierge ou qu'ils déposent un objet appelé « ex-voto », qui rappelle pourquoi ils sont venus. Traditionnellement, les pèlerins doivent aussi pratiquer l'aumône en souvenir du Christ : ce don d'argent, fait à ceux qui en ont besoin, est un signe d'amour envers les autres.

Miracles à Lourdes

À Lourdes, en 1858, Bernadette Soubirous, une enfant de 14 ans, aperçoit 18 fois la Vierge Marie. Celle-ci lui montre une source miraculeuse dont l'eau a le pouvoir de guérir les maladies incurables. La nouvelle se répand vite : les pèlerins affluent. Ils sont aujourd'hui plus de six millions à venir chaque année. Mais sur le nombre de phénomènes qui se produisent, 66 seulement ont été officiellement reconnus comme miracles par l'Église.

Ces chrétiens qui vivent en communauté

La règle de saint Benoît

Ermite au départ, Benoît de Nursie (480-547) a voulu atteindre son idéal de sainteté en fondant un monastère où il imposa un règlement très strict. Depuis, les religieux qui entrent dans l'ordre dit « bénédictin » (de saint Benoît) s'engagent à respecter ce règlement: obéissance, discipline et silence.
Les bénédictins partagent leur temps entre la prière, la méditation sur les textes de la Bible et le travail manuel.

Certains chrétiens, catholiques ou orthodoxes, décident parfois d'« entrer en religion ». Ils prononcent des « vœux » et vivent en communauté. Choisir sa communauté, c'est choisir un style de vie : la prière, la prédication ou le soutien aux pauvres.

À l'écart du monde

Les premiers moines étaient des ermites de l'Orient chrétien, qui voulaient vivre loin des désordres du monde. Ils faisaient don de leur vie à Dieu, partageant leur temps entre la prière et la méditation. De plus en plus nombreux, certains de ces ermites ont commencé à prendre en commun leur repas et à célébrer les offices religieux ensemble. Puis ils se sont organisés en communautés et se sont donné des règles de vie communes, basées sur la prière, l'étude et le travail. C'est ainsi que sont nés les premiers monastères.

Vœux très spéciaux

Pour devenir moine (ou moniale pour les femmes), il faut prononcer solennellement trois vœux : la chasteté, la pauvreté et l'obéissance. Chez les orthodoxes, seuls les hommes peuvent se faire moines. Ceux-ci s'adonnent avant tout à la prière, à la méditation et au jeûne. Chez les catholiques, femmes et hommes peuvent entrer (séparément !) dans les « ordres ». Il existe des centaines d'ordres religieux dans le monde. Ce sont des associations religieuses spécialisées, qui ont chacune leurs règles de vie et leurs fonctions. Les bénédictin(e)s, par exemple, sont enfermés dans des monastères et passent leur vie entre la prière et le travail. D'autres moines sont itinérants : les dominicain(e)s se consacrent à la prédication et les franciscain(e)s aux pauvres.

Moines copieurs

Bien avant que l'imprimerie n'existe, les moines ont fabriqué des livres en copiant sur des peaux d'animaux des œuvres que les enlumineurs décoraient ensuite d'illustrations. Bibles, vie des saints, poèmes, manuscrits antiques, ces moines copistes reproduisaient des ouvrages entiers écrits en latin... parfois sans même savoir les lire !

Tous les religieux ne sont pas des moines et ne vivent pas forcément retirés du monde. Il y en a qui habitent dans des couvents (maison de religieux) ou des abbayes (couvent dirigé par un abbé), comme ici, sur le mont Saint-Michel.

Le monastère, une petite ville à la campagne

Les moines vivent dans des monastères, souvent installés dans des lieux reculés. On y trouve tout ce qu'il faut pour que la communauté puisse vivre de manière autonome. En plus de l'église et du cloître qui sert à la promenade, le monastère comprend généralement des chambres appelées «cellules», un réfectoire où se prennent les repas, une cuisine, une infirmerie, une bibliothèque, des salles d'études et des ateliers où les moines fabriquent des produits artisanaux.

Religieuses au travail emballant des chocolats.

MONASTÈRES FORTIFIÉS

Les monastères orthodoxes édifiés à l'écart des villes expriment la volonté d'être en harmonie avec la nature.
Les plus anciens ont été fortifiés afin de se préserver contre les agresseurs. Certains sont construits sur des zones désertiques ou sur des montagnes difficiles d'accès, comme le mont Athos, les Météores (Grèce) ou le monastère Sainte-Catherine dans le Sinaï.

LES JÉSUITES

Fondée par Ignace de Loyola en 1534, la Compagnie de Jésus est un ordre religieux spécialisé dans la prédication et l'enseignement. Dirigés par un «général» élu à vie, les jésuites ont ouvert de nombreux collèges et universités à travers le monde. Ce sont des religieux très cultivés: certains ont fait douze ans d'études avant de prononcer leurs vœux.

Le protestantisme

Né au XVIe siècle, le protestantisme s'est développé sous l'impulsion d'un moine allemand, Martin Luther. Rejetant l'autorité du pape, Luther voulait établir une relation directe entre l'homme et Dieu. Une révolution religieuse, qui prit le nom de « Réforme ».

Le 31 octobre 1517, le moine Luther affiche sur la porte d'une l'église de Saxe (Allemagne) les « 95 thèses » dénonçant le trafic des indulgences. Cet événement est commémoré chaque année : c'est la fête de la Réformation.

Luther le réformateur

Obsédés par la peur de l'enfer, les chrétiens du temps de Luther (1483-1546) sont angoissés par ce qui va se passer après la mort. Nombre de fidèles multiplient les « bonnes œuvres » ou achètent des « indulgences » à l'Église catholique pour s'assurer une place au paradis. En 1517, Luther dénonce ces pratiques en affirmant que le salut ne s'obtient que par la foi et la confiance en Dieu. Il déclare aussi que tous les chrétiens sont prêtres de par leur baptême et qu'il n'y a pas d'autorité au-dessus de la Bible… Furieux, le pape Léon X le menace d'excommunication. Luther persiste dans sa Réforme. En janvier 1521, c'est la rupture : le pape prononce l'anathème (excommunication totale) du moine allemand.

Sauvés par la foi

Luther assure que Dieu, dans sa bonté, accorde le salut gratuitement à tous ceux qui croient en Lui. Il libère ainsi ses contemporains d'une grosse angoisse. Les protestants n'ont plus à comptabiliser leurs bonnes actions ou à se ruiner en « indulgences » pour être sauvés et éviter l'enfer. Ils peuvent désormais se consacrer pleinement à leur famille, à leur métier, et se rendre disponibles aux autres : le Christ n'a-t-il pas dit d'aimer son prochain comme soi-même ?

Une bible protestante du XVIe siècle (coll. du Musée du Désert, Mialet).

La Bible, rien que la Bible !

Luther proclame qu'il n'y a pas d'autorité supérieure à celle de la Bible. Il dit aussi que chacun doit pouvoir la lire et l'interpréter, sans passer par l'enseignement officiel de l'Église. Or, à son époque, toutes les Bibles étaient en latin. Aussi le moine traduit-il le texte dans la langue de son pays : l'allemand. Son exemple sera suivi dans toute l'Europe. Voilà qui explique la multiplicité des lectures de la Bible… et donc la multiplication des Églises protestantes.

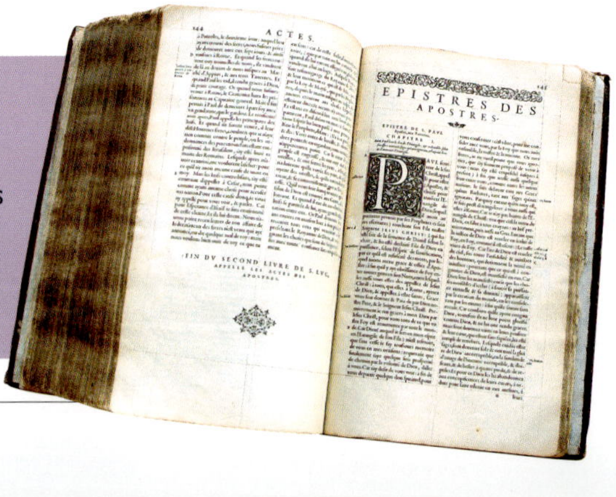

En direct avec Dieu

Luther a déclenché une autre révolution en affirmant que les baptisés étaient tous prêtres: c'est le sacerdoce universel. Plus besoin d'intermédiaire pour s'adresser à Dieu! Car Dieu ne délègue rien à personne: ni au prêtre, ni au pape, ni aux saints, ni à la Vierge Marie. Les protestants règlent leurs problèmes directement avec Dieu.

Estimant que les chrétiens n'ont pas besoin d'intermédiaires pour aimer Dieu, Luther, ancien moine lui-même, condamne la fonction cléricale et la vie monastique.

LA CROIX HUGUENOTE

Souvent portée par les femmes, la croix huguenote se prolonge d'une colombe en pendentif, qui représente l'Esprit saint descendant du ciel sur les croyants.

Contagion européenne

Les idées de Luther se propagent très vite en Europe. Des prêtres et des penseurs les développent et créent de nouvelles Églises. En Suisse, Zwingli accueille la Réforme à Zurich. En France, Calvin se convertit en 1534, mais les persécutions le poussent à se réfugier à Genève, où il fonde une Église conduite par des laïcs et des pasteurs élus. En Écosse, Knox s'inspire des idées de Calvin et fait adopter la nouvelle religion par le Parlement… Peu à peu, le luthéranisme conquiert le Danemark, la Norvège, la Suède. Le calvinisme, lui, gagne la Hongrie et une partie de la Pologne.

CALVIN CONTRE LE CULTE DES RELIQUES

Dans un livre appelé *Traité des reliques*, Calvin se moque de ceux qui vénèrent des reliques au lieu de se concentrer sur le message du Christ. «(…) la racine du mal a été qu'au lieu de chercher Jésus-Christ en sa parole, (…) le monde, selon sa coutume, s'est amusé à ses robes, chemises et drapeaux; et ce faisant, a laissé le principal pour suivre l'accessoire. Semblablement a-t-il fait des apôtres, martyrs et autres saints. Car, au lieu de méditer leur vie pour suivre leur exemple, il a mis toute son étude à contempler et à tenir comme un trésor ses os, chemises, ceintures, bonnets et semblables fatras (…).»
Jean Calvin, *Traité des reliques*.

LE SAIS-TU?

En 1529, alors que la Réforme connaît un certain succès en Allemagne, l'empereur Charles Quint décide de restaurer partout le culte catholique. Les princes qui s'étaient convertis «protestent» et refusent d'appliquer le décret impérial. D'où le nom de «protestants», adopté depuis par les partisans de la Réforme.

Croire en toute simplicité

Une femme pasteur baptise un enfant.

Voulant revenir à la pureté du christianisme primitif, les protestants ont simplifié bien des aspects de la pratique religieuse. Car pour eux, la piété personnelle et l'étude de la Bible sont plus importantes que l'apparat de la liturgie.

Deux sacrements hérités du Christ

Les sacrements ont la même signification pour tous les chrétiens : ce sont des rites établis par le Christ pour permettre aux croyants de rencontrer Dieu. À la différence des catholiques et orthodoxes qui en ont sept, les protestants n'admettent que les deux sacrements pratiqués par le Christ : le baptême et la Cène.

Des Églises animées par des laïcs

Le principe du « sacerdoce universel » fait que tous les baptisés sont prêtres. Conséquence de cette égalité : les Églises réformées n'ont pas de clergé hiérarchisé. Elles sont animées par des laïcs (du grec *laos*, « peuple »), qui assurent les quatre « ministères » (fonctions) attestés dans la Bible :

• Les « pasteurs », hommes ou femmes, sont spécialement formés pour animer la vie d'une paroisse ou d'une aumônerie (hôpital, prison, université...). Souvent mariés, ils prêchent la parole de Dieu et administrent les sacrements.

• Les « docteurs » sont des professeurs de théologie, chargés de réfléchir sur la Bible, l'histoire de l'Église, la morale, etc.

• Les « conseillers de paroisse », appelés aussi « presbytéraux », sont élus par les fidèles pour animer la paroisse avec le pasteur.

• Les diacres s'occupent des pauvres et des malades.

Comment devient-on pasteur ?

Il faut avoir reçu un appel de Dieu (vocation), faire des études théologiques (étude des textes sacrés, psychologie, sciences humaines...), obtenir une maîtrise en théologie et être reconnu(e) par une Église.

Pour en savoir plus sur :

• Le **baptême**, voir p. 134.
• La **Cène**, voir p. 138-139.
• Le **Notre Père**, voir p. 141.

Un culte simplifié

Les protestants vont au culte, et non à la messe. Ils commencent par prononcer la louange de Dieu (prière d'adoration). Puis ils demandent pardon (confession des péchés) et attestent de leur foi. Ils lisent ensuite des passages de la Bible, chantent des psaumes et écoutent la prédication du pasteur. Après la sainte Cène, le culte se termine par la prière d'intercession pour ceux qui souffrent et le Notre Père, une prière commune à tous les chrétiens.

La Bible au cœur du culte

La lecture de la Bible et la prédication sont les éléments centraux du culte protestant. Elles occupent une place très importante, à la différence de la sainte Cène, qui n'est pas forcément célébrée chaque dimanche.

Le dimanche de la Réformation

Comme tous les chrétiens, les protestants fêtent Noël, Pâques, l'Ascension et la Pentecôte. Certains célèbrent aussi la fête de la Réformation le dernier dimanche d'octobre (ou le premier de novembre). Cette fête ne fait pas que commémorer la proclamation de la Réforme par Luther : c'est aussi l'occasion de rappeler à chacun la nécessité de se réformer sans cesse et de ne pas s'endormir sur ses lauriers…

Dès 6 ans, les enfants protestants étudient la Bible et leur religion à "l'école du dimanche" (qui peut se dérouler le mercredi).

De Bach au gospel

Pour mieux diffuser la foi nouvelle, Luther a eu l'idée de développer le chant choral. Deux cents ans plus tard, le musicien allemand Jean-Sébastien Bach enrichit considérablement le répertoire protestant. Son contemporain, Georg Friedrich Haendel, compose le plus célèbre cantique protestant de Pâques (« À toi la gloire, ô Ressuscité »). Dès la fin du XVIIIe siècle, les esclaves noirs américains, convertis au christianisme protestant, reprennent des chants chorals et les adaptent aux rythmes africains. De là vient la tradition des negro-spirituals et du gospel…

La grande famille des Églises protestantes

Dans certains pays les pasteurs luthériens portent une robe noire et une sorte de cravate blanche. Ce costume s'inspire de la tenue des enseignants des universités au XVIe siècle. Elle rappelle que les pasteurs sont des gens qui ont fait beaucoup d'études.

Dès l'origine, il n'y eut pas une, mais des dizaines d'Églises protestantes, toutes aussi légitimes les unes que les autres. Pour comprendre les raisons d'un tel foisonnement, il faut revenir au principe fondateur du protestantisme : la Réforme.

Une religion plurielle

Un seul chef (le Christ), un seul livre (la Bible) et des milliers d'Églises différentes… Construit en réaction au catholicisme, le protestantisme est une religion plurielle, qui affirme qu'aucune Église ne détient à elle seule la vérité. Au contraire : la vérité est à redécouvrir en permanence et l'Église doit se réformer sans cesse. C'est pourquoi, de Luther à nos jours, chaque réforme, chaque interprétation nouvelle de la Bible a donné naissance à une nouvelle branche du protestantisme. Voici quelques membres de la grande famille des Églises protestantes :

Les luthériens

Fidèles aux doctrines de Luther, les Églises luthériennes sont surtout présentes en Allemagne et en Scandinavie. Les temples et les cérémonies, bien que simples, sont assez proches de la tradition catholique.

Les réformés

Issues du calvinisme et appelées « presbytériennes » dans les pays anglo-saxons, les Églises réformées (près de 750 dans le monde !) partagent les doctrines luthériennes, mais elles n'interprètent pas la Cène de la même manière. Le culte est également plus sobre que dans la tradition luthérienne (pas de fleurs, ni de statues, ni de cierges).

À chaque pays son organisation

Les Églises protestantes sont indépendantes, mais elles peuvent se regrouper souvent en fédérations nationales. La Fédération protestante de France réunit ainsi la plupart des Églises réformées, luthériennes, baptistes et certaines Églises pentecôtistes. On retrouve un peu le même système en Suisse, en Allemagne ou en Belgique. Dans les pays où le luthéranisme est majoritaire, comme en Suède, en Norvège ou au Danemark, les Églises sont nationales.

Le millénarisme

Les millénaristes croient en un messie (pour la plupart c'est le Christ), qui doit régner mille ans sur terre avant la fin du monde et le Jugement dernier (Apocalypse)… Des membres d'Églises protestantes ont fondé des mouvements millénaristes (les adventistes, les mormons…), dont certains sont classés comme sectes dans le rapport parlementaire de 1995 (les Témoins de Jéhovah…).

Les baptistes

Ce sont des protestants qui refusent le baptême des enfants : ils estiment qu'il faut être adulte pour demander le baptême et s'engager publiquement à vivre en chrétien. Les baptistes forment une importante communauté aux États-Unis (20 % de la population). Leur culte est plus chaleureux que celui des luthériens ou des réformés. Ils accordent une grande importance aux chants.

Chez les baptistes, le baptême se fait par immersion totale du corps dans l'eau.

Les pentecôtistes

Apparu aux États-Unis au début du XXe siècle, le pentecôtisme affirme que le baptême par l'eau ne suffit pas : il doit être accompagné du baptême de l'Esprit saint, qui a des pouvoirs prodigieux (guérisons, miracles, prophéties…). Pratiqué un peu partout dans le monde (Afrique, Europe, Amérique latine…), le pentecôtisme touche aussi une minorité de catholiques et d'anglicans.

Les méthodistes

Née en Angleterre au XVIIIe siècle, l'Église méthodiste est bien implantée aux États-Unis. Les méthodistes sont très attachés au respect des vertus chrétiennes et des règles morales. Ils ont développé des œuvres sociales (Armée du Salut) et des techniques de prédications modernes (télévangélisme). Les chants et les cantiques (dont les negro-spirituals) occupent une grande place dans leur culte.

Des musiciens accompagnent souvent les tournées de l'Armée du Salut, où sont distribuées aux plus pauvres de la nourriture et… la parole du Christ.

L'ÉVANGÉLISME

Dans la grande famille des Églises protestantes, certaines sont dites « évangéliques ». Les membres de ces Églises ont une lecture très stricte de l'Ancien Testament et des Évangiles. Ils sont généralement d'une grande rigueur morale et ne considèrent valables que les baptêmes volontaires. Attention, ne pas confondre ces Églises avec l'Église évangélique d'Allemagne, qui rassemble toutes les Églises protestantes de ce pays !

UN CAS À PART : L'ÉGLISE ANGLICANE

En 1534, le pape ayant refusé d'annuler le mariage du roi Henri VIII d'Angleterre, ce dernier décida de n'en faire qu'à sa tête et… s'autoproclama chef de l'Église. Il conserva les principes du catholicisme, mais rejeta l'autorité du pape et réforma l'Église qui prit le nom d'anglicane. L'Église anglicane (appelée épiscopalienne aux États-Unis) est un mélange de catholicisme et de protestantisme : elle est servie par des prêtres et des évêques, mais ne reconnaît que deux sacrements ; elle autorise le mariage des prêtres et l'accès des femmes au sacerdoce. Les anglicans sont aujourd'hui organisés en Églises autonomes, rassemblées en Communion autour de l'archevêque de Canterbury (Angleterre).

Les maisons de Dieu

1 **LA NEF CENTRALE**
Le mot « nef » vient de *navis* en latin qui veut dire « vaisseau ». Cette partie de l'église ressemble à une coque de bateau renversée. C'est là que les fidèles assistent à la messe.

2 **LE CHŒUR**
C'est le lieu le plus sacré de l'église. Réservé au clergé, il abrite l'autel où sont déposés les objets du culte.

3 **L'ABSIDE**

4 **LE TRANSEPT**
Il coupe la nef centrale de façon perpendiculaire.

5 **LES VITRAUX**
Ils racontent la Bible et l'histoire des saints. Ils servaient autrefois à instruire les fidèles, surtout ceux qui ne savaient pas lire.

6 **LES CHAPELLES**
Petites pièces souvent dédiées à un(e) saint(e), où l'on peut prier et se recueillir.

7 **LES FONTS BAPTISMAUX**
Cuve, souvent en pierre, emplie d'eau, qui sert à célébrer le baptême.

8 **LE PORTAIL PRINCIPAL**
Il est souvent décoré d'un tympan sculpté représentant le Christ.

Chaque famille chrétienne célèbre son culte dans un lieu particulier. Les orthodoxes et les catholiques vont dans des églises, parfois somptueuses, alors que les protestants se rendent au temple, simple lieu de culte d'une grande sobriété.

Des églises en forme de croix

Les églises sont généralement orientées vers l'est : le chœur regarde en direction de Jérusalem, là où la lumière se lève. Vues du ciel, elles ont souvent une forme de croix latine qui rappelle le Christ crucifié. Avec sa forme arrondie au chevet de l'église, l'abside 3 représente la tête. Le transept 4 symbolise les bras en croix et la nef centrale 1 le reste du corps.

9 La sacristie
Pièce qui sert à entreposer les objets du culte et les vêtements du prêtre.

10 Le clocher
Les cloches servent à marquer les heures ou à signaler la fin de l'office religieux.

Une basilique byzantine (VIe-XIIe siècle)

Inspirée des basiliques romaines, elle est souvent circulaire et surmontée d'une ou plusieurs coupoles. À l'intérieur des marbres multicolores, des fresques, des icônes ou des mosaïques plongent les fidèles dans un monde divin.

Une église romane (XIe-XIIe siècle)

Elle a une forme de croix latine. Pour éviter les incendies, les voûtes de pierre en arc de cercle remplacent les charpentes en bois. À l'intérieur, des chapiteaux sculptés représentent des scènes de la Bible ou de la vie des saints pour éduquer les fidèles.

Une cathédrale gothique (XIIIe-XVIe siècle)

C'est là que siègent les évêques. Grâce aux voûtes en ogive ou aux arcs-boutants, la cathédrale est plus haute et plus lumineuse. Avec sa flèche dressée dans le ciel, elle symbolise un nouvel élan vers Dieu. La lumière qui pénètre à travers les vitraux devient lumière divine et illumine le cœur des fidèles...

Un temple protestant

À l'intérieur, il n'y a pas de séparation entre la nef et le chœur. L'organisation de l'espace se fait autour de la chaire et de la table de communion, qui remplace l'autel. Sur les murs, ni fresque, ni tableau, mais une simple croix.

Une église à bulbe

En Russie, le nombre et la forme des bulbes qui coiffent les églises orthodoxes sont toujours symboliques. Un bulbe symbolise le Dieu un. Quand il y en a trois, ils représentent la Trinité. Quant à la forme, elle rappelle la flamme des cierges et renvoie au verset de la Bible : « Vous êtes la lumière du monde. »

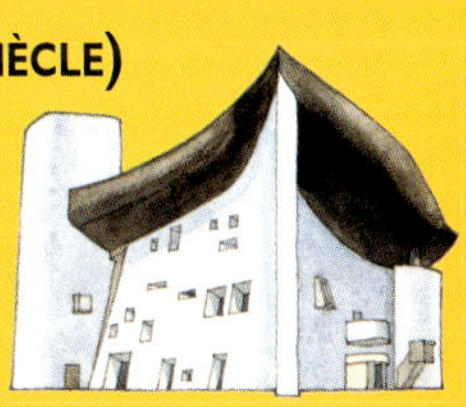

Une église contemporaine (XXe siècle)

Les nouveaux matériaux (béton, acier et verre) donnent des idées nouvelles aux architectes.

Les premiers temples protestants

Les premiers protestants célèbrent leur culte chez eux. Puis, quand leur nombre s'accroît, ils investissent des lieux publics, souvent en fonction de leur puissance politique et militaire locale. Ils transforment ainsi des abbayes, des couvents, ou des églises catholiques, dont ils suppriment les tableaux, les images et les sculptures.

L'ange Jibril apporte un message divin à Muhammad.

Muhammad le Prophète

Né à La Mecque, Muhammad reçoit à l'âge de 40 ans la visite d'un ange qui lui ordonne de se soumettre aux commandements de Dieu (Allah) et de fonder une nouvelle religion. Devenu prophète, Muhammad convertit les Arabes à l'islam, mais rencontre aussi de sérieuses résistances…

L'Arabie au VIe siècle

L'Arabie de Muhammad (appelée aujourd'hui saoudite) est un pays désertique, peuplé de tribus et de clans qui vénèrent un grand nombre de divinités. Mis à part une poignée de juifs et de chrétiens, rares sont ceux qui ne croient qu'en un seul dieu. La Mecque est déjà un grand centre commercial et un haut lieu de pèlerinage. Marchands sédentaires et bédouins conducteurs de caravanes s'y croisent. Tous viennent adorer les 360 idoles abritées au sein de la Ka'ba.

La jeunesse de Muhammad

Muhammad naît à La Mecque, vers 570. Sa famille appartient à un clan puissant, qui règne alors sur la ville. Orphelin très jeune, il est élevé par son grand-père, puis par son oncle Abou Talib. Muhammad lie une amitié profonde avec son cousin Ali.
Bien que né dans une famille illustre, il est pauvre et doit gagner sa vie.
À 25 ans, il entre au service de Khadija, une riche veuve de quinze ans son aînée, et l'épouse peu de temps après.

Empreinte de pied supposée appartenir au prophète Muhammad.

MUHAMMAD, DERNIER PROPHÈTE

Les musulmans pensent que Muhammad est le dernier d'une lignée de prophètes qui comprend aussi bien Noé, qu'Abraham, Moïse ou Jésus. Selon eux, Allah l'a chargé de convertir l'humanité tout entière à l'islam, seule vraie religion héritée d'Abraham.

POUR EN SAVOIR PLUS SUR :

Abraham, voir p. 114.

Apparition nocturne

Devenu caravanier, Muhammad voyage beaucoup. Mais il conserve sa vieille habitude de se retirer dans une grotte des environs de La Mecque pour méditer tranquillement. Une nuit, vers 610, l'ange Jibril (l'ange Gabriel des juifs et des chrétiens) apparaît et lui annonce qu'il a été choisi par Dieu pour recevoir Sa parole. Bouleversé, Muhammad rentre chez lui et raconte son aventure à sa femme. Khadija le rassure. Elle croit ce qu'il lui dit: elle sera son premier disciple.

Dialogues avec l'ange

D'après la tradition, quand l'ange Jibril se manifeste pour la première fois, il dit à Muhammad: « Iqra! » (« Récite! »), ce qui a donné le mot « Coran ». Puis il disparaît. Il reparaît trois ans plus tard pour répondre aux questions que Muhammad pose à Dieu. Les réponses divines sont transmises sous forme de versets. Elles seront fréquentes tant que Muhammad se trouve à La Mecque. Une fois à Médine, elles seront plus rares, mais plus longues. Le Prophète reçoit les dernières quelques jours avant sa mort, en 632.

Soumis à Dieu

Pendant vingt-trois ans, l'ange Jibril révèle à Muhammad, en arabe, les messages divins qui seront regroupés dans le Coran. Allah ordonne au Prophète de se soumettre (*mouslim*, qui donnera « musulman », veut dire « soumis » mais aussi « en paix »). Il exige aussi qu'il transmette Ses enseignements à l'humanité. Muhammad s'exécute. Il convertit sa famille ainsi que bon nombre de gens modestes. Mais les riches marchands de La Mecque, qui gagnent beaucoup d'argent avec les pèlerinages, n'apprécient guère les appels du Prophète à détruire les idoles et à n'adorer plus qu'un seul dieu…

Prophète et guerrier

Menacé de mort, Muhammad quitte La Mecque et émigre à Médine en 622. Le Prophète devient alors chef politique et organise la communauté des croyants (umma) qui grandit autour de lui. Il continue de prêcher, mais n'hésite pas à partir en guerre sainte (jihad) contre ses adversaires, notamment les Mecquois. En 628, ceux-ci finissent par reconnaître l'autorité politique de Muhammad. Deux ans plus tard, le Prophète guerrier entre dans La Mecque avec ses troupes et fait détruire toutes les idoles. Il ne reviendra dans la ville sainte que pour le pèlerinage de l'Adieu en mars 632. Tombé gravement malade, il meurt chez lui, à Médine, sans désigner de successeur (juin 632).

Muhammad et ses troupes partaient parfois en guerre pour faire triompher leur foi.

Les noms du Prophète

Muhammad signifie « celui qui est loué ». Il est dit aussi nabî (envoyé de Dieu, prophète) et rasûl (porteur d'une révélation divine écrite). Les musulmans l'appellent Sayyidunâ (Notre Seigneur) et le surnomment parfois le Bien-Aimé, l'Intercesseur, ou encore l'Annonciateur de la bonne nouvelle. Longtemps, les Européens ont déformé son nom et l'ont appelé Mahomet.

Le Coran

Les 99 noms d'Allah

Le nom d'Allah («Dieu» en arabe) est cité 2697 fois dans le Coran. Mais la tradition musulmane le désigne aussi sous 98 autres noms, dont «Seigneur», le «Très-Haut», le «Miséricordieux», l'«Unique», le «Vivant», la «Paix» ou encore l'«Inaccessible». Le musulman qui mémorisera ces 99 noms ira au paradis.

Le Coran est le livre le plus sacré des musulmans, car il contient les paroles que Dieu a révélées au Prophète. C'est sur ces paroles que reposent les principes fondamentaux de l'islam.

Les messages d'Allah

Le Coran, c'est la parole de Dieu devenue Livre. Quand Muhammad a reçu la première révélation, il s'est d'abord cru possédé par le démon. Rassuré par sa femme, il s'est mis à diffuser les paroles divines autour de lui. Les messages ont évolué avec le temps. Au tout début, ils exposaient la doctrine et les grands principes moraux de l'islam (Dieu est un et tout-puissant; Il récompensera les hommes selon leurs actions…). Mais à mesure que la communauté musulmane grandit, les révélations sont devenues plus «pratiques»: elles précisent les rites, l'organisation et la vie de la communauté.

6236 versets appris par cœur

Pour être sûr de les garder intactes, Muhammad a appris par cœur les révélations divines. Puis il les a dictées à 40 scribes, qui les ont transcrites sur des morceaux de parchemin, des tablettes de bois et même des omoplates de chameau. Peu après la mort du Prophète, ses compagnons ont regroupé et classé les textes du plus long au plus court pour les organiser en un livre: le Coran. Celui-ci est composé de 114 sections appelées «sourates», elles-mêmes divisées en 6236 versets, que certains musulmans apprennent par cœur dès l'enfance.

Les trois enseignements du Coran

Le Coran est la source qui inspire et réglemente la vie des musulmans sous tous ses aspects : religieux bien sûr, mais aussi sociaux, culturels, politiques et juridiques. Référence et autorité suprême, il s'organise autour de trois « vérités » :

- Dieu est unique, tout-puissant et créateur de toute chose.
- Dieu donne les Lois.
- Dieu récompensera chacun en fonction de ses actes le jour du Jugement dernier.

LES CROYANCES DES MUSULMANS

D'après le Coran, les musulmans doivent croire en :

- un Dieu unique ;
- les anges (Jibril, porteur des ordres divins ; Mikhail, qui surveille le monde…) ;
- les Livres révélés qui contiennent les Lois de Dieu (la Torah de Moïse, les Psaumes du roi David, l'Évangile de Jésus et le Coran de Muhammad) ;
- les prophètes chargés de porter la parole de Dieu (Adam, Noé, Abraham, Moïse, Jésus, Muhammad…) ;
- le Jour dernier : ce jour-là, le monde sera anéanti, mais Dieu ressuscitera les hommes et les jugera. Les justes iront au paradis, les méchants dans les flammes de l'enfer ;
- la Prédestination : l'homme est libre, mais tout ce qui arrive est connu et voulu de Dieu.

Dans le Coran, le paradis est décrit comme un jardin merveilleux réservé aux croyants les plus fidèles à Dieu.

La Sunna : le Coran mis en pratique

Le Coran exprime la volonté de Dieu. La Sunna (« règle de conduite ») en est une sorte d'application. Élaborée à partir des témoignages des compagnons du Prophète, eux-mêmes transmis par une chaîne de disciples, la Sunna désigne l'ensemble des paroles, des gestes, des habitudes et des décisions de Muhammad. Elle est constituée de traditions, appelées « hadiths », qui précisent ou complètent les lois du Coran en vue de leur mise en pratique.

AL-FATIHA

C'est la première sourate du Coran. Les musulmans pratiquants doivent la réciter 17 fois par jour !

1. Au nom de Dieu, le Clément, le Miséricordieux.
2. Louange à Dieu, seigneur des mondes.
3. Le Miséricordieux, plein de clémence.
4. L'arbitre du jour du Jugement.
5. Toi seul nous adorons, et c'est de Toi que nous implorons l'aide.
6. Dirige-nous dans le sentier du salut.
7. Dans le sentier de ceux que tu comblas de tes faveurs.
8. De ceux qui n'encourent jamais ta disgrâce et ne furent point des égarés.

Traduction de Mahmoud Moukhtar.

L'ARABE, LANGUE SACRÉE

Dieu s'est adressé à Muhammad en arabe. Voilà pourquoi le Coran doit être lu, transmis et récité en arabe, même par les musulmans qui parlent une autre langue. Si le Coran est traduit, il cesse d'être la parole de Dieu. Le Livre est d'ailleurs tellement saint que si un extrait est publié dans un livre ou un journal, les croyants n'ont pas le droit de le jeter.

La loi d'Allah

Crimes et châtiments

La charia prévoit que les musulmans soient punis en fonction de l'importance de leur faute. Elle est appliquée plus ou moins sévèrement selon les pays. Les châtiments vont du simple blâme à la peine de mort (pour le musulman qui renie Dieu), en passant par la mise en quarantaine, la flagellation (jusqu'à 20 coups de fouet pour un état d'ivresse), l'amputation de la main (pour les voleurs) ou la lapidation à mort pour les époux infidèles (dans certains pays, ce sont surtout les femmes qui en sont victimes).

Pour en savoir plus sur :

- La **prière**, voir p. 180-181.
- Le **ramadan**, voir p. 184-185.
- Le **pèlerinage**, voir p. 186-187.

Pour les musulmans, foi et loi sont intimement liées. Car être croyant, c'est suivre la parole de Dieu (le Coran) et imiter le comportement du Prophète (la Sunna). Autrement dit respecter la loi divine de l'islam, appelée « charia ».

La charia, un chemin à suivre

Le Coran et la Sunna sont les sources sacrées du droit musulman. Les lois qui en découlent ne peuvent donc pas être transgressées. Elles sont la « voie à suivre » des musulmans, autrement dit la charia (« chemin bien frayé »). Ceux qui les enfreignent sont punis et voués aux flammes. Ceux qui les respectent ont droit au paradis. Ces lois consistent en une série de commandements, d'interdits, de recommandations et de mises en garde qui s'appliquent à tous les domaines de la vie, y compris les relations familiales, sociales et commerciales.

Les cinq piliers de l'islam

La pratique de l'islam comporte des obligations religieuses (fard) dictées par Dieu et décrites dans le Coran. Tout bon musulman doit les observer scrupuleusement. Il s'agit des règles de pureté rituelle, du devoir de justice, de solidarité et de paix, ainsi que du respect des cinq piliers de l'islam :

1 – La profession de foi (chahada) : « J'atteste qu'il n'y a de Dieu que Dieu et que Muhammad est l'envoyé de Dieu. » Il suffit de prononcer cette formule devant deux musulmans pour se convertir à l'islam.

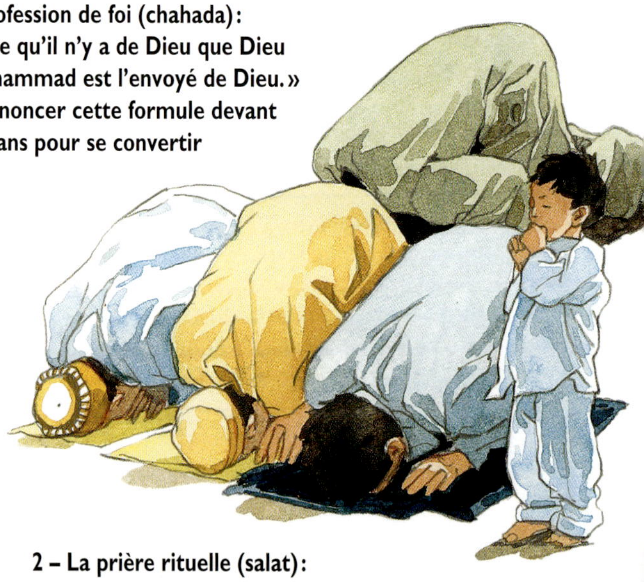

2 – La prière rituelle (salat) : elle doit être accomplie cinq fois par jour, en direction de La Mecque (qibla), après une toilette rituelle.

Qui fait respecter la loi ?

Le monde musulman n'a pas de chef religieux universel. Mais dans certains pays, il existe des gens chargés des affaires religieuses.

- **Le mufti** est celui qui détient l'autorité suprême en matière religieuse et de vie privée. Il se fonde sur le Coran et la Sunna pour rendre des avis (fatwa) sur des questions religieuses précises.
- **Le cadi** est un juge civil et religieux.
- **Les oulémas** sont des savants, experts dans les questions de droit islamique.
- **L'imam** n'a qu'un rôle consultatif : les croyants sont libres de suivre ou non son avis.

Selon les pays et les circonstances, les femmes vivent le voile comme une affirmation de leur foi ou comme une entrave à leur liberté.

Une égalité à géométrie variable

Selon le Coran, croyantes et croyants sont égaux devant Dieu: ils ont les mêmes obligations religieuses et le même droit au paradis. Mais sur terre, tout change aux yeux de ceux qui appliquent le Coran à la lettre. Par exemple, sous prétexte que la femme est «un être qui grandit parmi les colifichets et qui discute sans raison» (sourate 43, verset 18), le témoignage de la femme vaut la moitié de celui d'un homme. Pour le mariage, l'homme, au contraire de la femme, a le droit d'avoir plusieurs épouses, même non musulmanes, et peut demander le divorce.

Certains musulmans mangent de la viande abattue selon le rituel musulman (halal). Pour ce faire, le sacrificateur se tourne vers La Mecque et tue l'animal rapidement en disant «Au nom de Dieu, Dieu est le plus grand».

Les principaux interdits

La loi islamique condamne certaines pratiques, soit parce qu'elles sont interdites, soit parce qu'elles sont illégales. La faute la plus grave est le shirk (le fait d'associer une divinité à Dieu, autrement dit le polythéisme). Viennent ensuite le reniement de Dieu, le manque de respect envers les parents et les actes immoraux comme le meurtre, l'adultère, le vol ou l'injustice. Les musulmans n'ont pas le droit de mentir, de médire, de faire des faux témoignages ou de jouer aux jeux de hasard. Il leur est également interdit de manger du porc.

Le jihad, un mot à double tranchant

À l'origine, le mot jihad signifie «effort». Il s'agit de l'effort que tout musulman doit faire pour se rapprocher de Dieu. La tradition musulmane distingue le grand jihad (travail à faire pour se purifier et éviter le péché) du petit jihad, que l'on traduit souvent par «guerre sainte»: c'est la lutte que les musulmans doivent mener pour se défendre ou obtenir le droit d'exercer librement leur culte. Contrairement à ce que l'on entend dire parfois, le jihad n'est pas un pilier de l'islam.

3 - L'aumône légale du ramadan (zakat): c'est une sorte d'impôt religieux qui est redistribué aux pauvres.

4 – Durant le mois de ramadan, les musulmans ne doivent ni manger, ni boire, ni fumer et ni avoir des relations sexuelles de l'aube jusqu'au soir. Le jeûne (sawm) est rompu dès que le soleil se couche.

5 – Le pèlerinage (hajj): tout musulman doit se rendre une fois dans sa vie en pèlerinage à La Mecque.

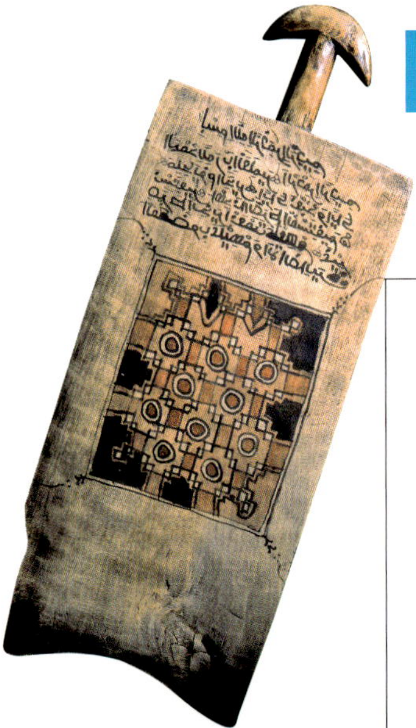

Tablette de bois servant à l'étude du Coran en Afrique.

La mosquée et l'école coranique

La mosquée est l'endroit où les musulmans se rencontrent, méditent et se réunissent pour la prière du vendredi. À l'intérieur ou à côté, il est fréquent de trouver une école coranique, où les fidèles reçoivent un enseignement religieux.

La maison de Muhammad

Les mosquées sont construites sur le modèle de la maison de Muhammad. Comme la plupart des maisons arabes traditionnelles, la demeure du Prophète s'organisait autour d'une cour sur laquelle s'ouvraient toutes les pièces. La Tradition raconte que Muhammad y avait aménagé un espace de prière sur le côté, en direction de La Mecque.

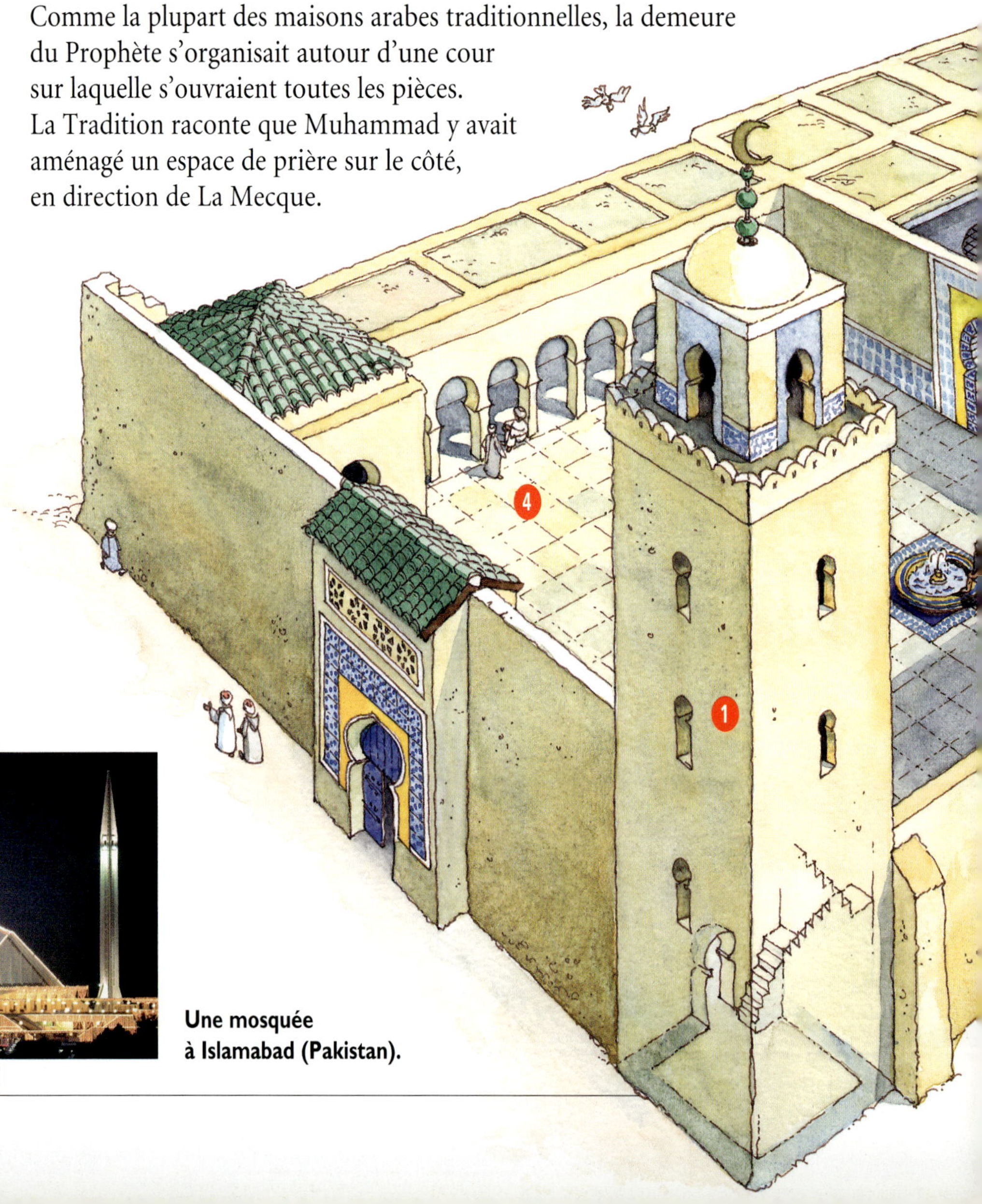

Un plan unique, des profils différents

Toutes les mosquées ont la même structure. Mais, chaque pays, chaque culture a développé son propre style. Certaines mosquées, comme celle de Kairouan, en Tunisie, sont très sobres, alors que d'autres, comme la mosquée du Shah à Ispahan, sont de véritables bijoux d'architecture et de décoration.

Une mosquée à Islamabad (Pakistan).

Le savoir au cœur de l'islam

Pour les musulmans, la quête du savoir est une obligation religieuse au même titre que la prière ou le jeûne. Voilà pourquoi les mosquées accueillent souvent des écoles coraniques appelées madrasa, où les jeunes étudient le Coran et les matières religieuses. Ces écoles sont animées par des imams, des cheikhs (sages) ou des oulémas (docteurs de la loi).

Dès 7 ans, les enfants apprennent le Coran dans une école appelée kuttab.

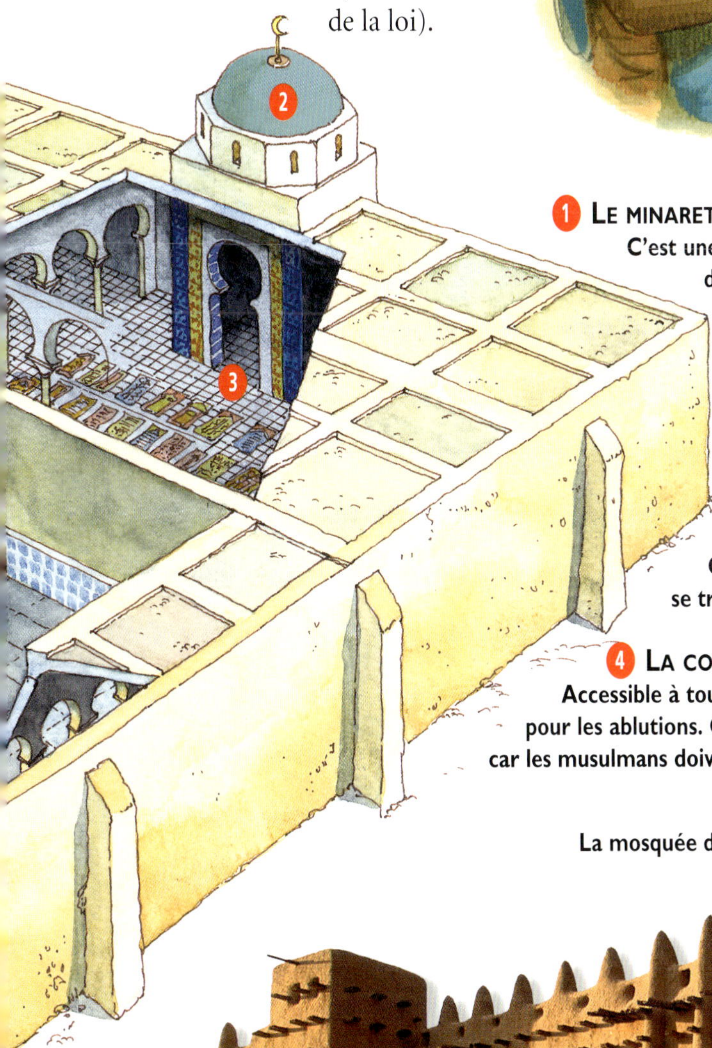

1 LE MINARET
C'est une tour surmontée du croissant de l'islam, d'où le muezzin lance l'adhan, l'appel des fidèles à la prière. Aujourd'hui, la plupart des muezzins sont remplacés par des magnétophones et de puissants haut-parleurs.

2 LA COUPOLE
Le toit des mosquées est souvent en forme de coupole et richement orné.

3 LA SALLE DE PRIÈRE
C'est le cœur de la mosquée. Au milieu de l'un des murs se trouve le mirhab, qui indique la direction de La Mecque.

4 LA COUR
Accessible à tous, la cour comporte souvent une fontaine pour les ablutions. C'est un endroit très important, car les musulmans doivent être purs de cœur et de corps avant d'aller prier.

La mosquée de Djenné, au Mali.

La prière du vendredi

Les murs de la mosquée sont ornés des citations du Coran calligraphiées. Le bleu turquoise est la couleur réservée à la communauté religieuse et à la décoration des mosquées.

Le vendredi est un jour sacré pour les musulmans. À midi, l'appel du muezzin indique aux croyants qu'ils doivent se réunir à la mosquée pour célébrer zuhr, l'office du milieu du jour. Tout s'arrête : c'est le temps de la prière communautaire.

2 Les fidèles

Les fidèles installés sur des nattes et des tapis sont vêtus de vêtements amples, qui facilitent les ablutions et permettent de faire les gestes de la prière. Nombreux sont ceux qui, comme le Prophète, portent la barbe en signe de piété.

Pas d'images dans les mosquées

On ne voit presque jamais de statues, de fresques ou de peintures représentant des êtres vivants dans les mosquées, car l'islam condamne les « façonneurs d'images ». Seul Dieu a le pouvoir de créer des êtres vivants.

3 Le mihrab

Cette petite niche creusée dans le mur indique la kibla, la direction de La Mecque.

4 Le minbar

Souvent sculpté dans un bois précieux, le minbar permet à l'imam de prêcher en étant vu de tous les fidèles.

1 L'imam

Imam veut dire «celui qui est devant». L'iman se tient donc devant pour diriger la prière. Il prononce d'abord la khotba (le sermon), puis se place devant le mihrab pour diriger la prière. Après la prière, il lit des passages du Coran.

5 Le Coran

Des exemplaires du Coran sont posés sur des petits meubles faits de planches entrecroisées. Certains d'entre eux sont recouverts d'un cuir vert, couleur du drapeau de l'islam.

Une religion sans clergé

L'islam n'a pas de clergé: le croyant est seul face à Dieu. L'imam ne peut pas jouer le rôle d'intermédiaire: ce n'est pas un prêtre. Choisi par l'assemblée des croyants ou désigné par les autorités dans les pays islamiques, l'imam s'occupe de la mosquée et dirige la prière. Comme il est reconnu pour son savoir, il guide aussi la communauté dans les questions religieuses.

Un jour à part

Dans la plupart des pays musulmans, le vendredi est le jour de repos hebdomadaire. La Tradition musulmane le présente comme le meilleur de la semaine: c'est celui où Dieu aurait créé Adam, l'aurait fait entrer au paradis et l'en aurait chassé. Les musulmans croient que l'invocation du Prophète ce jour-là est particulièrement bénéfique et qu'un vœu formulé la dernière heure de ce jour a de forte chance d'être exaucé.

Le rituel de la prière

Le rituel de la prière se pratique aussi bien à la mosquée qu'en privé lors des cinq prières quotidiennes. Il s'accompagne de deux cycles de prosternation (rak'a) ou plus, selon les prières. Voici comment se déroule un cycle:

1 Pour entrer en prière, le fidèle se tourne vers La Mecque et se tient debout sur son tapis de prière. Les mains ouvertes à hauteur des oreilles, il proclame: «Allâhou Akbar!» («Dieu est le plus grand!») et prononce la Fatiha (première sourate du Coran). Puis il récite des passages du Coran.

2 Le fidèle incline son buste en faisant glisser ses mains le long des cuisses jusqu'aux genoux (roukou') et prononce trois fois «Allâhou Akbar!»

3 Il remonte (qiyâm) en prononçant la formule: «Que Dieu entende celui qui chante ses louanges. Dieu notre seigneur, à Toi la gloire.»

4 Il fait le soujoud. Il se prosterne deux fois en touchant le sol de son nez et de son front, se redresse pour faire la prière silencieuse (joulous), se prosterne à nouveau et enfin se relève en répétant «Allâhou Akbar!»

5 À la fin de la prière, le fidèle salue: c'est le taslim. Il tourne la tête à droite, puis à gauche, en disant: «Que la paix et la miséricorde de Dieu vous accompagnent!»

Les grands rendez-vous de la vie

L'islam célèbre les grands événements de la vie (naissance, mariage, mort…) avec des rituels précis. Le calendrier musulman comporte aussi des fêtes, qui commémorent le sacrifice d'Abraham et certains épisodes de la vie du Prophète.

Musulman de naissance

Les enfants nés de parents musulmans sont musulmans. Il est d'usage de réciter des extraits du Coran dans l'oreille droite du bébé ou de sacrifier une chèvre ou un mouton et de faire la fête sept jours après sa naissance. Certains musulmans rasent la tête de l'enfant, pèsent les cheveux et donnent en aumône une quantité d'argent équivalente au poids des cheveux.

Un mariage musulman.

Le mariage

Pour les musulmans, se marier est un devoir. Le mariage n'est valable que si les fiancés échangent leur consentement devant deux témoins musulmans, masculins et pubères. L'époux doit verser à sa femme un don nuptial. Selon la Tradition, les hommes peuvent se marier avec qui ils veulent et avoir jusqu'à quatre épouses, alors que les femmes n'ont le droit d'épouser qu'un seul homme musulman. Dans certains pays, elles doivent aussi obtenir le consentement de leur wali (tuteur matrimonial).

La circoncision

La circoncision n'est pas une obligation religieuse, mais la plupart des musulmans sont circoncis. Elle se pratique entre 2 et 4 ans, à 7 ans, ou encore à la puberté dans certains pays d'Afrique.

Mourir en regardant La Mecque

Quand il sent sa fin approcher, le musulman doit se tourner vers La Mecque et dire « Il n'y a de Dieu que Dieu et Muhammad est son Prophète » en levant l'index de la main droite. S'il ne peut pas le faire, un croyant doit lui tenir le doigt et dire la formule à sa place. Une fois mort, le corps est lavé trois fois et enveloppé dans des linceuls blancs. Puis il est transporté au cimetière et posé devant la tombe, en direction de La Mecque. L'imam guide alors la prière funèbre. Le défunt est ensuite mis en terre, couché sur le côté droit, la tête orientée vers La Mecque.

L'Aïd el-Kebir, la fête du sacrifice

C'est la plus grande fête des musulmans.
L'Aïd el-Kebir (ou Aïd el-Adha) commémore l'alliance d'Abraham avec Dieu. Les musulmans la célèbrent le 10 du mois de dou l-hijja (le dernier mois de l'année). Après la prière, les musulmans qui en ont les moyens sacrifient un mouton, un chameau ou une chèvre, mais ce geste n'est pas obligatoire.

Achoura : jour de deuil ou de carnaval ?

Le 10 muharram, les musulmans commémorent l'assassinat de Hussein, deuxième fils d'Ali (le cousin du Prophète). C'est un grand jour de deuil et de tristesse dans l'islam chiite, mais une sorte de carnaval dans certains pays sunnites. Au Maghreb, durant la première nuit de la fête, les enfants reçoivent des cadeaux. Ils sortent dans les rues, allument des grands feux et jouent de la musique. Le lendemain, c'est zem-zem : les enfants arrosent les passants avec des bouteilles ou des pistolets à eau.

Les caprices de la lune

Le calendrier musulman fonctionne sur un cycle de douze mois lunaires, qui fait alterner les mois de 29 et de 30 jours. Les mois ne reviennent donc pas chaque année à date fixe et les fêtes sont célébrées avec onze jours de décalage sur l'année précédente. De plus, les musulmans comptent les années à partir du moment où Muhammad quitte La Mecque pour Médine. Ce départ, *hijira* en arabe, donnera le mot « hégire », qui désigne le début de l'ère musulmane (24 septembre 622 de l'ère chrétienne).

Pour en savoir plus sur :
- l'**Aïd el-Kebir**, voir p. 187
- les **sunnites** et les **chiites**, voir p. 188-189

Lailat al-Barah

Deux semaines avant le ramadan, certains musulmans fêtent Lailat al-Barah, qui correspond à la nuit du Pardon chez les juifs. Ils se préparent pour le ramadan en récitant des prières et en demandant à Dieu directives et pardon.

L'ascension nocturne de Muhammad.

Les fêtes du Prophète

Tout au long de l'année, les musulmans qui le souhaitent peuvent célébrer certains épisodes de la vie du Prophète. Le 12 rabi al-awal, c'est son anniversaire : Maoulid al-Nabi (mouloud). Le 1er muharram, le jour de l'an, est celui où le prophète a émigré à Médine : c'est le début de l'hégire. Le 26 rajab, certains fidèles célèbrent mi'raj, l'ascension nocturne que Muhammad a faite pour rencontrer Dieu, alors qu'il était en voyage à Jérusalem. Dans la nuit du 26 au 27 ramadhan, tout le monde fête la nuit du Destin, où Muhammad reçut pour la première fois la parole de Dieu.

Le ramadan

Quatrième pilier de l'islam, le jeûne (sawm) du ramadan se pratique le neuvième mois de l'année musulmane (ramadan). Pendant 29 ou 30 jours, les musulmans ne doivent ni boire, ni manger, ni fumer depuis l'aube jusqu'au coucher du soleil.

Le mois de la Révélation

Le mois du ramadan commémore les révélations de Dieu au prophète Muhammad. Pendant un mois, l'ensemble de la communauté (umma) se met à l'épreuve : elle s'engage à pratiquer l'abstinence et à intensifier sa relation avec Dieu. Même s'ils continuent de travailler, les musulmans témoignent d'une grande piété. Ils passent beaucoup de temps à méditer, à lire et à étudier le Coran. Selon certains, Dieu récompenserait ces efforts en accordant plus de grâces divines.

Un rendez-vous mobile

À l'origine, le ramadan était le « mois de la grande chaleur ». Mais comme le calendrier musulman suit le cycle de la lune, sa date se décale : il peut donc se dérouler aussi bien en été qu'en hiver. Le début du jeûne est calculé par des religieux et des astronomes. Autrefois signalé par un coup de canon, il est aujourd'hui annoncé par la radio et la télévision.

Les enfants et le ramadam

Les enfants ne font le ramadan que lorsqu'ils sont assez robustes pour le supporter. Ils commencent par une demi-journée, puis augmentent progressivement le nombre de jours de jeûne.

Pourquoi faire le ramadan?

Le jeûne est l'une des cinq obligations rituelles auxquelles doit se plier tout musulman ayant atteint l'âge de la puberté. Qu'il soit homme ou femme, chaque fidèle doit observer un jeûne complet depuis l'aube jusqu'au coucher du soleil (sourate 2 du Coran): il doit s'abstenir de boire, de manger, de fumer ou d'avoir des relations sexuelles. Seuls les voyageurs, les malades, les femmes enceintes et les personnes âgées peuvent le différer ou le compenser par des dons aux pauvres. Pour les musulmans, le jeûne est l'occasion de montrer qu'ils sont solidaires du sort des plus pauvres et capables de supporter les épreuves de la vie.

Durant les nuits du mois de ramadan, les musulmans jouent souvent de la musique, dansent et font la fête.

L'Aïd al-Fitr, une invitation à «dé-jeûner»

À la fin du ramadan, les musulmans célèbrent l'Aïd al-Fitr. Le matin, les fidèles se réunissent pour une prière puis vont visiter leurs proches pour échanger des vœux. À midi, ils se retrouvent pour un grand festin. Les enfants reçoivent des cadeaux et de l'argent. Lors de l'Aïd al-Fitr, les musulmans acquittent aussi la zakat al-Fitr, une aumône religieuse qui sera reversée à ceux qui en ont besoin.

Jeûne à gogo

Le ramadan n'est pas la seule occasion de jeûner. Il y a aussi des musulmans qui pratiquent des jeûnes périodiques certains jours de la semaine (le lundi et le jeudi) ou à certains moments de l'année, notamment pour obtenir le pardon de leurs péchés.

Préparatifs pour la rupture du jeûne, à la tombée de la nuit.

La nuit du Destin

C'est au cours de la 27e nuit du ramadan, nuit du Destin, que le Coran aurait été révélé à Muhammad. Dans la sourate 97, il est dit: «Nous avons fait descendre (le Coran) durant la nuit du Destin. (…) La nuit du Destin vaut mieux que mille mois. Les Anges et l'Esprit y descendent avec la permission de leur Seigneur, pour tout ordre.» Les musulmans les plus pieux passent cette nuit à la mosquée à réciter le Coran en entier.

Le hajj

La grande mosquée de la Mecque.

Cinquième pilier de l'islam, le hajj est le grand pèlerinage des musulmans. Près de trois millions de fidèles venus du monde entier se rendent ainsi à La Mecque chaque année. Ils accomplissent des rituels précis, établis par le prophète Muhammad.

Les préparatifs

Pour faire le pèlerinage, il faut être pubère, sain de corps et d'esprit et en avoir les moyens financiers. Le pèlerin doit arriver à La Mecque avant le 8 du mois de dou l-hijja. Une fois sur place, il doit se mettre en état de pureté rituelle. Il commence par se débarrasser de ses vêtements et se purifier en se lavant soigneusement tout le corps. Une fois ses ablutions faites, il revêt l'ihram, vêtement constitué de 2 pièces d'étoffe de coton blanc. Puis il chausse des sandales et garde la tête nue. Il prononce alors la talbiya, prière commençant par: «Me voici mon Dieu, me voici!»

1 La marche autour du temple (tawaf)

Une fois en état de pureté rituelle, les pèlerins entrent dans la Mosquée sacrée de La Mecque. Ils doivent toucher la Pierre noire qui se trouve à l'intérieur de la Ka'ba, un temple sacré en forme de cube, recouvert d'un tissu noir. Ensuite les pèlerins font sept fois le tour de la Ka'ba, trois fois rapidement, quatre fois lentement: c'est le tawaf. Ils devront revenir faire un tawaf d'adieu à la fin de leur pèlerinage.

2 La course angoissée d'Agar (say)

Les pèlerins doivent courir sept fois les 400 m qui séparent les rochers sacrés de Safa et de Maroua. Ils reproduisent ainsi la course d'Agar, l'épouse d'Abraham, qui cherchait désespérément de l'eau pour son enfant, Ismaël. Dieu la sauva en faisant surgir la source de Zemzem. Après cette course, les pèlerins boivent l'eau de Zemzem.

Pourquoi La Mecque?

Selon la Tradition musulmane, La Mecque représente l'axe du monde. Adam y aurait séjourné après sa chute du paradis et construit le premier temple de l'humanité. La Tradition affirme aussi qu'Abraham y a retrouvé sa femme Agar ainsi que son fils Ismaël, considéré par les musulmans comme l'ancêtre des Arabes. C'est lui qui aurait construit la Ka'ba. La Mecque est également la ville natale du prophète Muhammad.

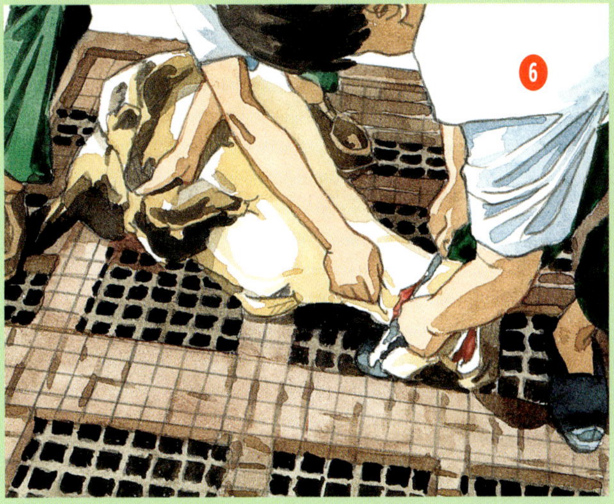

6 LA FÊTE DU SACRIFICE (AÏD EL-KEBIR)

Rassemblés à Mina, les pèlerins font le sacrifice (nahr) d'un animal, en souvenir du geste qu'aurait fait Abraham en ce lieu, selon la Tradition musulmane. L'animal peut être un chameau, un bœuf, une chèvre ou un agneau.
Mais rien ne vaut, paraît-il, un bélier d'un an, bien cornu et bien blanc… Après le sacrifice, les pèlerins retournent à La Mecque pour le tawaf d'adieu.

5 LA LAPIDATION DE SATAN

Sur le chemin du retour, les pèlerins ramassent 49 petits cailloux pour lapider Satan (le diable), symbolisé par trois stèles. C'est une manière de chasser le mal et de revenir plus pur du pèlerinage.

UN RITE INAUGURÉ PAR MUHAMMAD

« Exhorte les hommes au hajj » Coran, sourate 22, verset 27. Obéissant à l'ordre de Dieu, le prophète Muhammad a lui-même inauguré le rituel du pèlerinage (hajj) en se rendant à La Mecque le douzième mois de l'an X de l'hégire (mars 632) : c'est le « pèlerinage de l'Adieu ». Depuis, des générations de musulmans, hommes et femmes, ont suivi l'exemple de Muhammad et répété scrupuleusement ses gestes.

4 LE PARDON DIVIN (WOUKOUF)

Les pèlerins commencent le woukouf à midi. Ils vont vivre le moment le plus important du pèlerinage : recevoir le pardon de Dieu en restant debout jusqu'au coucher du soleil. La Tradition raconte que c'est là, au pied du mont de la Miséricorde, que le Prophète s'adressa aux fidèles lors du pèlerinage de l'Adieu.

3 CAMPING À MINA

Ces premiers rituels accomplis, les pèlerins partent camper à Mina, à 7 km de La Mecque. Le lendemain matin, ils marchent vers la colline d'Arafat, distante de 12 km.

Les branches de l'islam

Quelque temps après la mort du Prophète, la Communauté des croyants s'est divisée en trois grandes branches : le sunnisme, le chiisme et le kharijisme. Tout en partageant les mêmes croyances, ces trois courants ont développé une organisation religieuse différente.

La mosquée du Prophète, à Médine.

Une succession difficile

À sa mort, en 632, le prophète Muhammad n'a pas désigné de successeur. Les musulmans doivent choisir un khalifa (calife, successeur) pour diriger la Communauté des croyants. Une majorité d'entre eux élit Abou Bakr, le fidèle compagnon de Muhammad. Deux ans plus tard, Abou Bakr est remplacé par Omar puis par Othman, qui meurent tous deux assassinés. Ali, cousin et gendre du Prophète, devient quatrième calife. Mais certains l'accusent d'avoir éliminé Othman. Il sera assassiné à son tour en 661. Un conflit se déclenche, qui va diviser la Communauté en trois branches : les sunnites, les chiites et les kharijites.

LE SAIS-TU ?
Aujourd'hui, l'Indonésie est le premier pays musulman au monde, avec plus de 170 millions de fidèles. Pratiqué par près de 90 % de la population, l'islam y a été introduit par les marchands arabes et, selon la tradition, par neuf « Envoyés d'Allah », appelés Wali Songo.

Les sunnites

Les sunnites représentent aujourd'hui la grande majorité des musulmans. Ils ne reconnaissent qu'une autorité : la Tradition du Prophète et de ses compagnons (al-Sunna). D'où le nom de sunnite. Les sunnites ont longtemps été gouvernés par un calife, choisi pour ses qualités. Mais ce système a été supprimé en 1924. Depuis, les pays musulmans sunnites ont chacun leur système politique. Certains, comme l'Arabie Saoudite ou le Soudan, sont des États qui s'appuient sur le Coran pour gouverner. D'autres, comme la Turquie ou le Sénégal, sont des États laïcs : le gouvernement est indépendant de toute croyance religieuse.

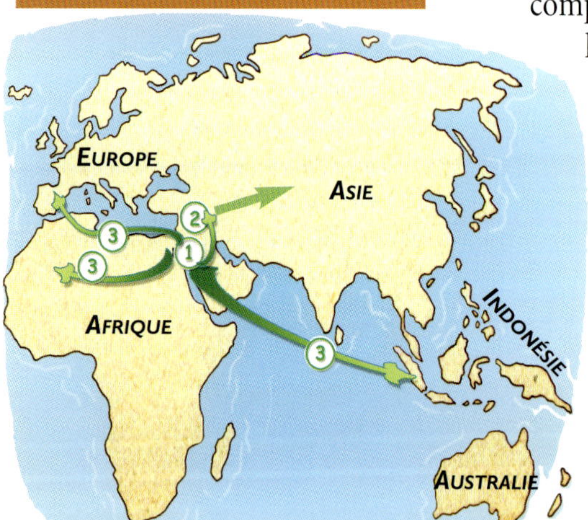

Si l'islam est né en Arabie 1, tous les musulmans ne sont pas forcément arabes. Initiées par Muhammad, les conquêtes de l'islam se sont peu à peu étendues : d'abord vers le Moyen-Orient 2, puis, vers le reste du monde 3. Aujourd'hui, la majorité des musulmans vivent en Asie.

Les soufis, des chercheurs de Dieu

Voulant imiter Muhammad, de grands maîtres spirituels ont cherché les moyens d'élever leur âme pour s'approcher de Dieu. Dès le VIIIe siècle, ils ont mis au point des techniques et des exercices, comme l'ascèse (privation et renoncement aux plaisirs de la vie), le dhikr (prière collective), la méditation, la musique ou encore la danse. Ces méthodes mystiques sont enseignées aux adeptes, les soufis, qui se rassemblent dans des confréries autour d'un maître. L'une des plus connues est la confrérie turque des derviches tourneurs.

En tournant sur eux-mêmes, les derviches tourneurs reproduisent le mouvement des planètes du système solaire et entrent en harmonie avec le cosmos... et donc avec Dieu.

Les kharijites

Établis surtout en Algérie, en Tunisie, en Libye et dans le sultanat d'Oman, les kharijites ne représentent qu'une toute petite partie de la Communauté musulmane (1 %). Ils accordent une grande importance aux actions de l'homme et au respect rigoureux du Coran. Ils condamnent le luxe et exigent que l'on soit d'une très grande pureté avant de faire la prière.

Muhammad et sa famille : son gendre Ali, sa fille Fatima et ses petits-fils.

Les chiites

Présents en Iran, au Yémen, en Syrie et au Liban, très minoritaires ailleurs, les chiites considèrent qu'Ali et ses descendants (les imams) sont les seuls successeurs légitimes de Muhammad. S'ils partagent presque les mêmes croyances que les sunnites, les chiites ont une organisation différente : ils ont un clergé constitué de mollah, les religieux, et de mojtahed, des spécialistes du droit religieux qui peuvent prononcer des sentences sur des questions précises (fatwa).

Islamisme et intégrisme

L'islamisme est un courant de pensée politique conservateur, qui prône l'islamisation de la société par l'application stricte de la charia (la loi islamique). L'intégrisme est une attitude de croyant qui, quelle que soit sa religion, revendique une application à la lettre des textes fondateurs et refuse toute évolution. Il peut donc y avoir des intégristes musulmans, chrétiens, juifs ou hindous...

Les fous d'Allah

Fondé en Égypte en 1928, le mouvement des Frères musulmans dénonce l'influence des Européens sur les musulmans et cherche à revenir à un islam « pur ». Ce mouvement en inspire d'autres. Leur but est de combattre l'Occident et de prendre le pouvoir pour réislamiser la société, comme l'a fait l'ayatollah Khomeyni en Iran en 1979. Certains vont même jusqu'à recommander la lutte armée. C'est le cas du Groupe islamique armé (Algérie) ou du réseau Al-Qaïda d'Oussama Ben Laden.

Jérusalem, la cité trois fois sainte

Jérusalem est un lieu sacré pour tous les enfants d'Abraham, qu'ils soient juifs, chrétiens ou musulmans. C'est là que se trouvent les vestiges de leur histoire sainte : un mur du Temple de Salomon, le tombeau du Christ et le Dôme du Rocher, d'où Muhammad s'est élevé jusqu'à Dieu.

Le statut de Jérusalem

Liée aux vicissitudes de l'histoire du Proche-Orient, la situation politique de Jérusalem est particulièrement complexe. Depuis la guerre des Six Jours, en 1967, Jérusalem est contrôlée par les Israéliens qui l'ont proclamée « capitale éternelle de l'État d'Israël », un statut non reconnu par la communauté internationale. Dans le même temps, Jérusalem est revendiquée par les Palestiniens qui souhaitent en faire la capitale d'un futur État palestinien.

Plan de la vieille ville de Jérusalem

8 La via Dolorosa
Ce parcours retrace le Chemin de Croix suivi par le Christ avant sa crucifixion. Il commence au niveau du couvent de la Flagellation et traverse le quartier musulman pour arriver au site du Calvaire (Golgotha).

9 Le Saint-Sépulcre
Ce sanctuaire chrétien est établi sur le mont Golgotha, à l'endroit où le Christ a été crucifié et enterré. À l'intérieur, les différentes chapelles sont décorées selon les coutumes et les rites de chacune des communautés chrétiennes.

5 000 ans d'histoire

Fondée en 3 000 av. J.-C. à l'endroit où la tradition situe le sacrifice d'Abraham, Jérusalem a d'abord fait partie du pays de Canaan, la « Terre promise ». Après l'avoir conquise, les Hébreux la choisirent pour capitale. Vers 950 av. J.-C., le roi Salomon, y construisit un Temple afin d'abriter les Tables de la Loi. Près de mille ans plus tard, Jésus chassa les marchands du Temple et prédit sa destruction. Quand il revint à Jérusalem, ce fut pour vivre la « Passion », le supplice qui le conduisit à la mort (probablement en l'an 33). Six siècles après, le prophète Muhammad voyagea de La Mecque à Jérusalem, d'où il monta voir Dieu.

L'an prochain à Jérusalem

Jérusalem est la ville sainte dont les juifs de la diaspora espèrent la reconstruction dans toutes les prières. Cet espoir, conjugué à celui du retour, est exprimé dans une formule souvent prononcée : « L'an prochain à Jérusalem ».

7 LES REMPARTS
Construits par Soliman le Magnifique au XVIe siècle, les remparts font le tour de la vieille ville.

6 L'ÉGLISE SAINTE-ANNE
Elle aurait été construite sur le lieu de naissance de la Vierge Marie.

5 À L'EST DE LA VILLE, LE MONT DES OLIVIERS
On y trouve le plus ancien cimetière juif du monde. Les Évangiles racontent que Jésus se rendait souvent sur cette colline avec ses disciples. C'est là qu'il passa sa dernière nuit avant d'être arrêté par les Romains.

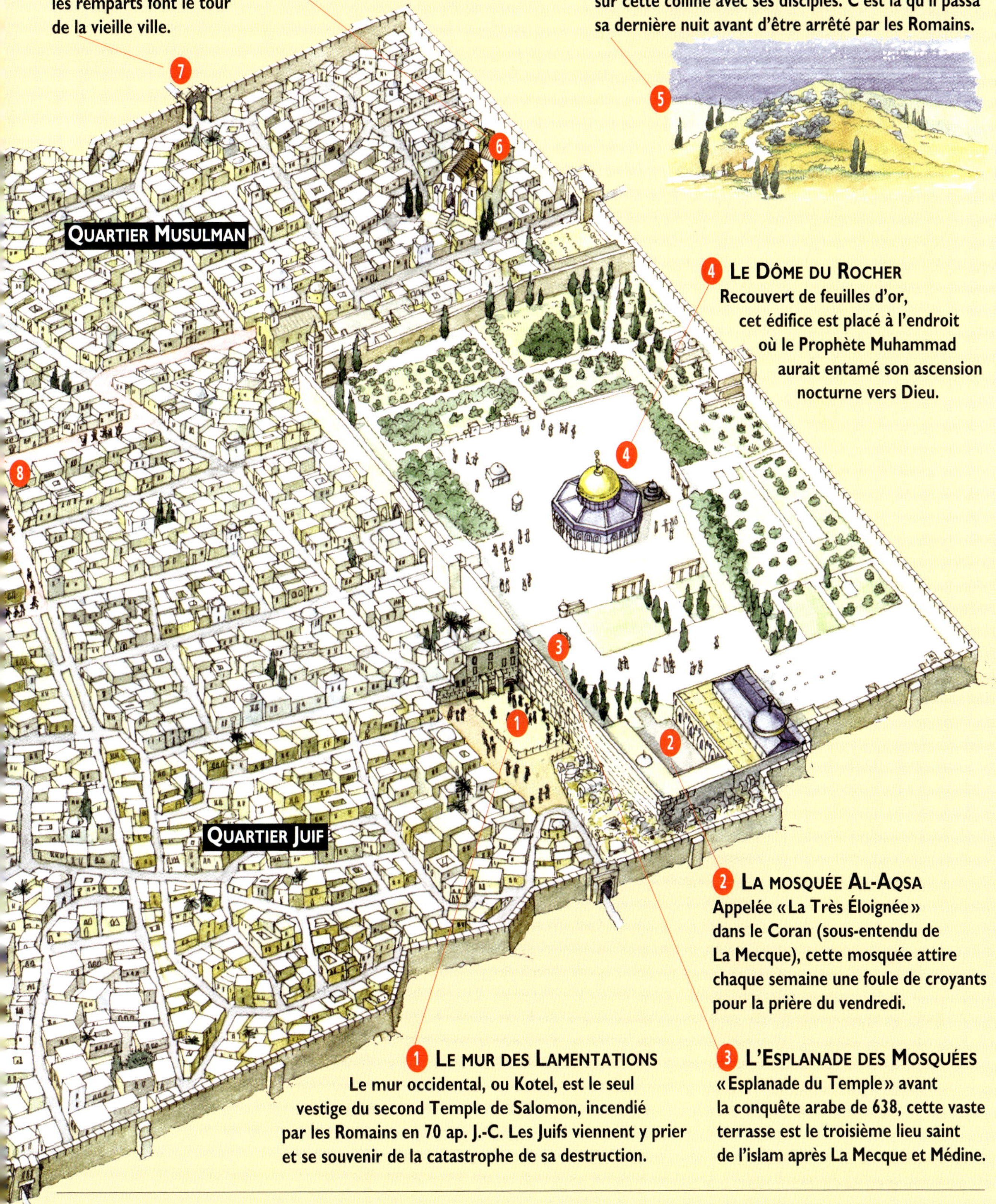

4 LE DÔME DU ROCHER
Recouvert de feuilles d'or, cet édifice est placé à l'endroit où le Prophète Muhammad aurait entamé son ascension nocturne vers Dieu.

2 LA MOSQUÉE AL-AQSA
Appelée « La Très Éloignée » dans le Coran (sous-entendu de La Mecque), cette mosquée attire chaque semaine une foule de croyants pour la prière du vendredi.

1 LE MUR DES LAMENTATIONS
Le mur occidental, ou Kotel, est le seul vestige du second Temple de Salomon, incendié par les Romains en 70 ap. J.-C. Les Juifs viennent y prier et se souvenir de la catastrophe de sa destruction.

3 L'ESPLANADE DES MOSQUÉES
« Esplanade du Temple » avant la conquête arabe de 638, cette vaste terrasse est le troisième lieu saint de l'islam après La Mecque et Médine.

Les religions d'Asie

Qu'ils vénèrent une multitude de dieux, comme les hindous, ou bien un sage, comme les bouddhistes, de nombreux peuples d'Asie croient en la réincarnation. Les hommes pensent qu'une fois morts, ils renaîtront sous une autre forme, celle d'une plante, d'un être humain ou d'un animal. À moins, qu'à force de sagesse, ils ne parviennent à se libérer du cycle des réincarnations…

L'hindouisme, « religion éternelle »

L'hindouisme est la principale religion de l'Inde et une des plus anciennes du monde. Les hindous l'appellent « Sanâtana-Dharma », la religion éternelle. Pour en comprendre le mécanisme, il faut se familiariser avec quatre notions clés : samsâra, moksha, karma et dharma.

Brahmane, adepte de Shiva, priant sur les rives du Gange.

Samsâra, la loi des réincarnations

Les hindous croient en la réincarnation. Selon eux, chaque être possède un principe spirituel, supérieur et éternel appelé « âtman ». Lorsqu'il meurt, cette « âme » quitte la dépouille du défunt et se réincarne dans un autre corps, humain, animal ou végétal. La vie est donc une succession de cycles et la mort n'est qu'un passage.

Le lotus, comme la roue, est un symbole de l'hindouisme.

Moksha, la délivrance

Pour les hindous, le but suprême de l'existence est d'en finir avec la loi des réincarnations et d'atteindre la délivrance, appelée « moksha ». Selon eux, lorsque l'âtman cesse de se réincarner, il devient libre et peut se fondre dans le Brahman, l'énergie spirituelle qui imprègne tout l'univers.

Pièces détachées

Un texte sacré, le Rig-Veda, raconte la naissance des hommes : au commencement du monde, il y avait **Purusha**.
Un jour, les dieux s'en prirent à lui et le mirent en pièces. Avec sa bouche, ils firent les prêtres (Brahmana). Avec ses bras, ils créèrent les rois, les princes et les guerriers (Ksatriya). De ses cuisses, ils firent les paysans, les artisans et les commerçants (Vaisya). Avec ses pieds, ils façonnèrent les serviteurs (Sudra). Cette légende justifie la nécessaire coopération entre les castes, qui représentent les parties d'un seul et même corps.

Varna, le système des castes

Traditionnellement, la population indienne se divise en quatre castes hiérarchisées. Au sommet, au plus près de moksha, se trouve la caste des brahmanes. Elle s'occupe des affaires religieuses. La deuxième caste réunit les rois, les princes et les guerriers. Elle se charge du maintien de l'ordre. La troisième caste rassemble les paysans, les artisans et les commerçants. Elle détient le pouvoir économique. La quatrième caste est celle des serviteurs. Toutefois, de nombreux Indiens n'appartiennent à aucune de ces castes : ce sont les Dalits (intouchables). Rejetés par les autres castes, ils vivent dans la misère et exercent des métiers dits « impurs » (égoutiers, tanneurs, fossoyeurs...). Officiellement, le système des castes a été supprimé en 1949, mais il continue d'influencer les mentalités.

Vishnu et son épouse Lakshmi, portés par le serpent Ananta, naviguent sur les eaux cosmiques.

Karma, le poids des actes

Les hindous pensent qu'une force invisible, le karma, commande le destin des hommes. Le karma est déterminé selon les actes : les bonnes actions améliorent le karma et donnent droit à une bonne réincarnation (dans une caste supérieure). Les mauvaises actions engendrent un karma négatif, qui conduit à se réincarner dans une caste de bas étage, voire en animal ou en plante ! Voilà pourquoi les hindous essaient de mener une vie vertueuse, riche en bonnes actions.

Dharma, l'ordre naturel des choses

Dans l'hindouisme, l'univers est soumis à une loi générale appelée « dharma ». Cette loi qui maintient l'équilibre du monde régit l'ordre naturel des choses ainsi que tous les aspects de la vie humaine : la religion, la société, la famille… Se conformer au dharma est très important si l'on veut améliorer son karma. Au quotidien, cela se traduit par le respect d'un certain nombre de règles : accepter sa caste, aimer sa famille, aider ses voisins, dire la vérité…

Un univers cyclique

Dans la pensée hindoue, le monde est éternel. Composé de périodes successives (appelées « cycles cosmiques » ou « kalpa »), il se renouvelle en permanence. Chaque kalpa connaît un début (création) et une fin (apocalypse). Entre deux kalpa, le dieu Vishnu dort et rêve au prochain monde. Il est allongé sur Ananta, le Serpent à mille têtes. Lorsqu'il se réveille, un lotus sort de son nombril. À l'intérieur se trouve le dieu Brahmâ qui a pour mission de créer un nouveau monde. Chaque monde dure le temps d'une journée de vie de Brahmâ, soit un kalpa, l'équivalent de millions d'années humaines. Puis il est détruit par le dieu Shiva.

Pour en savoir plus sur :
Le **Brahman**, voir p. 196.

Les conditions de vie des Dalits sont souvent difficiles.

La triade divine

Brahmâ.

Les hindous sont libres de croire en un ou plusieurs dieux. Tout en haut de leur panthéon, trois grands dieux forment la trimûrti. Ils se nomment Brahmâ, Vishnu et Shiva.

Brahman, la puissance suprême

Les hindous, particulièrement les plus sages et les plus instruits, croient en un principe divin absolu : le Brahman. C'est une force suprême, immatérielle et invisible, qui imprègne l'univers de sa puissance. Le concept de Brahman étant abstrait, il est parfois difficile à comprendre. Pour le rendre accessible à tous, les hindous ont personnalisé certains de ses aspects… sous la forme de dieux et de déesses.

La trimûrti

La trimûrti (« triade » en français) regroupe les trois grandes divinités de l'hindouisme : Brahmâ, Vishnu, Shiva. Ces dieux ont une forme visible et incarnent trois aspects du Brahman : Brahmâ est la création, Vishnu la conservation et Shiva la destruction.

Brahmâ, créateur à tour de bras

Brahmâ est le créateur de l'univers. Il a quatre têtes car il aime contempler **Sarasvati**, sa très belle épouse, où qu'elle se trouve. Ses quatre bras tiennent chacun un objet : un arc, une jatte d'eau sacrée, un sceptre (ou un chapelet) et les Védas (textes sacrés). Brahmâ symbolise la sagesse. C'est un dieu lointain, inaccessible. Il n'a pas beaucoup de temples et les hindous lui adressent peu de prières.

Vishnu et Lakshmi, la déesse de la prospérité, sur l'oiseau fantastique Garuda.

Vishnu, gardien de la paix

Vishnu est le dieu de la pureté, de la paix et de l'ordre : il maintient l'harmonie de l'univers. Il possède une petite scie circulaire qui sert à décapiter les forces du mal et une massue qui fracasse le crâne des ennemis. Il tient aussi une conque et un lotus. Il a pour épouse **Lakshmi**. Lorsque des crises éclatent et menacent le dharma, autrement dit l'ordre du monde, Vishnu descend sur terre pour combattre les forces du mal et ramener la paix. À chaque descente, il prend une forme différente appelée « avatar ».

LES DIX AVATARS DE VISHNU

1 Le Poisson qui sauva du déluge Manu, le premier homme.

2 La Tortue qui aida les dieux à baratter la mer de lait pour en extraire le nectar de l'immortalité.

3 Le Sanglier qui remonta de l'eau la Terre coulée par les démons.

4 L'homme-lion qui tua le démon Hiranyakaçipu.

5 Le Nain devenu géant qui parcourut l'univers en trois pas.

6 Parasurama qui brisa la révolte des guerriers contre les brahmanes.

7 Rama, le héros qui élimina le démon Ravana.

8 Krishna qui abattit le cruel roi Kamsa.

9 Bouddha. Le même qui fonda le bouddhisme.

10 Kalkin, le cavalier du futur, celui qui viendra à la fin du monde actuel pour punir les méchants et récompenser les bons.

Shiva, l'œil destructeur

Shiva possède un troisième œil au milieu du front. Si cet œil s'ouvre, toute création est immédiatement réduite en cendres. Il a pour épouse la **Grande Déesse**. Shiva incarne le dynamisme, le mouvement et, parfois, la violence. À la fin de chaque kalpa, quand le poids des forces du mal devient trop lourd, Shiva détruit le monde.

POUR EN SAVOIR PLUS SUR :

- **Rama**, voir p. 199-201, 207.
- **Krishna**, voir p. 198.
- Le **Bouddha**, voir p. 214-215.
- La **Grande Déesse**, voir p. 199.
- Un **kalpa**, voir p. 195.

Shiva arborant ses emblèmes : le croissant de lune et le trident.

SHIVA MULTIFORME

Le dieu Shiva possède de nombreuses représentations qui correspondent à ses différentes facettes. Shiva Natarâja est le « Seigneur de la danse », celui qui maintient l'univers en mouvement par la danse cosmique qu'il exécute. Shiva Bhairava, « le Terrible », inspire l'effroi et incarne l'aspect destructeur du dieu. Shiva Ardhanarishvara est moitié homme, moitié femme. Shiva Gangadhara reçoit le Gange dans sa chevelure.
Shiva Dakshina est le « Maître de la sagesse ». Il est assis, une jambe pendante, et fait le geste de l'enseignement. Enfin, Harihara est une divinité moitié Shiva, moitié Vishnu.

Krishna.

L'Inde, terre des dieux

Shiva et Vishnu sont les « héros » de nombreux mythes qui mettent en scène les différents avatars de Vishnu et toute une panoplie de divinités. Certaines, particulièrement populaires, sont honorées un peu partout en Inde.

Krishna, le dieu de l'amour

Krishna est sans doute la plus célèbre manifestation (avatar) de Vishnu. Jeune et beau, il est souvent représenté gardant un troupeau de vaches. Son objet fétiche est la flûte, instrument de musique traditionnel des vachers. Multipliant miracles et exploits, Krishna combat le Mal sans relâche. Ses aventures sont largement racontées dans le *Mahâbhârata*. Lorsqu'il lui reste un peu de temps, il le passe en famille auprès de ses 16 000 épouses et de ses 180 000 fils ! Krishna est un dieu joyeux. Il incarne l'amour en compagnie de sa favorite **Rada**.

Ganesha, fils de Shiva et Parvati.

Ganesha, le dieu à tête d'éléphant

Une légende relate qu'un jour, Shiva rentra chez lui après une longue absence et tomba nez à nez avec Ganesha. Il ne reconnut pas son fils, le prit pour un étranger et le décapita. Désespérée, son épouse Parvati exigea de Shiva qu'il redonne vie à son fils au plus vite. Shiva coupa la tête du premier venu, un éléphant, et la plaça sur les épaules de Ganesha, qui ressuscita aussitôt. Ganesha est le dieu de l'intelligence, des arts et du commerce. Il est très populaire, car il apporte le succès et repousse les obstacles.

Les dieux des Védas

Les textes anciens (les Védas notamment) parlent de deux familles de dieux : les Deva (Lumières du ciel) et les Asura (Souffles de vie). Indra est le chef des Deva. Il règne sur le ciel, incarne la lumière du jour et commande la pluie et la foudre. Sa puissance guerrière est immense. Agni, autre Deva, est le dieu du feu. Parmi les Asura se trouvent Varuna, à la fois dieu de la nuit et dieu de la mer. Il est chargé de surveiller l'univers. Il est aidé par le dieu Mithra. Les textes racontent que les Deva et les Asura se livrèrent bataille et que les Deva l'emportèrent. Vaincus, les Asura perdirent leur statut divin et devinrent des démons.

Kali.

Le double jeu de la Grande Déesse

La Grande Déesse est l'épouse de Shiva ; elle est son énergie vitale ou « sakti ». À la fois protectrice et destructrice, principe de vie et de mort, elle porte plusieurs noms (Devi, Sati, Parvati, Durga, Kali…) et apparaît sous divers aspects. Douce, aimante et attentionnée, elle est Parvati, l'épouse idéale. Hideuse, cruelle et macabre, elle est Kali « la Noire », la déesse de la mort et de la destruction.

Rama, super-héros au cœur tendre

Rama est la septième manifestation (avatar) de Vishnu. Guerrier parfait, il est représenté portant un arc et des flèches ou une épée. Il est pourvu de toutes les vertus et doué d'une force exceptionnelle. Rama est l'ennemi infatigable des forces du Mal. Par amour pour son épouse **Sita**, il brave notamment le terrible démon Ravana. Ses aventures sont racontées dans le *Râmâyana*.

Hanuman, le dieu singe

Fils du Vent, roi du peuple des singes, Hanuman est le compagnon de Rama. Rusé et doué d'une grande agilité physique, il accomplit toutes sortes d'exploits. Un jour, par exemple, il franchit d'un saut gigantesque la mer qui le séparait du royaume de Ravana. Entièrement dévoué à Rama, Hanuman incarne la fidélité parfaite : il est souvent représenté déchirant sa poitrine et montrant à la place de son cœur les visages de Rama et de Sita.

Rama et son fidèle compagnon Hanuman.

SATI - PARVATI

La légende raconte que Sati fut la première épouse de Shiva. Humiliée par le comportement méprisant de son père envers son époux, elle se tua en se jetant dans les flammes d'un brasier. Fou de douleur, Shiva se retira dans les montagnes de l'Himalaya pour méditer. Bientôt, une jeune fille le rejoignit dans sa méditation. Elle s'appelait Parvati (la Montagnarde) : c'était la réincarnation de Sati. Elle devint la seconde épouse de Shiva.

POUR EN SAVOIR PLUS SUR :

- Les **avatars de Vishnu**, voir p. 197.
- Les **Védas**, voir p. 200.
- Le **Mahâbhârata**, voir p. 201.
- Le **Râmâyana**, voir p. 200-201.

LES DIEUX LOCAUX

À côté des grands dieux de l'hindouisme, il existe quantité de divinités « secondaires » liées à une famille, un métier, une caste ou un village. La gramadevata, par exemple, est la déesse de village. Installée sous un arbre, dans une petite niche, elle protège les habitants du lieu. Proches du peuple, ces divinités « secondaires » occupent souvent la première place dans le cœur des fidèles.

LE RÂMÂYANA OU L'HISTOIRE LÉGENDAIRE DU PRINCE RAMA

Rama, son frère et son épouse Sita vivaient dans la forêt. Un jour le démon Ravana enleva Sita.

Les textes sacrés de l'hindouisme

SRUTI OU SMRITI ?
Pour les hindous, il existe deux sortes de textes : ceux de la sruti (la Révélation) et ceux de la smriti (la Tradition). Les premiers, les plus sacrés, comprennent les Védas, les Brahmana, les Upanisad et, parfois, la Bhagavad-Gitâ. Ce sont des textes éternels, divins, révélés aux hommes de façon miraculeuse. Les seconds sont des créations humaines, rédigées par des sages pour guider les hommes. Ils regroupent, entre autres, les Purana et les épopées mythiques.

La religion hindoue n'a ni fondateur, ni prophète. Elle s'est construite au fil des siècles à partir de textes sacrés. Les hindous pensent que certains de ces textes, les Védas par exemple, ont été révélés miraculeusement au commencement du monde.

Les Védas, « Bible » des hindous

Les Védas sont les plus anciens textes connus sur les religions de l'Inde : ils ont été écrits à partir de 1500 av. J.-C. Un peu comme l'Ancien Testament ou le Coran, les Védas seraient le fruit d'une révélation divine. Ils codifient la vie religieuse (les croyances et les rites) et la vie sociale (le système de castes par exemple). Ils sont la référence absolue des hindous. D'ailleurs, le mot Véda veut dire en sanskrit « le savoir », « la science ». La connaissance des Védas est réservée à une élite, constituée des hommes des trois premières castes.

Les Brahmana et les Upanisad

Les Brahmana sont des textes qui décrivent en détail les cérémonies religieuses et les rites. Chaque offrande, chaque parole, chaque geste y est expliqué et justifié. Quant aux Upanisad, ce sont des écrits philosophiques qui parlent du cosmos, de l'ordre de l'univers, du divin ou encore de la nature humaine.

Aidé par l'armée des singes, Rama affronta Ravana et ses démons à la bataille de Lanka.

Victorieux, Rama retrouva Sita et devint roi.

Les Purana, une encyclopédie pour tous

Alors que les Védas sont réservés à une élite, les Purana s'adressent à tout le monde, notamment aux individus de la quatrième caste et aux femmes. C'est une sorte d'encyclopédie populaire, qui traite de tous les aspects de la vie religieuse. Les Purana expliquent la création du monde, présentent les dieux et leurs exploits, décrivent les rites, les temples, les lieux saints, les pèlerinages…

POUR EN SAVOIR PLUS SUR:
- **Rama**, voir p. 199 et p. 207.
- Les **dieux de l'Inde**, voir p. 196 à 199.
- Les **fêtes**, voir p. 206-207.

Les épopées mythiques

Le *Mahâbhârata* est le plus long poème de la littérature hindoue: il compte plus de 100 000 strophes. Il raconte la rivalité entre deux grandes familles, les Pandava et les Kaurava, qui se disputent le royaume de Bhârata. Cette épopée guerrière gigantesque fait la part belle au surnaturel et au divin. L'autre épopée mythique, le *Râmâyana*, retrace le destin du prince Rama, septième manifestation de Vishnu. C'est un récit fabuleux, où se côtoient les dieux et les héros.

Texte sanskrit de la Bhagavad-Gitâ.

LA « BHAGAVAD-GITÂ »

La « Bhagavad-Gitâ », ou « Chant du bienheureux Seigneur », est le plus célèbre passage du *Mahâbhârata*. Krishna, la huitième manifestation du dieu Vishnu, y expose les grands principes métaphysiques de l'Inde, autrement dit la nature des dieux, du monde et de l'âme humaine.

VÉDAS EN MORCEAUX

Les Védas se décomposent en quatre parties:
- Le Rig-Veda réunit les prières, les hymnes et les poèmes les plus sacrés de l'Inde.
- Le Sâma-Veda est un recueil de chants.
- Le Yajur-Veda regroupe les formules rituelles utilisées lors des cérémonies.
- L'Atharva-Veda rassemble les incantations et les formules magiques.

À chacun sa voie

L'hindouisme n'est pas une religion autoritaire. Il laisse une grande liberté aux croyants. Chacun peut à sa guise vénérer le dieu qu'il préfère et suivre la pratique qui lui convient le mieux.

Sâdhu, adepte de Shiva.

Dieux au choix

L'hindouisme se divise en plusieurs courants. Largement majoritaire, le **vishnouisme** a pour divinité principale Vishnu. Vient ensuite le **shivaïsme**, pratiqué par un quart de la population, qui honore surtout Shiva. Parallèlement à ces deux grands courants, parfois de façon entremêlée, il existe d'autres voies, comme le **tantrisme**. Ses adeptes se réfèrent à des textes sacrés appelés tantra et pratiquent des rites particuliers plus ou moins secrets : adoration de la sakti (force féminine créatrice d'énergie), récitation de mantra magiques, utilisation de yantra et de mandala (dessins symboliques), etc.

Pratiques à la carte

Dans l'hindouisme, chaque fidèle peut choisir la pratique religieuse qu'il préfère pour accéder à la délivrance (moksha).

- La **bhakti** est la voie de la dévotion : le fidèle adore son dieu et lui prouve son amour par des rites simples et des offrandes.
- Le **karman** est la voie de l'action : le fidèle conforme sa vie à l'ordre juste des choses (le dharma). Concentré sur les obligations de sa caste, il n'agit que par devoir et renonce à ses propres intérêts.
- La **Jnana** est la voie de la connaissance : le fidèle cherche le véritable sens de la vie et la délivrance à travers l'étude. Il passe sa vie à accroître ses connaissances jusqu'à être capable de voir avec « l'œil du cœur ».
- Le **yoga** est la voie de la maîtrise absolue : le yogi cherche à libérer son âme de toute contrainte terrestre par une maîtrise parfaite du corps et de l'esprit. Son entraînement comprend toutes sortes d'exercices physiques, pour contrôler sa respiration, se concentrer et entrer en méditation profonde.

LES QUATRE ÉTAPES DE LA VIE

Selon la tradition, la vie d'un hindou se divise en quatre périodes : l'étude sous la conduite d'un guru, la vie conjugale et familiale, la retraite en compagnie de son épouse, le renoncement à la vie de ce monde. Seule une minorité décide de vivre cette quatrième et dernière étape.

Les adeptes de Shiva se peignent des lignes horizontales sur le front.

POUR EN SAVOIR PLUS SUR :
Le **Tantrisme** et les **Tantra**, voir p. 228-229.

LE SAIS-TU ?
On naît hindou, on ne le devient pas. Un étranger né de parents non hindous ne peut pas se convertir. Mais il peut accéder aux ashrams et devenir un sâdhu, ou même un guru.

Les sâdhus

Les sâdhus, « hommes saints », sont des ascètes, des « renonçants ». Selon eux, renoncer à la vie de ce monde les rapproche de moksha, la délivrance. Après avoir tout quitté (famille, maison, métier…), ils prennent un nouveau nom et vivent en marge de la société. Certains errent à travers le pays, seuls ou en groupe. D'autres s'isolent dans des grottes ou de petites cabanes. Les sâdhus ne travaillent pas et mendient leur nourriture. Ils vivent nus ou vêtus d'une pièce de tissu sans couture. Ils ne se coupent pas les cheveux et ne se rasent pas. Ils ne possèdent rien à part un bâton, un pot à eau, un bol à aumône et parfois un chapelet.

LE MAHATMA GANDHI
Gandhi (1869-1948) était un leader politique et un grand chef spirituel. Mahatma signifie « Grande Âme ». À la fois meneur de foules et adepte de la non-violence, il lutta contre l'Empire britannique et participa aux négociations qui aboutirent à l'indépendance de l'Inde, en 1947. Toute sa vie, Gandhi travailla pour la paix, combattit sans relâche la pauvreté et les injustices sociales, défendit les Dalits (intouchables) et les femmes.

Les yogis se livrent à d'incroyables exercices physiques. Ils apprennent aussi à supporter la douleur, la faim et la soif.

LES GURUS
Les gurus sont des maîtres spirituels qui possèdent de grandes connaissances. Ils s'occupent de l'éducation religieuse des jeunes garçons des trois plus hautes castes. Cette initiation, qui passe par l'étude des Védas, est considérée comme une deuxième naissance. Elle est marquée par une cérémonie au cours de laquelle l'enfant (entre 8 et 12 ans) reçoit des mains de son guru un cordon sacré et prend le nom de « deux-fois-nés ». Beaucoup de gurus vivent dans des ashrams, lieux de spiritualité ouverts, entourés de disciples.

Les adeptes de Vishnu se dessinent des lignes verticales sur le front.

Au temple de Shiva

L'Inde foisonne de lieux de culte. Les hindous ont leur propre autel chez eux. Ils fréquentent aussi de petits sanctuaires aménagés au coin des rues ou en pleine nature ainsi que de grands temples qui dominent les villes.

Shiva Nataraja, le dieu de la danse.

Le sanctuaire principal («vimana») est surmonté d'une tour pyramidale de 60 m de haut. Il abrite un linga géant qui symbolise Shiva.

Danser pour charmer les dieux

Pour les hindous, la danse est un acte rituel conçu pour plaire aux dieux. Les danseurs et les danseuses, vêtus de costumes somptueux et parés de bijoux, mettent en scène les dieux. Ils dansent selon des pas, des gestes, des expressions du visage et des mouvements des yeux très précis et codés. Chaque élément est un signe qui donne une information au spectateur. Les deux principales danses sont le Bharata-Natya et le Kathakali.

Les fidèles peuvent venir au temple à n'importe quel moment de la journée.

Parole sacrée

Ce signe représente la syllabe sacrée OM (ou AUM). Elle est dite ou chantée au début et à la fin de chaque prière.

Pour en savoir plus sur :

Shiva, voir p. 197.

Le temple de Brihadisvara

Au XIe siècle, l'empereur chola Rajaraja construisit à Tanjore, dans l'État du Tamil Nadu, le temple de Brihadisvara (ci-dessous). Ce temple, dédié au dieu Shiva, est le plus grand de l'Inde et pour beaucoup le plus beau. Son architecture complexe répond à des principes religieux, mais aussi astronomiques, astrologiques, géométriques et numérologiques.

Le monde de Shiva

Le temple de Brihadisvara est un vaste complexe religieux entouré de deux enceintes rectangulaires. Son entrée monumentale se compose de deux portes richement sculptées appelées « gopura ». Il abrite un sanctuaire principal dédié à Shiva ainsi que des sanctuaires secondaires consacrés notamment à la Grande Déesse, épouse de Shiva, à Ganesha, fils de Shiva, et à Nataraja, c'est-à-dire à Shiva en tant que dieu de la danse. Le temple possède également un ashram et une bibliothèque remplie de quelque 20000 manuscrits.

Le Nandi-mandapa est le pavillon qui abrite la statue en granit noir du taureau Nandi, la monture de Shiva.

Des colonnes bordent la vaste cour intérieure et forment un long déambulatoire couvert jalonné de lingas et de chapelles.

CULTE À DOMICILE

Les hindous possèdent chez eux un autel orné des images et des statuettes de leur divinité préférée. C'est là qu'ils célèbrent la « puja », l'hommage quotidien. Ils récitent des textes et prononcent des « mantra » (sons, mots ou phrases symboliques chargés d'un pouvoir spirituel). Ils allument des bougies ou des lampes, font brûler de l'encens et déposent des offrandes de nourriture, de fleurs ou d'eau... Chaque jour, les hindous consacrent aussi une partie de leur temps à se purifier par des bains rituels, des rinçages de la bouche, des aspersions de la tête...

Pierre verticale et cylindrique, le linga représente un sexe d'homme et symbolise le pouvoir créateur de Shiva. Durant les cérémonies, les fidèles l'aspergent d'eau, de lait ou d'huile. Ils l'enduisent de beurre et le couvrent de fleurs.

LES PRÊTRES

Issus de la caste des brahmanes, les prêtres servent d'intermédiaires entre les dieux et les hommes. Ils veillent à l'entretien du temple et s'occupent de la statue du dieu : ils la lavent, la parfument, l'habillent et lui offrent toutes sortes de doux présents.
Les brahmanes conseillent aussi les fidèles pour les offrandes et fixent les jours favorables aux cérémonies. À l'époque des Chola, le temple comptait plusieurs centaines de prêtres, une cinquantaine de musiciens et environ 400 « devadasi » (danseuses sacrées) qui avaient la charge de distraire les images des dieux par leurs chants et leurs danses.

L'ambiance des ghats à Bénarès.

Le temps sacré des hindous

Les fidèles attachent une grande importance aux pèlerinages et aux fêtes religieuses, qui se comptent par milliers. À chacun de choisir les événements et les cérémonies qu'il souhaite célébrer.

Les eaux sacrées du Gange

Le Gange est le grand fleuve sacré des hindous. Selon eux, son eau efface les fautes, lave les souillures et guérit les maladies. Les fidèles boivent cette eau, se baignent dans le fleuve et y jettent les cendres des défunts. Un des pèlerinages les plus prestigieux consiste à descendre puis à remonter le cours du Gange (3 090 km de long) en ayant toujours le fleuve sur sa droite. Jalonné de villes saintes, comme Varanasi (Bénarès), Prayag (Allahabad), ou Haridwar, l'aller-retour peut durer de quatre à six ans !

La légende de Ganga

Les hindous considèrent le Gange comme une déesse. Ils la vénèrent sous le nom de Ganga Mai, « notre mère Gange ». On raconte que Ganga accepta de descendre du ciel pour irriguer la terre desséchée. Mais ses flots impétueux risquant de tout détruire, le dieu Shiva décida d'amortir la chute de Ganga en recevant l'eau dans les boucles de sa chevelure. Ainsi apaisé, le fleuve s'étala dans la plaine et devint source de vie.

Voir Bénarès et mourir

Pour les hindous, Bénarès est la ville la plus sainte de l'Inde. Ses rives, de chaque côté du Gange, sont bordées de gradins en pierre appelés « ghats ». Les hindous s'y rassemblent pour prendre un bain rituel en récitant des prières, offrir au Gange des fleurs et des bougies flottantes, boire l'eau sacrée. Pour les hindous, mourir à Bénarès est une bénédiction. La ville accueille de nombreux mourants qui veulent être incinérés sur les bûchers des ghats et souhaitent que leurs cendres soient répandues sur les eaux du fleuve.

C'est la fête

Processions des statues des dieux, spectacles, bains collectifs, les hindous se rassemblent volontiers pour faire la fête.
- **Diwali** est la fête des lumières. Elle a lieu début novembre et annonce la nouvelle année. Les hindous nettoient leur maison, la repeignent, la décorent et l'illuminent de rangées de petites bougies. Cette fête est dédiée à Rama, que les lumières doivent guider jusqu'à chez lui, ainsi qu'à Lakshmi, la déesse de la santé, de l'abondance et de la chance.
- **Holi** est la fête du printemps et des couleurs. Elle est dédiée au dieu Krishna.
- **Dussehra** se déroule en octobre. Elle célèbre le triomphe de Rama sur le démon Ravana, donc la victoire du Bien sur le Mal. Pendant dix jours se succèdent des spectacles racontant la vie de Rama.

Pour Holi, les hindous jouent à se lancer des poudres de couleurs vives...

Kumbha Mela, la foire aux gurus

Tous les douze ans, la ville d'Allahabad accueille le plus grand rassemblement religieux du monde: la Kumbha Mela. En janvier et février 2001, plus de 20 millions de pèlerins seraient venus se baigner dans les eaux du Gange! Dans la foule se trouvait tout ce que l'Inde compte de sages: sâdhus, gurus, yogis... Pour beaucoup d'hindous, cette manifestation est l'occasion unique de pouvoir approcher l'un de ces saints personnages. Chacun avait dressé ses propres tentes pour recevoir des visites et loger ses disciples. L'ensemble formait un immense campement s'étendant à perte de vue.

Pèlerins de la Kumbha Mela massés le long du Gange.

Les cérémonies de la vie

Dès sa naissance, le bébé est présenté aux dieux, puis un nom lui est donné. À l'âge de 3 ans, le crâne de l'enfant est rasé et ses cheveux sont offerts aux dieux. Entre 8 et 12 ans, les garçons reçoivent le cordon sacré de leur guru. Le jour de leur mariage, les fiancés sont habillés de rouge. Ils tournent sept fois autour d'un feu sacré et s'échangent des présents (guirlandes de fleurs, riz, noix de coco...). Lorsque la mort survient, la cérémonie funèbre est la crémation: le corps du défunt est porté en procession, déposé sur un bûcher et brûlé.

Le jaïnisme

LA RELIGION DU COMMERCE

Les jaïns occupent une place de choix dans l'économie indienne. Comme leur souci de la vie animale leur interdit de travailler la terre et d'élever du bétail, les jaïns se sont tournés vers le commerce. Une activité qui leur convient parfaitement, car ils sont réputés pour leur honnêteté.

Beaucoup moins nombreux que les hindous, les jaïns exercent pourtant une certaine influence spirituelle sur l'Inde. Ils revendiquent des valeurs comme la non-violence, le respect de la vie, l'honnêteté et le dépouillement.

Temple jaïn à Ranakpur, au Rajasthan.

La naissance du jaïnisme

Vers 500 av. J.-C. naquit en Inde un prince nommé Vardhamâna. Ce prince, élevé dans l'hindouisme, se révolta contre le pouvoir des brahmanes et le système des castes. Il abandonna sa « vie de château », se fit ascète et partit mendier sur les routes. Au fil des années, il devint un sage et un maître spirituel très respecté. Ses disciples le surnommèrent Jina, « le Victorieux ». Après sa mort, ils continuèrent de répandre son enseignement. Une nouvelle religion était née : le jaïnisme.

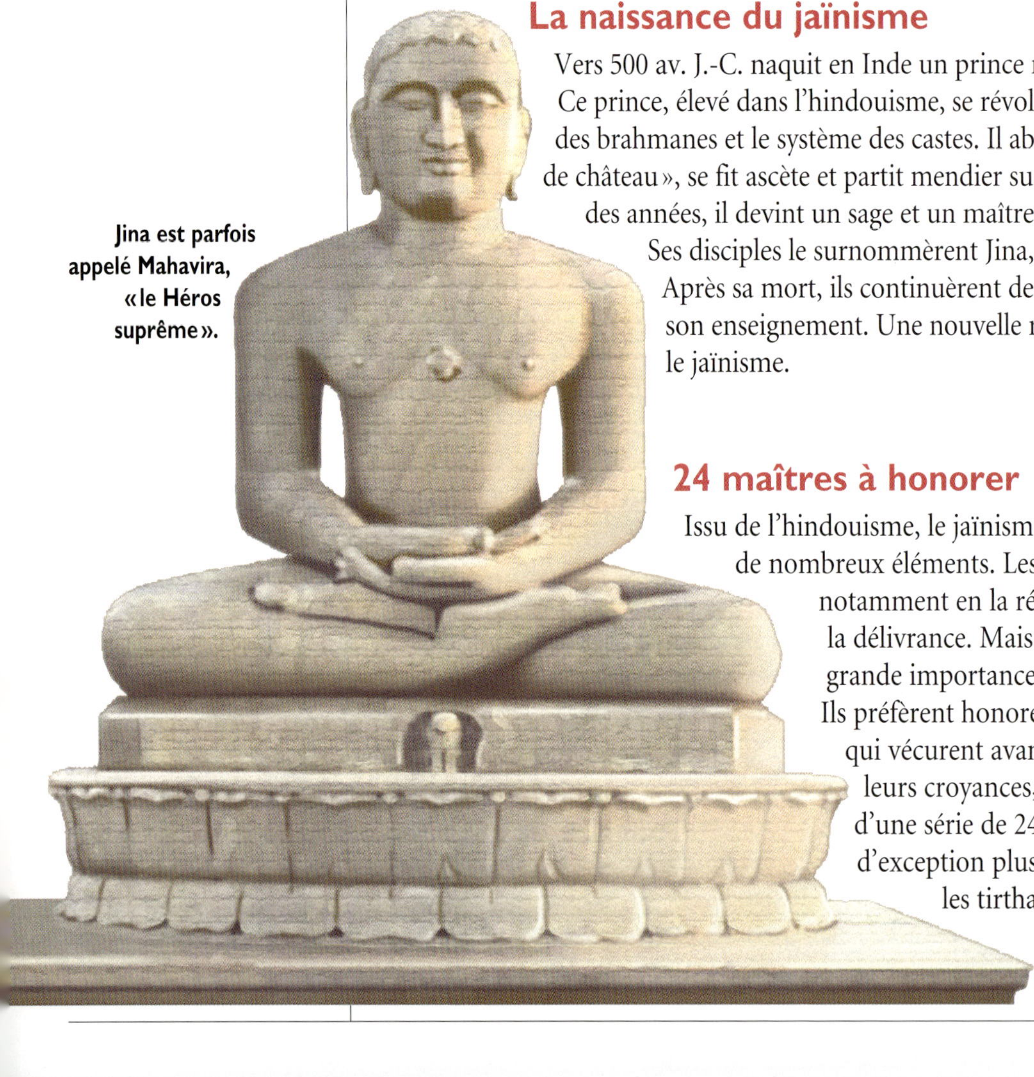

Jina est parfois appelé Mahavira, « le Héros suprême ».

24 maîtres à honorer

Issu de l'hindouisme, le jaïnisme en a conservé de nombreux éléments. Les jaïns croient notamment en la réincarnation et en la délivrance. Mais ils n'accordent pas une grande importance aux dieux hindous. Ils préfèrent honorer Jina et les maîtres qui vécurent avant lui. En effet, selon leurs croyances, Jina est le dernier d'une série de 24 maîtres spirituels d'exception plus ou moins mythiques : les tirthankara.

Le respect de la vie à tout prix

Un des grands principes du jaïnisme est le respect de la vie et la non-violence. Les jaïns pensent que tout dans l'univers est pourvu d'une âme et d'une sensibilité. Il leur est donc strictement interdit de tuer un animal. Les jaïns sont tous végétariens. Mieux encore : pour ne pas risquer de détruire une vie, même microscopique, certains balaient les endroits où ils marchent pour n'écraser aucun insecte et filtrent l'eau qu'ils absorbent.

Les jaïns portent un mouchoir sur la bouche pour être sûrs de ne pas avaler la moindre petite bête.

Discipline de fer

Les jaïns ont l'obligation d'être vertueux. Ils doivent faire preuve d'honnêteté, de désintéressement, et adopter un mode de vie simple, dépouillé du superflu. Parmi les jaïns, il existe de nombreuses communautés de moines et de nonnes. Ces « renonçants » cherchent à sortir du cycle infernal des réincarnations grâce à une discipline de fer : ils font vœux de pauvreté et de chasteté, ils se soumettent à des jeûnes sévères et se privent parfois de nourriture jusqu'à mourir de faim. Ils s'obligent à endurer les « vingt-quatre gênes » : froid, chaud, insectes, ennui, fatigue, etc.

UNE STATUE TRÈS GOURMANDE

Tous les douze ans, les jaïns se rassemblent à Sravanabelagola, au pied de la statue de Bahubali, le fils du premier tirthankara. C'est une statue géante, haute de 17 m, taillée dans un seul bloc de granit. Les fidèles lui offrent des bananes, des dattes, des amandes et l'aspergent de lait, d'eau, de safran, de lait de coco…

Des temples somptueux

Les jaïns consacrent une partie de leur argent à leur communauté. Ils financent toutes sortes d'institutions charitables et même des hôpitaux pour les animaux. Ils entretiennent aussi des temples somptueux, dédiés à un ou plusieurs tirthankara. L'aspect grandiose de ces temples doit révéler la sainteté des images sacrées qui se trouvent à l'intérieur. Les fidèles prennent grand soin des statues des maîtres : ils les lavent à l'eau pure et leur offrent les « cinq substances » (lait, yaourt, beurre, sucre et fleurs).

Le sikhisme

Le Guru Nânak.

Les sikhs ne vénèrent qu'un seul dieu, prêchent l'égalité entre les hommes et mènent une vie morale et religieuse exemplaire. Mais gare à ceux qui menacent leur religion : les « lions » sont prêts à prendre les armes pour la défendre !

La naissance du sikhisme

Le sikhisme est né au XVe siècle, au Pendjab, une région à cheval sur l'Inde et le Pakistan. Son fondateur est le Guru Nânak, un saint homme né dans une famille hindoue. Nânak prêcha vingt-quatre ans à travers l'Inde avant de fonder le village de Kartarpu et de rassembler autour de lui des sikhs (d'un mot panjabi qui veut dire « disciples »). L'œuvre du Guru Nânak fut poursuivie par neuf autres gurus, qui devinrent les maîtres vénérés du sikhisme.

Parole de guru !

Le *Guru Granth Sahib* est le livre sacré des sikhs. Composé au fil du temps par les gurus, il compte 1 430 pages d'hymnes. Peu avant sa mort, en 1708, le dixième et dernier guru, Gobind, annonça aux fidèles que leur prochain guru serait le livre lui-même. Le *Guru Granth Sahib* est ainsi devenu l'autorité religieuse suprême, le guide spirituel unique. Toutes les maisons et tous les temples sikhs en possèdent un exemplaire. Objet de vénération, on ne le transporte que sur la tête.

La foi des sikhs

Le sikhisme est issu de l'hindouisme, mais il ne reconnaît qu'un seul dieu, tout-puissant, infini et éternel, qui s'appelle Sat Guru (le vrai maître). Les fidèles l'honorent en répétant et en méditant son nom. Les sikhs croient en la réincarnation et cherchent à atteindre la délivrance en menant une vie exemplaire, attentive aux autres et aux opprimés. Ils prêchent la tolérance religieuse et l'égalité entre les hommes. Ils rejettent le système des castes. Leur devise est : « Accomplis ton travail, partages-en le fruit et médite sur le Nom ».

Les 5 K

À la fin du XVIIe siècle, le guru Gobind crée le khâlsâ, une fraternité armée regroupant les sikhs, hommes et femmes, ayant fait vœu de défendre leur religion… y compris par la force. Les initiés ajoutent à leur nom les mots « singh » (lion) ou « kaur » (princesse). Ils jurent de rester fidèles aux 5 K : la barbe et les cheveux longs en signe de soumission à dieu (kesh) ; le peigne, symbole de propreté (kangha) ; le bracelet en métal, preuve de leur détermination (kara) ; le poignard, symbole de résistance au mal (kirpan) ; le caleçon court, signe de vivacité (kaccha). De nos jours, ces signes sont toujours portés par les sikhs ayant reçu l'initiation au khâlsâ.

HARI MANDIR, LE TEMPLE D'OR

Amritsar est la capitale religieuse des sikhs. Elle abrite un temple sacré, le Hari Mandir, bâti par le cinquième guru, Arjan, à la fin du XVIe siècle. Le temple se dresse au milieu d'un lac sacré appelé « Bassin d'immortalité ». C'est un bâtiment magnifique construit en marbre et surmonté d'une coupole d'or.

CULTURE GUERRIÈRE

Au cours de leur histoire, les sikhs ont souvent eu à combattre : révolte contre le pouvoir moghol, défense du Pendjab, recrutement dans l'armée britannique à l'époque de la colonisation… Pour certains, la violence est devenue de seul moyen de régler les problèmes. En 1984, de graves affrontements ont opposé l'armée indienne à des sikhs retranchés dans le Temple d'or d'Amritsar. En représailles, deux gardes sikhs ont assassiné Indira Gandhi, la chef du gouvernement indien.

Le gurdwara, le temple du livre

Le temple, gurdwara, est un lieu de rassemblement et de prière. Il n'abrite pas de statue, mais un exemplaire du *Guru Granth Sahib* enveloppé dans de la soie et déposé sur un autel. Lors des cérémonies, les sikhs enlèvent leurs chaussures, se couvrent la tête et s'inclinent devant le livre sacré comme devant une divinité. Ils lui font des offrandes d'argent et de nourriture. Ils chantent des hymnes, récitent des prières et lisent des passages du *Guru Granth Sahib.* À la fin de chaque cérémonie, l'assemblée des fidèles prépare en commun et partage le harâh praâd, un mélange de froment, de sucre et de beurre fondu.

Pendant la lecture, un fidèle éloigne les impuretés qui pourraient atteindre le livre sacré en agitant un chasse-mouches.

INCROYABLE MAIS VRAI !

Parmi les dix gurus vénérés par les sikhs, le huitième, Har Krishan (1656-1664), devint guru à 5 ans et mourut trois ans plus tard de la variole.

Le mazdéisme

Représentation antique d'Ahura Mazda (Persépolis, Iran).

Les mazdéens croient en un dieu suprême appelé « Ahura Mazda ». Selon eux, Zarathoustra (ou Zoroastre) est son prophète, ce qui explique qu'on les baptise parfois « zoroastriens ». Cette religion est l'une des plus anciennes du monde.

L'histoire du mazdéisme

Le mazdéisme est né en Perse (Iran actuel), probablement vers 1000 av. J.-C. Religion officielle de la Perse pendant toute l'Antiquité, il a pratiquement disparu de cette région au VIIIe siècle, remplacé par l'islam. Aujourd'hui, il reste quelques mazdéens en Iran, les Guèbres, mais la plupart ont fui vers l'Inde au IXe siècle. Ils se sont installés dans la région de Mumbai (Bombay), où ils forment la communauté des Parsis (Persans).

Ahura Mazda, dieu suprême

Les mazdéens croient que l'univers est soumis à deux forces : le Bien et le Mal. Le Bien est le domaine d'Ahura Mazda, « le Seigneur sage ». Ahura Mazda est le dieu suprême et le créateur de tous les bienfaits de la nature. Il est aidé dans sa tâche par Spenta Manyu, l'Esprit saint, et six « Immortels bénéfiques » : la Justesse, la Bonne pensée, la Puissance, l'Application, l'Intégrité et l'Immortalité. Il s'oppose à Angra Manyu, « l'Esprit malin », chef des démons.

Ahura Mazda contre Angra Manyu

Au début des temps, Ahura Mazda, le dieu du Bien, eut bien du mal à créer l'univers ! À chacune de ses créations bénéfiques, Angra Manyu, le dieu du Mal, répondait par une création maléfique. Ahura Mazda créa les astres, l'eau, le temps, le langage… et donna à l'univers ordre, beauté et mouvement. De son côté, Angra Manyu inventa la nuit, l'hiver, les maladies, les animaux néfastes, la pourriture, la colère, la débauche…

Bon appétit les vautours !

À leur mort, les zoroastriens ne sont ni enterrés ni incinérés, car la terre et le feu sont deux éléments sacrés qui ne doivent pas être souillés. Les corps des défunts sont donc déposés dans des tours de pierre circulaires, appelées « dakhma » (tours du silence), et livrés aux vautours qui viennent les dévorer.

Le prophète Zarathoustra.

Ainsi écrivait Zarathoustra

La grande figure du mazdéisme est le prophète Zarathoustra (ou Zoroastre). Alors que les scientifiques s'interrogent sur son existence historique, les mazdéens assurent qu'il a vécu au VIIe siècle av. J.-C. Il serait l'auteur des Gatha, des poèmes à la gloire d'Ahura Mazda. De nos jours, les Gatha forment le cœur de l'Avesta, le livre saint des Guèbres et des Parsis. Ils sont récités chaque jour par les fidèles.

Attachez votre ceinture !

Vers 7 ans, les enfants participent à une cérémonie d'initiation : c'est ainsi qu'ils marquent leur entrée dans la communauté et leur engagement religieux. Pour l'occasion, ils reçoivent une tunique blanche, symbole de pureté, et la kushti, une ceinture faite de soixante-douze fils. Cette ceinture sacrée symbolise l'attachement à la religion. Lorsqu'il prie, le fidèle la noue et la dénoue autour de sa taille.

Fillette initiée au mazdéisme.

Mazda le Dieu qui éclaire le monde

Pour les mazdéens, le monde est un immense champ de lutte entre les contraires : l'ordre et le désordre, la vérité et le mensonge, le jour et la nuit, la vie et la mort… Dans ce combat, les hommes sont les alliés d'Ahura Mazda. Pour l'aider à vaincre le mal, ils doivent l'honorer et respecter ses règles. Leur premier devoir est d'entretenir en permanence un feu sacré, symbole d'Ahura Mazda, le dieu qui éclaire le monde. Chaque temple possède un feu devant lequel les fidèles peuvent prier cinq fois par jour. S'il leur est impossible de se rendre au temple, les mazdéens sont autorisés à prier devant une autre source de lumière : bougie, lampe, soleil, étoiles…

Les prêtres se couvrent le bas du visage d'une étoffe blanche pour que leur haleine ne vienne pas souiller la flamme sacrée.

AU RAYON DES ANTIQUITÉS

Dans l'Antiquité, d'autres divinités entouraient Ahura Mazda. Mithra était le gardien de la Justice. Il était associé au soleil et au pouvoir royal. Zurvan était le dieu du Temps infini, donc de l'éternité. Anahitâ était la grande déesse. Elle veillait notamment sur l'eau et assurait la fertilité.

La vie du Bouddha

La vie du Bouddha, telle que les textes bouddhiques la racontent, mêle faits historiques et légendes. Peu importe aux yeux des fidèles qui restent profondément marqués par sa personnalité, sa sagesse et sa réflexion.

La naissance du Bouddha selon la légende dorée.

Fils de roi

Fils du roi Suddhodana et de la reine Maya, le prince Siddharta Gautama est né vers 550 av. J.-C., à Lumbini (nord de l'Inde). Il connut une enfance choyée, puis épousa une princesse qui lui donna un fils. Bien à l'abri dans son magnifique palais, le prince menait une existence de rêve, les siens faisant tout pour le protéger des malheurs du monde extérieur.

La découverte de la souffrance

À l'âge de 29 ans, Siddharta décida de sortir de son palais pour voir le monde. Il se promena dans la ville de Kapilavastu et croisa un vieillard, un homme malade, un mort et un religieux en train de mendier sa nourriture. Ces quatre rencontres le bouleversèrent : le prince venait de découvrir la vieillesse, la douleur, la mort et le renoncement !

La vie du Bouddha, de l'insouciance à l'Éveil.

Six ans de régime

Quelle est la vérité de la vie ? Comment échapper à la douleur du monde ? Siddharta se posait une foule de questions. Quittant son palais et sa famille, il crut qu'il trouverait la réponse en suivant l'exemple des « renonçants » hindous. Il se retira dans la forêt avec cinq autres ascètes et il s'imposa de longues périodes de méditation et de jeûne. Au bout de six ans, Siddharta n'avait plus que la peau sur les os, mais n'avait toujours pas trouvé de réponse. Il comprit que la voie de la privation n'était pas la bonne et il se remit à manger.

Au pied de son arbre

Après avoir repris des forces, Siddharta se rendit à Bodhgaya. Là, il s'assit au pied d'un grand figuier (l'Arbre de la Bodhi) et fit vœu de méditer jusqu'à ce qu'il atteigne la vérité sur l'existence. Cette méditation ne fut pas de tout repos : le dieu Mara, maître de l'illusion, tenta de le détourner de son but. Il lui envoya même une armée de démons, mais leurs flèches se transformèrent en fleurs.

L'Éveil

Siddharta vainquit Mara et parvint à l'Éveil : il trouva la réponse à toutes ses questions. Il devint le Bouddha (l'Éveillé ou l'Illuminé). Puis, il poursuivit sa méditation pendant plusieurs semaines, protégé de pluies torrentielles par Mucilinda, le serpent à sept têtes.

Sur la route

Après son Éveil, le Bouddha se rendit près de Bénarès, à Sarnath. Là, dans un parc peuplé de gazelles, il prononça son premier discours : il exposa les Quatre Nobles Vérités, qui sont la base de son enseignement. Ensuite, pendant plus de quarante ans, le Bouddha parcourut le nord de l'Inde pour enseigner son savoir. Il mourut à l'âge de 80 ans à Kushinagara et entra en nirvana (la délivrance).

De la réalité à la « légende dorée »

Le Bouddha, parfois appelé Sakyamuni, a vraiment existé. Mais le récit de sa vie est tissé d'épisodes imaginaires. En effet, de nombreuses légendes à caractère symbolique sont venues enrichir les faits historiques au fil des siècles. L'une d'elles raconte, par exemple, que le jeune prince est sorti du flanc de sa mère sans lui faire mal et qu'il a immédiatement fait sept pas vers les quatre points cardinaux.

Les représentations du Bouddha

Très nombreuses, les représentations du Bouddha varient selon les époques et les pays. Si les styles changent, les codes et les symboles, eux, restent les mêmes. Chaque élément, chaque pose, chaque geste a une signification particulière.

INCROYABLE MAIS VRAI !

La svastika est une croix aux bouts recourbés. C'est un signe bénéfique hindou et bouddhiste très ancien qui symbolise la Roue de la loi en train de tourner.
Au XXe siècle, cette figure géométrique, inversée et rebaptisée « croix gammée », fut choisie par les nazis pour devenir l'emblème de leur formation politique. Elle est ainsi devenue le symbole de l'horreur en Europe.

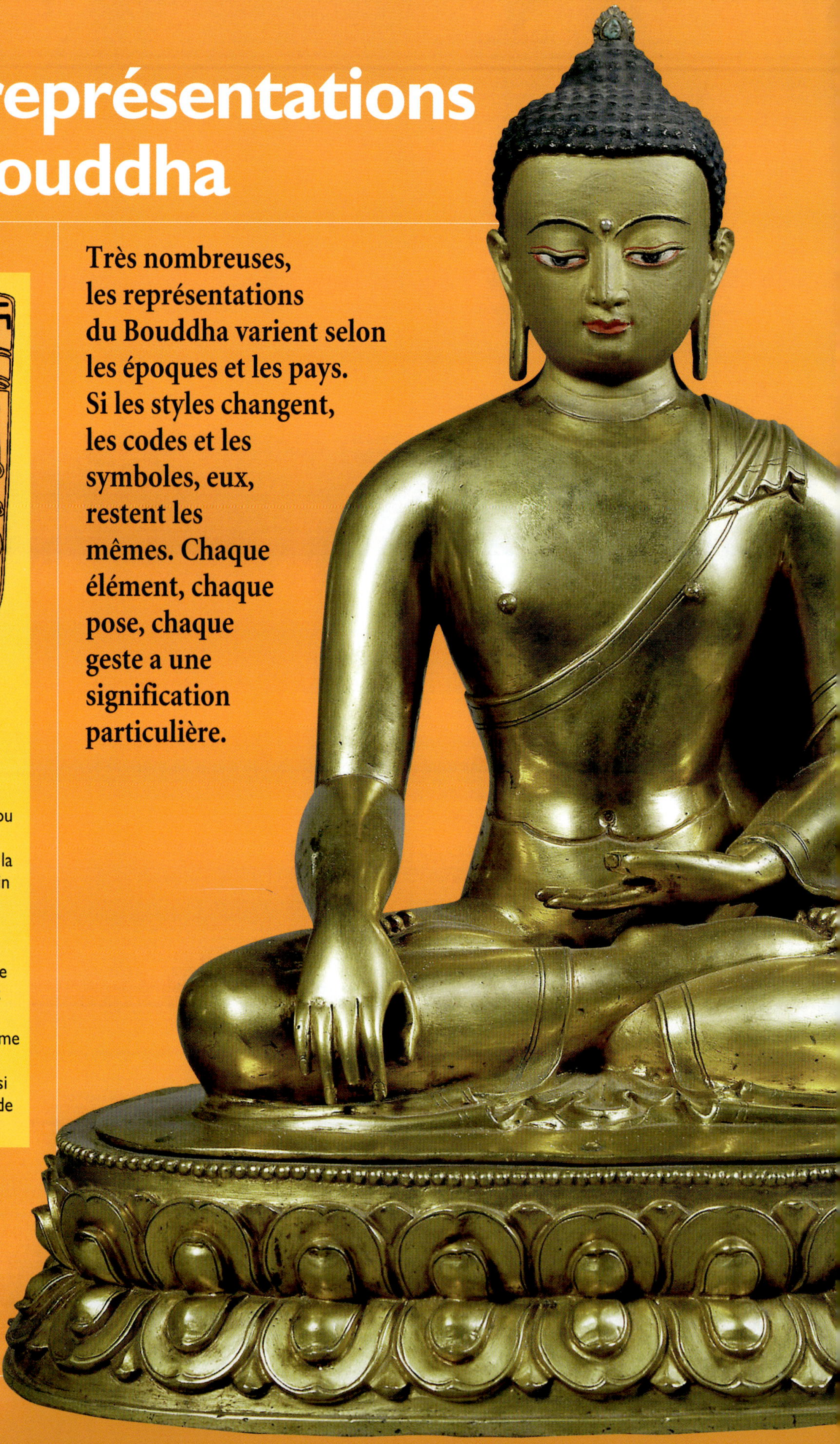

Un physique peu ordinaire

Le Bouddha est un être exceptionnel caractérisé par de nombreux critères. Il possède notamment trente-deux marques physiques : son crâne est déformé par la bosse de la sagesse. Ses yeux ont l'éclat de la neige et de l'argent. Il a une touffe de poils argentés entre les sourcils (l'urna), des lobes d'oreille très longs, une peau couleur d'or, les doigts des mains et des pieds palmés, une roue dessinée sur la plante de ses pieds…

La Bouddha attitude

Le Bouddha est très souvent représenté assis, les jambes croisées dans la position du lotus. Cette position, également utilisée en yoga, est celle de la méditation. Il peut aussi être représenté debout, arrêté ou en marche. On le trouve parfois allongé sur le côté droit : c'est dans cette position qu'il attendit la mort et qu'il entra en nirvana.

Les symboles du Bouddha

À l'origine, les bouddhistes s'interdisaient, en signe de respect, de représenter le Bouddha. Ils utilisaient des symboles pour évoquer sa présence.

- Un figuier : c'est l'arbre de l'Éveil, ou « arbre de la Bodhi », sous lequel le Bouddha était installé lorsqu'il atteignit l'Éveil.
- Un trône vide : il symbolise l'endroit où le Bouddha était assis lorsqu'il atteignit l'Éveil. Mais en réalité, le Bouddha méditait sur l'herbe !
- L'empreinte de ses pieds : ces empreintes symbolisent la présence du Bouddha sur terre, la trace de son passage.
- Une roue : elle symbolise le dharma, c'est-à-dire l'enseignement du Bouddha, sa doctrine. En tournant sans fin, elle porte partout la Vérité de la loi et écrase l'ignorance.
- Une gazelle : cet animal est lié au Bouddha car il prononça son premier sermon dans le parc aux gazelles, à Sarnath, près de Bénarès.

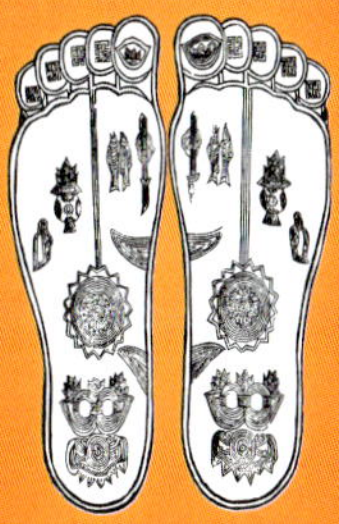

BOUDDHA SACCAGÉ

En mars 2001, les talibans, musulmans fanatiques alors au pouvoir en Afghanistan, détruisirent deux statues géantes du Bouddha, sous prétexte que l'islam interdit toute représentation humaine. Vieilles de 1500 ans, ces statues étaient taillées dans une falaise de la vallée de Bamiyan. Sans aucun respect pour les bouddhistes, l'art ou l'histoire, les talibans les firent sauter à la dynamite et les réduisirent à un tas de gravats.

PARLER AVEC SES MAINS

Chaque geste, ou mudra, symbolise une action ou un message.

LA MÉDITATION

La main droite repose dans la main gauche (ou l'inverse).

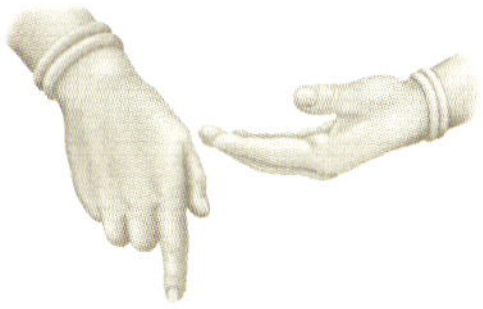

LA PRISE DE LA TERRE À TÉMOIN

Après avoir triomphé de Mara et de ses démons, le Bouddha fait savoir à la terre qu'il est victorieux.

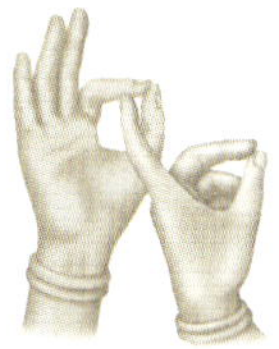

LA MISE EN MOUVEMENT DE LA ROUE DE LA LOI

Le Bouddha présente sa doctrine pour la première fois à Sarnath, près de Bénarès.

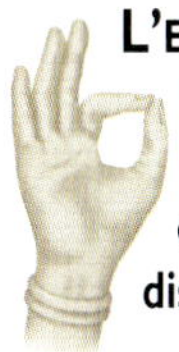

L'ENSEIGNEMENT

Le Bouddha enseigne sa doctrine à ses disciples.

LA CONFIANCE

Le Bouddha rassure ses disciples qui peinent à saisir son enseignement.

L'enseignement du Bouddha

Aux yeux des bouddhistes, le Bouddha est un guide, et non un dieu. Par son Éveil, il a conquis des vérités, qui sont devenues la base de son enseignement. Depuis, les hommes s'en servent pour atteindre la délivrance.

Le Bouddha énonce les Quatre Nobles Vérités, dans le parc aux gazelles, à Sarnath.

Le cycle des réincarnations

Le bouddhisme est issu de l'hindouisme. Il reconnaît donc la loi des réincarnations : Samsara. Selon la tradition, le Bouddha lui-même avait déjà vécu au moins cent mille vies. On dit d'ailleurs qu'il était capable de se remémorer un grand nombre de ses passages sur terre. Comme dans l'hindouisme, le but du bouddhisme est de faire cesser les réincarnations et d'atteindre la délivrance. Cette fin absolue, ce néant, est appelée « nirvana ».

La Roue de la loi symbolise l'enseignement du Bouddha.

La diffusion du bouddhisme

La mort du Bouddha ne mit pas fin à son enseignement, bien au contraire. Son message se répandit peu à peu dans toute l'Asie, diffusé par les moines et les marchands. Mais il ne s'implanta pas partout de la même façon. Trois manières de le pratiquer apparurent : le Petit Véhicule, le Grand Véhicule et le Véhicule de Diamant.

Le sais-tu ?

Le Bouddha a commencé à diffuser son enseignement en Inde, son pays d'origine. Mais de nos jours, peu d'Indiens sont bouddhistes : « chassé » d'Inde par l'hindouisme et l'islam, le bouddhisme a trouvé ses fidèles hors de son berceau natal.

Les trois joyaux

Les trois joyaux du bouddhisme sont le Bouddha lui-même, son enseignement appelé « Dharma » (loi) et sa communauté, le « Sangha ». Aux yeux des bouddhistes, ces joyaux ont une valeur immense car ils viennent en aide aux hommes.

Ces petits moines font leur entrée dans le Sangha.

Sangha, la communauté

Le bouddhisme s'est développé en opposition à l'hindouisme des brahmanes. Il s'adresse à tous et refuse le système des castes hindoues. Quels que soient leur sexe ou leur origine sociale, tous les bouddhistes appartiennent à une même communauté appelée « sangha ».

Les Quatre Nobles Vérités

Dans son « sermon de Sarnath », le Bouddha énonce pour la première fois les Quatre Nobles Vérités. Ces Vérités sont le résultat de sa recherche spirituelle et la base de son enseignement.
- Première Vérité : le monde n'est que douleur. La naissance, la maladie, la vieillesse et la mort engendrent des souffrances.
- Deuxième Vérité : le désir est la cause de la douleur. Les hommes souffrent parce qu'ils ne savent pas se satisfaire de ce qu'ils ont. Ils veulent toujours plus.
- Troisième Vérité : la douleur ne peut cesser que si les hommes suppriment leurs désirs.
- Quatrième Vérité : le chemin menant à la suppression des désirs est la « Voie du Milieu ».

POUR EN SAVOIR PLUS SUR :
Les **fondements de l'hindouisme**, voir p. 194-195.

La « Voie du Milieu »

Aux yeux du Bouddha, la « Voie du Milieu », ou « Octuple Sentier », se situe entre une vie trop facile (celle de sa jeunesse dorée) et une vie trop austère (celle qu'il a expérimentée dans la forêt). Pour y parvenir, il faut suivre huit recommandations :
- Vue juste : voir les choses telles qu'elles sont.
- Pensée juste : penser les choses telles qu'elles sont.
- Parole juste : ne pas mentir ou blesser l'autre par la parole.
- Action juste : respecter la morale, c'est-à-dire ne pas tuer, ne pas voler, etc.
- Moyen d'existence juste : exercer un métier utile et éviter les métiers qui entraînent la mort d'êtres vivants.
- Effort juste : essayer de faire le bien.
- Attention juste : réfléchir avant de parler ou d'agir.
- Concentration juste : privilégier la méditation.

LE BOUDDHISME, UNE RELIGION ?

Le bouddhisme se fonde sur l'enseignement d'un sage, le Bouddha, non sur la croyance en un ou plusieurs dieux. D'ailleurs, certains ne considèrent pas le bouddhisme comme une religion, mais plutôt comme une philosophie de l'existence et un code moral.

BULLE DE SAVON

Selon la pensée bouddhique, le monde n'est qu'« une bulle de savon » : il est vide d'existence permanente et absolue.
Aucun phénomène, aucun être, n'existe réellement. Tout n'est qu'illusion, le résultat d'une association passagère entre divers éléments appelés agrégats. Pour illustrer leurs propos, les bouddhistes citent parfois l'exemple suivant : les agrégats sont un peu comme les différentes pièces d'une charrette. Lorsque la charrette est démontée pièce par pièce, toutes les pièces sont là, mais la charrette n'existe pas. La charrette n'est que la somme de ces composants.

La Roue de la vie

Selon les bouddhistes, il existe six formes d'existence. Tout être peut se réincarner sous une forme ou sous une autre, selon ses mérites : les meilleurs deviennent des dieux tandis que les plus mauvais se retrouvent en enfer.

Les dieux, des seconds rôles

Le bouddhisme reconnaît l'existence des dieux, mais il leur accorde moins d'importance qu'à l'enseignement du Bouddha. Ce sont des êtres surnaturels et supérieurs, qui peuvent jouer un rôle bénéfique auprès des hommes.
Mais ils ne sont pas au-dessus des lois de l'univers : les dieux font partie de la Roue de la vie et sont soumis au cycle des réincarnations.
Ils peuvent donc, en cas de faute, se voir réincarnés en homme ou en animal…

Bouddhisme sans frontière

Le bouddhisme est tolérant : il accepte les dieux « locaux » des pays où il s'est implanté. Les fidèles peuvent donc sans problème suivre à la fois la Loi du Bouddha et honorer leurs dieux ancestraux.
Le Myanmar (Birmanie), par exemple, est un pays profondément bouddhiste. Pourtant, sa population continue de rendre un culte aux nat, des esprits invisibles qui animent la moindre parcelle de terre.

La Roue de la vie

La Roue de la vie symbolise le cycle des réincarnations.
Elle montre les six catégories d'êtres qui composent l'univers : les dieux, les Asura, les Preta, les êtres condamnés à l'enfer, les animaux et les êtres humains.

Fresque du monastère de Likir au Tibet

Mara (ou Yama) personnifie la mort. Il tient la Roue de la vie entre ses dents.

Les dieux : ils habitent un paradis céleste au sommet d'une montagne sacrée imaginaire, le Meru. La renaissance sous la forme divine est la plus élevée sur l'échelle des réincarnations.

Les Asura : hérités de l'hindouisme, ce sont des divinités déchues, des sous-dieux. Ils jalousent les vrais dieux, dont ils sont les ennemis jurés. Pour eux, la vie est une guerre perpétuelle.

Les douze liens de la chaîne : chaque scène illustre une situation que l'homme doit dépasser grâce à l'enseignement bouddhique.

Le coq (la cupidité), le porc (l'ignorance) et le serpent (la haine) symbolisent les trois racines du mal.

Les animaux : ils souffrent d'ignorance et vivent seulement par instinct.

Les êtres condamnés à l'enfer : ceux qui s'y trouvent sont les plus mal placés sur l'échelle des réincarnations. Coupables de fautes graves, ils subissent mille tourments.

Pour en savoir plus sur :

Les **Deva** et les **Asura**, voir p. 198.

Des dieux pour protéger la Loi

Né de l'hindouisme, le bouddhisme reconnaît 33 divinités hindoues que le Bouddha aurait formées à sa doctrine. Ces Deva, menés par Indra, le « Roi des dieux », sont considérés comme les premiers protecteurs du Bouddha et de la Loi. Ils sont épaulés par une foule de divinités gardiennes chargée de repousser les mauvais esprits et d'effrayer les ennemis de la Loi. Affreuses et armées jusqu'aux dents, ces divinités remplissent leur rôle à grand renfort de grimaces.

Vivre le bouddhisme

Le bouddhisme est avant tout un mode de vie, qui imprègne le quotidien de chaque fidèle. Mais les bouddhistes commémorent aussi les grands événements de la vie du Bouddha à travers des fêtes et des pèlerinages.

La foi au quotidien

Chaque jour, les bouddhistes cherchent à appliquer les principes de la « Voie du Milieu » enseignés par le Bouddha. Beaucoup pratiquent la méditation. Tous s'efforcent d'avoir une conduite morale en aidant les autres et en évitant les conflits ou la violence. Ils consacrent aussi une partie de leurs revenus aux dons (aumônes aux moines, offrandes aux temples…). Les bouddhistes espèrent ainsi obtenir une existence meilleure lors de leur prochaine réincarnation.

Honneur aux morts

Il n'existe pas de cérémonie bouddhique particulière pour célébrer une naissance ou un mariage. Toutefois, lors de ces événements, les familles demandent souvent la bénédiction d'un moine. Les funérailles, elles, sont marquées par des rites religieux. Le corps est porté en procession jusqu'au temple. Puis une cérémonie a lieu pendant laquelle les moines récitent des textes saints. Dans la grande majorité des cas, le corps est ensuite incinéré.

La procession de la dent à Kandy.

Une dent à dos d'éléphant

Le Sri Lanka affirme posséder une dent du Bouddha. La précieuse relique est conservée dans un temple, à Kandy. Chaque année a lieu l'Esala Perahera, une grande fête en l'honneur de la dent. On sort le reliquaire contenant la dent sacrée pour le promener à dos d'éléphant lors d'une grande procession à travers la ville.

Dans le temple

Les familles se rendent régulièrement au temple. Les fidèles commencent toujours par se déchausser, puis ils se prosternent devant la (ou les) statue(s) du temple en signe de respect. Ils font ensuite des offrandes (riz, fruits, fleurs, encens…), prient en joignant les mains et méditent sur l'enseignement du Bouddha.

Bonne fête Bouddha !

Au mois de mai, la plupart des bouddhistes célèbrent Vesak. Ce jour-là, les fidèles fêtent en même temps la naissance, l'Éveil et la mort du Bouddha. Selon les régions, diverses cérémonies sont organisées. Beaucoup se rendent en procession au temple. Certains lavent des statues du Bouddha enfant ou jouent des pièces de théâtre mettant en scène sa naissance. D'autres allument des lumières pour symboliser son Éveil. Les bouddhistes relâchent même des animaux captifs pour montrer leur bienveillance envers les êtres vivants.

Les pèlerinages

De nombreux lieux saints sont fréquentés par les pèlerins bouddhistes. Les plus réputés sont liés à la vie du Bouddha ou possèdent de précieuses reliques. Bodh-Gaya est l'une des villes saintes les plus importantes : c'est là que le Bouddha est parvenu à l'Éveil. Lumbini, la ville natale du Bouddha, est un autre grand centre de pèlerinage. Elle possède des dizaines de monastères, des centres de méditation, un institut de recherche et une multitude d'hôtels.

Le temple de Mahabodhi à Bodh-Gaya.

Les autels privés

Les bouddhistes possèdent souvent un autel dans un coin de leur maison. Chaque matin, les membres de la famille se recueillent devant la statuette du Bouddha qui est posée dessus, et remercient leur guide pour son enseignement. Ils font brûler de l'encens et déposent quelques offrandes. Parfois, ce n'est pas le Bouddha qui est vénéré, mais une autre grande figure du bouddhisme.

Le calendrier bouddhique

Dans de nombreux pays d'Asie, les fêtes religieuses suivent le calendrier bouddhique. Celui-ci débute souvent à la mort du Bouddha, en 543 av. J.-C. Cette date ne semble pas correspondre à la réalité historique, mais elle est admise par la tradition. Ainsi, alors que les chrétiens fêtaient l'an 2000, les bouddhistes étaient déjà en 2543 de leur ère !

Le Petit Véhicule

Le Petit Véhicule (Hinayana) est l'une des trois voies du bouddhisme. Appelé aussi la « Voie des Anciens » (Theravada), il considère que la quête du nirvana est une démarche individuelle.

L'homme face à lui-même

Le Petit Véhicule met l'accent sur le travail personnel. Chaque individu se concentre sur lui-même, sur ses actions, ses paroles et ses pensées, pour sortir du cycle des réincarnations et atteindre rapidement le nirvana. Les bouddhistes du Petit Véhicule ont tendance à se détacher des problèmes matériels et à favoriser les activités spirituelles. Leur idéal de vie est le « renoncement » et la vie monastique.

Monastère en self-service

Les bouddhistes du Petit Véhicule, hommes et femmes, ne sont pas tous moines ou nonnes. Mais beaucoup font dans leur vie au moins un passage au monastère. Cette « retraite » de la société peut durer quelques jours, quelques mois ou des années. Rien n'est imposé. Les moines et les nonnes ne prononcent pas de vœux définitifs. Ils peuvent quitter le monastère et retourner à la vie laïque quand ils veulent.

La méditation est une pratique fondamentale du bouddhisme.

Un bouddhisme du sud

Le Petit Véhicule est pratiqué par environ 35% des bouddhistes. Il est surtout répandu au sud de l'Asie.

L'initiation des jeunes garçons

Dans les pays adeptes du Petit Véhicule, les jeunes garçons reçoivent une initiation marquant leur entrée dans la communauté bouddhiste. Ils sont conduits au monastère. Les moines leur rasent la tête, leur donnent des robes et un bol à aumônes. Certains garçons ne restent au monastère que quelques jours. D'autres deviennent novices et sont confiés aux moines jusqu'à l'âge adulte. Ils peuvent ensuite revenir dans la société et fonder une famille, ou devenir moine (ou bonze) s'ils préfèrent.

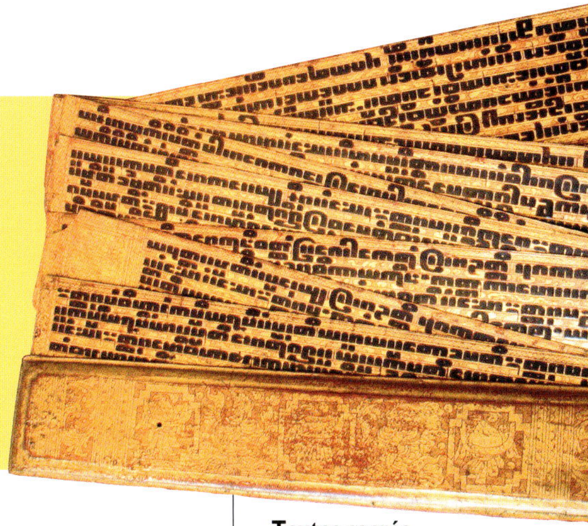

Textes sacrés de Birmanie.

LA TRIPLE CORBEILLE

La Triple Corbeille (Tripitaka) est constituée de trois textes distincts:
- Le «Vinaya Pitaka» comprend 227 règles concernant tous les aspects de la vie: les vêtements, la nourriture, les relations sociales…
- Le «Sutra Pitaka» contient l'enseignement du Bouddha. Une de ses parties (le «Dharmapada») regroupe les conseils du Bouddha pour vivre et agir de façon juste. C'est la partie la plus populaire de la Triple Corbeille. De nombreux bouddhistes l'apprennent par cœur. Le «Sutra Pitaka» contient aussi les «Jataka», histoires racontant les vies antérieures du Bouddha.
- L'«Abhidharma Pitaka» rassemble des réflexions philosophiques sur la vie.

Au service des autres

Les moines consacrent une partie de leur vie à méditer. Ils passent aussi de longs moments à étudier les textes de la Triple Corbeille. Car, selon eux, la connaissance est indispensable pour progresser sur la voie de l'Éveil. Le reste du temps, ils se dévouent aux autres. Ils enseignent leur savoir et conseillent les fidèles. Ils s'occupent aussi de diverses institutions pour les orphelins, les malades ou les personnes âgées.

Une vie de moine

Les moines doivent mener une vie simple et chaste. Ayant renoncé aux biens matériels, ils ne possèdent rien d'autre que leurs robes jaunes ou orange, une ceinture, du fil et des aiguilles, un rasoir, un bol à aumônes, un éventail et une ombrelle. Ils ont aussi une passoire pour filtrer l'eau et éviter d'avaler la moindre créature vivante. Ils s'engagent également à respecter les 227 règles du «Vinaya Pitaka».

LES ARHAT, SAINTS EXEMPLAIRES

Les bouddhistes du Petit Véhicule vénèrent plusieurs arhat. Ce sont des saints bouddhiques qui ont suivi l'enseignement du Bouddha et mené une vie exemplaire afin d'atteindre le nirvana. L'un des plus célèbres est Ananda, le cousin et fidèle compagnon du Bouddha. D'après la tradition, il connaissait par cœur tous les discours du maître et fut à l'origine de la rédaction de certains textes de la Triple Corbeille.

Les moines vivent d'aumônes et doivent quêter chaque jour leur nourriture.

Le Grand Véhicule

UN BOUDDHISME DU NORD

Le Grand Véhicule est pratiqué par 60 % des bouddhistes environ. Il touche principalement le Nord de l'Asie.

Autre voie du bouddhisme, le Grand Véhicule (Mahayana) cherche à libérer l'ensemble de l'humanité du cycle des réincarnations. Pour atteindre ce but, il fait appel à la bonté des bodhisattvas.

SOS bodhisattva

Contrairement au Petit Véhicule qui privilégic la quêtc individuellc, le Grand Véhicule cherche à sauver le plus grand nombre. Mais comme, selon lui, la majorité de l'humanité est incapable de se libérer toute seule du cycle des réincarnations, il faut lui venir en aide. Les bodhisattvas sont là pour ça. Ce sont des êtres bons qui, par compassion, ont choisi de renoncer à leur propre délivrance, pour rester dans le cycle des réincarnations et aider les hommes à atteindre le nirvana.

Avalokitésvara est sans doute le plus populaire des bodhisattvas.

En attendant son heure, Maitreya vit dans un lieu céleste appelé « Tushita ».

Des anges gardiens spécialisés

Les bouddhistes du Grand Véhicule vénèrent des quantités de bodhisattvas. Ils les voient un peu comme des anges gardiens, des êtres sages et compatissants, qui s'occupent des hommes. Les fidèles leur adressent des prières et attendent en retour des aides précises. En effet, chaque bodhisattva a sa spécialité :

- **Avalokitésvara** personnifie la compassion. Protecteur suprême du monde, il est prêt à renaître sous n'importe quelle forme pour sauver les hommes.
- **Manjusri** incarne la Sagesse. Il est souvent considéré comme le maître de tous les bodhisattvas. Il développe l'intelligence et donne la connaissance.
- **Maitreya** est le Bouddha du futur. C'est le prochain Bouddha à venir.

La multiplication des Bouddha

Outre les bodhisattvas, les fidèles du Grand Véhicule adorent une foule de Bouddha. Ils pensent en effet que Sakyamuni, le Bouddha « historique », n'est pas le seul et unique Bouddha. Il existe, selon eux, d'autres êtres parfaits parvenus à l'Éveil. Parmi ces « Éveillés » (c'est le sens du mot Bouddha), certains vécurent dans le passé, d'autres viendront dans le futur. Il y en a aussi qui vivent dans des mondes parallèles ou qui incarnent les éléments du cosmos :

- **Vairochana** est le Bouddha cosmique du zénith. Il rayonne de lumière et incarne la vérité absolue.
- **Amitabha** est le Bouddha cosmique de l'ouest. Il accueille et console les âmes dans son paradis appelé « la Terre pure ».
- **Bhaisajyuaguru** est un Bouddha très populaire. Il est le guérisseur du corps et de l'âme.

Bhaisajyuaguru, le maître des remèdes, porte un pot à onguents.

Sakyamuni, le Bouddha historique

Le Bouddha que nous connaissons, né sous le nom de Siddharta Gautama, est parfois appelé le Bouddha « historique » en raison de son existence au VIe siècle av. J.-C. Il est surnommé « Sakyamuni » (ascète des Sakya), car sa famille appartenait à la tribu des Sakya. Les bouddhistes pensent qu'il est le dernier Bouddha en date, mais qu'avant lui d'autres Bouddha ont vécu sur terre. Selon les sources, il est le septième, le vingt-cinquième ou bien un parmi des milliers.

Représentation coréenne de la « Terre pure » d'Amitabha.

Le Bouddha Vairochana, reconnaissable à sa peau blanche.

Les sutra

Comme le Petit Véhicule, le Grand Véhicule se réfère aux textes saints de la Triple Corbeille. Il possède aussi d'autres écrits appelés « sutra ». Le « sutra du Diamant » est un discours du Bouddha décrivant un bodhisattva en chemin vers la sagesse. Le « sutra du Cœur » parle de sagesse et de compassion. Le « sutra du Lotus » décrit le Bouddha au paradis entouré de milliers de fidèles.

Le Véhicule de Diamant

Le Véhicule de Diamant, ou Vajrayana, est une voie du bouddhisme née du Grand Véhicule. Il accorde une place importante à l'étude des tantra. D'où son nom de bouddhisme tantrique.

Le Vajra (ou « foudre-diamant ») symbolise la voie de la connaissance.

Un Véhicule pour voie rapide

Le Véhicule de Diamant partage la même conception de l'existence et les mêmes orientations religieuses que le Grand Véhicule. Il en diffère par les moyens qu'il utilise pour atteindre l'Éveil : étude des tantra, pratique du yoga et méditation. Souvent, il recourt aussi à la magie. Selon ses fidèles, le Véhicule de Diamant est la voie la plus rapide pour atteindre l'Éveil.

Méditer avant tout

Chez eux, devant l'autel familial, ou au temple, les bouddhistes du Véhicule de Diamant méditent. Cette pratique est au cœur de leur vie spirituelle. Pour se concentrer, les fidèles utilisent principalement deux supports : les mantra et les mandala. Un mantra est une formule sacrée courte. Le fidèle doit le répéter plusieurs fois en se concentrant sur le son et le sens de chaque mot. Ainsi ses pensées superflues disparaissent et son attention s'accroît fortement. Un mandala est un dessin symbolique qui représente le cosmos. Sa contemplation permet au fidèle de fixer son attention.

Le moulin à mantra

Le mantra le plus utilisé est sans doute « Om mani padme hum » (« Salut au joyau dans le lotus »). Cette formule, sacrée entre toutes, exprime la compassion d'Avalokitésvara, le plus grand des bodhisattvas. Les fidèles la recopient sur des feuilles qu'ils glissent à l'intérieur des moulins à prières. Selon eux, faire tourner les moulins équivaut à réciter ce mantra un grand nombre de fois.

Le bouddhisme de l'Himalaya

Le Véhicule de Diamant est pratiqué principalement dans l'Himalaya.

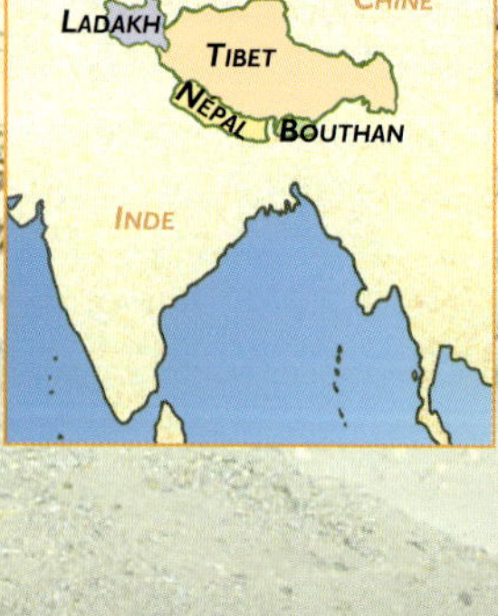

Certains mandala sont peints, d'autres, éphémères, sont faits de poudres colorées.

La gantha est l'emblème de la sagesse.

Les dieux du Diamant

Les bouddhistes du Véhicule de Diamant vénèrent le Bouddha Sakyamuni et bien d'autres Bouddha. Ils accordent également une place importante au bodhisattva Avalokitésvara. Extrêmement fourni, le panthéon du Véhicule de Diamant compte d'autres divinités :

Mahakala, « le Grand Noir », est une divinité protectrice chargée de défendre la Loi du Bouddha. Ses grimaces servent à effrayer les forces du mal.

Tara, la « Salvatrice » : c'est la Grande Déesse, épouse du bodhisattva Avalokitésvara.

LES TANTRA

Les tantra sont des textes sacrés communs à l'hindouisme et au bouddhisme.
Complexes et difficiles d'accès aux non-initiés, ils décrivent en détail les règles, les rites et les exercices qui permettent aux fidèles de libérer leur esprit des contraintes matérielles.
Ils expliquent aussi comment acquérir des pouvoirs surnaturels, destinés par exemple à visualiser une divinité et à s'unir à elle par la simple force de l'esprit.

Les moines tibétains

Tenzin Gyatso, 14e dalaï-lama

L'actuel dalaï-lama se nomme Tenzin Gyatso. Né au Tibet en 1935, il est le quatorzième dalaï-lama et le premier à vivre en exil, loin du Potala. Cette situation est due à l'invasion du Tibet par la Chine et à la persécution des Tibétains depuis 1959. Aujourd'hui, le dalaï-lama vit près de Dharamsala, en Inde. Il voyage régulièrement pour sensibiliser le monde aux problèmes de son peuple.

Au cours de son histoire, le Véhicule de Diamant (Vajrayana) s'est particulièrement développé au Tibet. Il est pratiqué, dans cette région de l'Himalaya et dans les contrées voisines, par une communauté de moines bien organisée et fortement structurée.

À l'école des lamas

Le Véhicule de Diamant accorde une grande importance à la vie monastique. Les moines sont regroupés dans plusieurs écoles. La plus puissante se nomme « Ge-lug-pa », l'école des « Bonnets jaunes », car ses moines portent une robe rouge et un bonnet jaune. Les moines les plus âgés, reconnus pour leur sagesse, sont appelés « lamas ». Ce sont eux qui dirigent la communauté et gèrent les biens du monastère.

Le palais du Potala fut construit au XVIIe siècle.

Lors des danses sacrées, des moines costumés incarnent les divinités.

La vie monastique

Au monastère, la vie quotidienne s'organise autour de l'étude des textes bouddhiques, des séances de méditation et des cérémonies religieuses.
Les moines qui se trouvent au bas de la hiérarchie doivent aussi servir les lamas, jardiner, cuisiner et s'occuper des tâches domestiques.
Parfois, à l'occasion de fêtes, les moines exécutent des danses sacrées devant le peuple rassemblé.

De nombreux enfants sont accueillis dans les monastères pour être formés à la doctrine bouddhiste.

Réincarné en tulku

Selon la loi des réincarnations, toute personne qui meurt est appelée à renaître. Lorsqu'un maître meurt, les lamas cherchent donc à retrouver sa réincarnation. Ils méditent pour connaître le lieu de naissance de l'enfant élu, puis ils se rendent sur place. L'enfant est alors soumis à des tests. Ils lui présentent un ensemble d'objets, dont certains ont appartenu au maître défunt. Si l'enfant reconnaît les objets du défunt, il est accepté comme sa réincarnation. Appelé « tulku », l'élu rejoint alors le monastère et reçoit un enseignement digne du maître.

Le dalaï-lama

Le dalaï-lama (Océan de Sagesse) est le chef des Ge-lug-pa.
Il est considéré comme le guide spirituel et politique de tous les Tibétains. Son prestige est immense car, pour ses fidèles, il est la réincarnation du bodhisattva Avalokitésvara. Son palais, le Potala, se trouve à Lhassa. Il a été construit par Ngawang Losang Gyatso (1617-1682), cinquième dalaï-lama, grand érudit et homme d'État avisé qui fit du Tibet un pays puissant.

LE MONT KAILASH

Le mont Kailash est le site le plus sacré du Tibet. Pour les hindous, c'est la demeure légendaire de Shiva et Parvati. Pour les bouddhistes, il représente le mont Meru, la résidence des dieux. De nombreux pèlerins en font le tour à pied : c'est la « kora ». Certains vont même jusqu'à accomplir ce parcours de 56 km en se prosternant tous les deux mètres ! Le point culminant du circuit est le col de la déesse Drölma (Tara), à 5 670 m d'altitude. Là, les pèlerins font des offrandes pour s'attirer les bonnes grâces de la déesse : ils se coupent des mèches de cheveux ou s'arrachent une dent !

Le pavillon d'or est le plus célèbre temple bouddhiste de Kyoto.

Le bouddhisme au Japon

Au Japon, il existe de nombreux courants bouddhistes issus du Grand Véhicule (Mahayana). L'un d'eux, le zen, a profondément marqué la civilisation japonaise.

L'arrivée du bouddhisme au Japon

Passant par la Chine et la Corée, le Grand Véhicule atteint le Japon au milieu du VIe siècle. Plusieurs écoles naissent, intégrant le bouddhisme au shintô, la religion traditionnelle du Japon. Ce sont par exemple les écoles Tendai, Shingon et Jodo. Au XIIe siècle, apparaît au Japon un nouveau courant : le zen. Ce terme est une déformation du mot chinois *chan* qui signifie « méditation ». Cette forme particulière du bouddhisme fut introduite par le moine Eisai qui voyagea en Chine avant de créer l'école Rinzai au Japon. Par la suite, d'autres écoles virent le jour, comme l'école Soto, fondée par le moine Dôgen.

Les adeptes Jodo vouent un culte à Amida (déformation d'Amitabha), le Bouddha de la Terre pure de l'Ouest.

Kannon fait des miracles

Au Japon, le bodhisattva Avalokitésvara se nomme Kannon et a souvent l'apparence… d'une femme ! Pour ses fidèles, Kannon incarne la compassion infinie : elle écoute les hommes, les apaise et les protège. Capable de faire des miracles, elle veille tout particulièrement sur les marins et les pêcheurs.

L'essentiel est de rester zen

Pour les adeptes du zen, tout individu peut atteindre l'Éveil (Satori) : il suffit de suivre l'enseignement d'un maître et de pratiquer la méditation. Selon les écoles, différentes techniques de méditation sont pratiquées. Tandis que l'école Rinzai utilise les kôan, des énigmes sans solution logique qui passent par l'absurde pour libérer l'esprit de son fonctionnement habituel, l'école Soto met plutôt l'accent sur le zazen, la méditation immobile en position assise.

Les adeptes du zen utilisent les jardins secs comme support à la méditation.

La fête des fleurs

En avril, les Japonais célèbrent Hana Matsuri, la fête des fleurs. Ils marquent ainsi l'arrivée du printemps et la naissance du Bouddha. Les temples sont décorés de fleurs pour rappeler le magnifique jardin de Lumbini, où est né le Bouddha. Les fidèles versent du thé parfumé sur des statues du Bouddha bébé pour commémorer son premier bain.

Bodhidharma culbuto

Personnage en grande partie légendaire, le moine bouddhiste Bodhidharma aurait vécu vers le VIe siècle. Sous le nom de Daruma, il est particulièrement populaire au Japon où son effigie est devenue une sorte de jouet porte-bonheur. Elle ressemble à un culbuto en papier mâché peint sans yeux. Ceux qui font un vœu peignent la première pupille. Si le vœu se réalise dans l'année, ils peignent la seconde.

La perfection zen

Imprégné d'un idéal de pureté, le zen aspire à un geste parfait. Il a largement influencé la vie et l'art japonais. On retrouve sa marque un peu partout, dans la cérémonie du thé, l'arrangement floral, la calligraphie, la peinture, le théâtre, la poésie ou les arts martiaux comme le karaté. Les adeptes du zen sont également réputés pour l'aménagement des jardins et plus particulièrement pour la création de jardins secs composés de rochers et de gravillons géométriquement ratissés.

Les haiku

Le zen a influencé un style de poésie particulier : les haiku. Ce sont des poèmes sobres, précis et brefs. En japonais, ils font généralement 17 syllabes, réparties en trois vers de 5, 7 et 5 syllabes. Au XVIIIe siècle, le poète Buson écrivit : « Devant le chrysanthème blanc Ils hésitent un instant les ciseaux. »

Pour en savoir plus sur :

Amida/Amitabha, voir p. 227.

À Katmandou, au Népal, les yeux peints sur le stupa de Swayambunath symbolisent la présence du Bouddha.

Stupas et temples

Un petit tour du monde de l'architecture bouddhique montre qu'il existe des temples et des monastères de styles très différents. Toutefois, un élément est toujours présent : le stupa, monument en forme de cloche, symbole du bouddhisme.

Un stupa, à quoi ça sert ?

Après les funérailles et l'incinération du Bouddha, ses compagnons conservèrent ses reliques dans des monuments appelés « stupas ». Par la suite, beaucoup d'autres stupas furent construits pour recueillir les cendres des grands sages, des objets ou des textes sacrés. Ces monuments ne possèdent pas de pièce intérieure. Le rituel veut que les pèlerins leur rendent hommage en tournant autour dans le sens des aiguilles d'une montre.

Les pagodes

Dans certains pays comme la Chine, la Corée ou le Japon, les monuments religieux sont appelés « pagodes ». Ce mot vient du cinghalais *dagoba* qui veut dire « reliquaire ». Toute pagode est en effet censée abriter une relique du Bouddha ou un objet lui ayant appartenu.

L'immense ville sanctuaire d'Angkor, au Cambodge, comprend des centaines de temples hindous et bouddhistes.

Le stupa, une cloche symbolique

Bien que leur architecture varie énormément d'un pays à l'autre, tous les stupas ont à peu près la même structure : une base carrée, une partie intermédiaire circulaire en forme de dôme et un sommet pointu qui s'élance vers le ciel. Il existe de nombreuses manières d'expliquer la symbolique de cette grosse cloche posée sur le sol. Selon certains, sa base représente le Sangha (la communauté), sa partie intermédiaire symbolise le Dharma (la loi) et son sommet évoque le Bouddha.

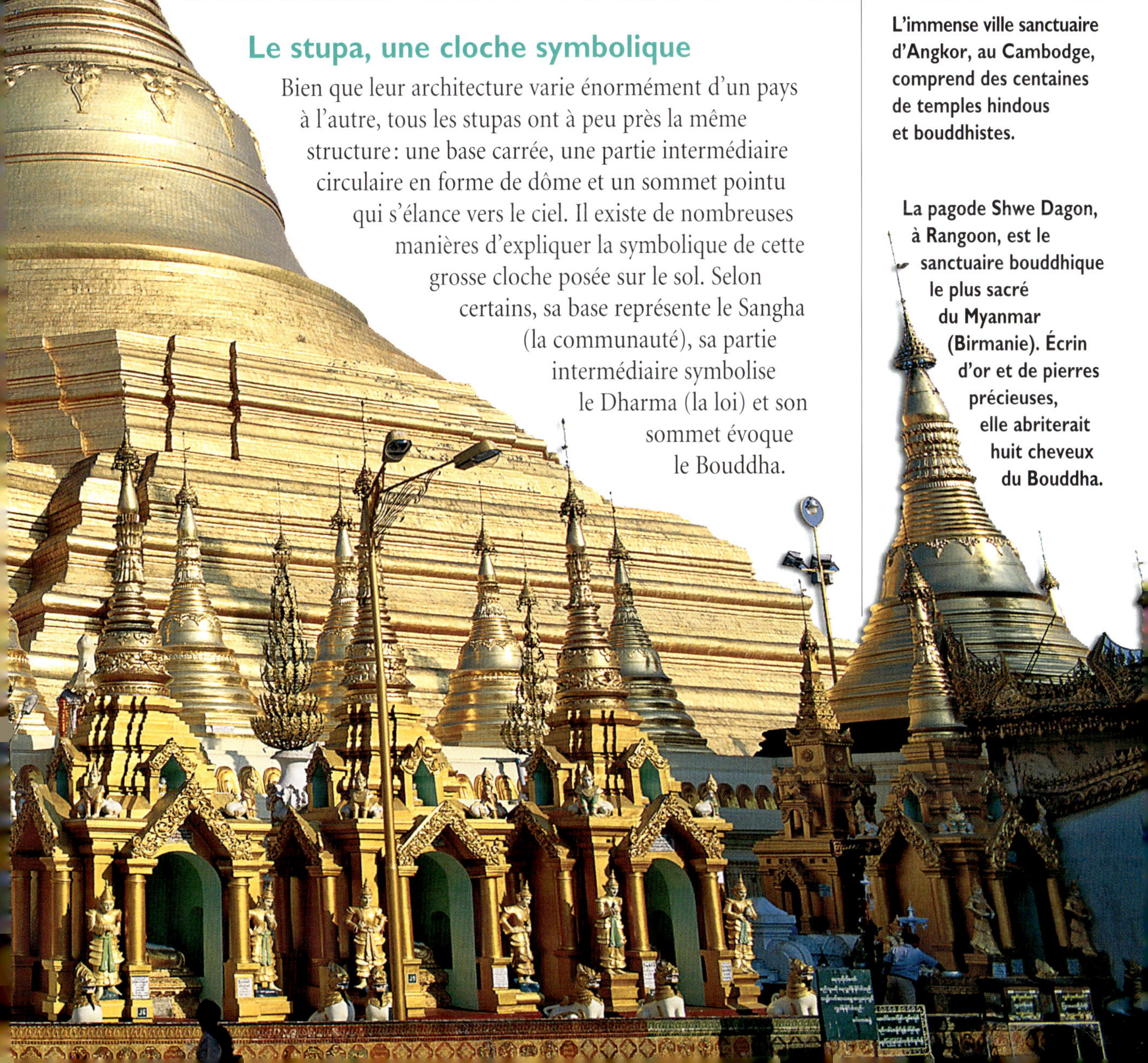

La pagode Shwe Dagon, à Rangoon, est le sanctuaire bouddhique le plus sacré du Myanmar (Birmanie). Écrin d'or et de pierres précieuses, elle abriterait huit cheveux du Bouddha.

La religion populaire chinoise

«Il n'est pas nécessaire d'aller vite, le tout est de ne pas s'arrêter.»
«Applique-toi à garder en toute chose le juste milieu»
Confucius

La religion chinoise est un «sacré» mélange. Elle s'est construite au fil des siècles, mêlant croyances ancestrales, religion bouddhiste et règles de vie inspirées du confucianisme et du taoïsme.

La sagesse de Confucius

Le grand philosophe chinois Confucius (ou Kongzi, «Maître Kong») serait né au VIe siècle av. J.-C. Son enseignement propose un ensemble de règles pour vivre en paix dans une société harmonieuse. Selon lui, il faut notamment honorer ses ancêtres, respecter ses parents, obéir à ses supérieurs et pratiquer les cinq vertus: la bonté, la sagesse, la loyauté, la courtoisie et la droiture. Sa pensée, appelée «confucianisme», a très tôt inspiré les empereurs chinois qui aimaient l'ordre et la discipline. Elle devint même la base de l'enseignement délivré aux hauts fonctionnaires de l'État.

Le culte des ancêtres

Les Chinois vouent un culte à leurs ancêtres depuis des milliers d'années. Selon eux, lorsqu'un individu meurt, son corps disparaît, mais son esprit continue d'exister. Sa famille croit donc pouvoir s'attirer sa protection en lui adressant des prières et des offrandes d'encens ou de nourriture. Généralement, chaque foyer possède un autel où sont déposées des tablettes gravées au nom des ancêtres. La tradition veut que le culte aux ancêtres ne soit pratiqué que par les hommes, ce qui explique l'importance pour un père d'avoir au moins un fils qui prendra sa relève.

Importation de Grand Véhicule

Au Ier siècle de notre ère, un empereur de la dynastie Han s'intéressa au bouddhisme. Il envoya vers l'Ouest une mission chargée d'étudier cette religion. Les envoyés de l'empereur revinrent avec des textes sacrés, des images du Bouddha et deux moines indiens. C'est ainsi que le bouddhisme Mahayana (le Grand Véhicule) fut introduit en Chine. Dans les premiers temps, les adeptes des philosophies traditionnelles chinoises, notamment les confucianistes, se montrèrent hostiles à cette nouvelle religion. Mais peu à peu la cohabitation s'améliora et les différentes doctrines finirent par s'entremêler.

Pour en savoir plus sur:
Le **Grand Véhicule**, voir p. 226-227.

Le tao, moteur de l'univers

Le taoïsme est une philosophie de la vie, non une religion. Ses adeptes pensent qu'un principe unique fait fonctionner l'univers et garantit l'harmonie de la nature : le tao (ou dao). Selon eux, cette « force » se compose de deux énergies qui s'opposent et se complètent en permanence : le yin (féminin et passif, lié à la nuit, à la lune et à la terre) et le yang (masculin et actif, lié au jour, au soleil et au ciel). Les taoïstes les plus purs (maîtres spirituels et ascètes) conseillent le retour à la nature et cherchent à se fondre dans le tao en pratiquant la méditation.

Lao Tseu et Confucius accueillent le Bouddha enfant.

Symbole du tao montrant le yin et le yang entremêlés.

Le taoïsme populaire

De nombreux Chinois ont adopté une version simplifiée du taoïsme : ils pratiquent des « arts de longue vie » censés leur assurer une grande longévité, voire l'immortalité ! Ces « arts » peuvent agir sur le corps et sur l'esprit. Ils touchent à diverses disciplines : la magie, les régimes diététiques, les techniques respiratoires, les mouvements de gymnastique, etc. Le taï-chi-chuan, par exemple, est une activité physique particulièrement recommandée. Il vise à harmoniser le corps et l'esprit par des gestes lents et contrôlés.

Guanyin

Guanyin est la forme chinoise et féminine du bodhisattva Avalokitésvara. Entièrement vêtue de blanc, elle incarne la déesse bouddhiste de la miséricorde : elle aide tous ceux qui sont dans la détresse et la douleur.

Lao-Tseu

Considéré comme le fondateur du taoïsme, Lao-Tseu (ou Lao-zi) aurait vécu en Chine au VIe siècle av. J.-C. Mais son existence historique n'est pas prouvée. La légende raconte qu'un jour, il entreprit un grand voyage vers l'Ouest. À la frontière de l'Empire, un garde l'obligea à laisser un recueil de son enseignement avant de partir. Lao-Tseu ne se démonta pas et rédigea en trois jours le *Daodejing* (le « Livre de la Voie et de la Vertu »), l'ouvrage de référence du taoïsme. Puis le vieux maître monta sur un buffle et disparut à jamais.

Mi-hommes, mi-dieux, les Huit Immortels forment une bande de joyeux compagnons.

Religion à la carte

Confucius divinisé

Bien que Confucius soit un personnage historique (et non un dieu), les adeptes de sa pensée lui ont élevé des temples et lui rendent un culte. Chaque année, des millions de visiteurs se rendent sur le lieu présumé de sa naissance, à Qufu, dans la province du Shandong. Là, se trouve un temple magnifique dédié au maître.

Les Chinois ont l'esprit pratique. Ils choisissent leurs cérémonies « religieuses » selon les besoins. Ils honorent une multitude de dieux spécialisés à qui ils demandent faveur et protection.

Une religion en kit

La religion populaire chinoise ne s'organise pas autour d'une vérité principale. Elle mélange des croyances et des rites de différentes origines pour en faire une sorte de kit pratique utilisable en toutes circonstances. Ainsi, les Chinois recherchent l'équilibre, l'harmonie et la santé auprès des maîtres taoïstes. Ils font appel aux moines bouddhistes pour s'occuper de la mort, c'est-à-dire des funérailles. Ils consultent aussi toutes sortes de spécialistes du surnaturel : astrologues, devins ou médiums.

Lu (le bonheur), Fu (la richesse) et Shou (la longue vie) sont des personnages mythiques extrêmement populaires.

La bureaucratie céleste

Le panthéon chinois fourmille de dieux organisés en une véritable « bureaucratie céleste ». Au sommet de la hiérarchie se trouve **Yu Huang**, l'empereur de Jade. Seigneur du Ciel et dieu suprême, il a sous ses ordres des quantités de ministres qui s'occupent chacun d'un domaine particulier : un astre, une montagne, un fleuve, un métier, etc. **Shennong**, par exemple, est le « Divin laboureur », le dieu des moissons. **Mazu** est la déesse de la mer et la protectrice des pêcheurs. Même **Lao-Tseu**, le fondateur légendaire du taoïsme, est considéré comme un dieu !

Les Huit Immortels

Les Huit Immortels sont des êtres légendaires ayant atteint l'immortalité en observant les principes du tao. Le plus populaire d'entre eux est **Lu Dongbin**. Représenté en maître taoïste portant une épée magique, il est le patron de nombreuses associations religieuses ou professionnelles. La seule femme du groupe des Huit immortels se nomme **He Xiangu**. Elle aurait vécu cachée dans les montagnes plusieurs années, se nourrissant uniquement de poudre de nacre et de rayons de lune.

Animal fantastique, le dragon est l'emblème de la Chine.

Le mont Tai Shan

La Chine compte cinq montagnes sacrées. Le Tai Shan, la plus vénérée de toutes, se trouve à l'est, dans la province du Shandong. Autrefois, les empereurs chinois y faisaient des sacrifices au ciel et à la terre. De nos jours, des pèlerins en foule continuent de gravir ses quelque 6000 marches bordées de nombreux temples taoïstes. Au sommet, ils rendent hommage au soleil levant et à la déesse **Bixia** (Nuages de l'aurore), qui protège les femmes et les aide à avoir des enfants.

Les dieux de tous les jours

Il existe aussi des dieux plus ordinaires qui interviennent dans la vie quotidienne. Les dieux « des murs et des fossés », sortes de préfets locaux, s'occupent des cités. Les dieux « du sol » veillent sur les champs et les villages. À la maison, c'est la même chose : murs, portes, chambres, rien n'échappe aux divinités. Pas même les toilettes ! Installé dans la cuisine, **Tsao-Kiun** est le dieu du foyer. Il comptabilise les bonnes et les mauvaises actions de la famille. Une fois par an, il fait son rapport aux dieux du ciel qui décident, ou non, d'accorder bonheur et longévité aux habitants de la maison.

Le shinto

L'ORIGINE DU MONDE

Au début des temps, les dieux vivaient dans le ciel. Un jour, le dieu Izanagi et son épouse Izanami entreprirent de créer le monde. Ils fabriquèrent tout d'abord les îles du Japon en remuant l'océan primordial du bout de leur lance. Puis ils donnèrent naissance à une série de divinités (les kami). Amaterasu, la déesse du soleil, jaillit de l'œil gauche d'Izanagi. Tsukuyomi, la déesse de la lune, surgit de son œil droit, et Susanoo, le terrible dieu des tempêtes, sortit de son nez.

Le shinto, ou « Voie des dieux », est la plus ancienne religion du Japon. Il affirme l'existence de divinités, les kami, qui peuplent l'univers. De nos jours, beaucoup de Japonais restent fidèles au shinto, tout en suivant certains rites bouddhistes.

Amaterasu survolant le mont Fuji.

Les « huit cents myriades divines »

Les adeptes du shinto croient aux kami, des divinités qui, par milliers, animent l'univers. Les kami sont souvent liés à la nature : astres, montagnes, cours d'eau, arbres, animaux… Ils sont plus rarement issus de héros ou de maîtres spirituels défunts. Aux yeux des fidèles, le kami le plus puissant est **Amaterasu**, la déesse du soleil. Mais il en existe bien d'autres, comme **Inari**, le distributeur de richesses, **Hachiman**, le défenseur du Japon, **Ebisu**, le dieu de la pêche et du commerce, ou encore **Tenjin**, le protecteur des candidats aux examens.

Torii : portique matérialisant l'entrée d'un sanctuaire shinto.

Les sanctuaires shinto

Les kami les plus importants sont vénérés dans des sanctuaires construits selon des règles précises. Le bâtiment principal (honden) est surélevé, bâti en bois et recouvert d'un toit de chaume. Il abrite généralement un objet sacré (miroir, épée, pierre…), qui sert de support physique au kami, ce dernier étant par nature invisible aux hommes. Au-dessus de la porte, une corde en paille tressée délimite l'espace sacré et éloigne les mauvais esprits. Tout autour du honden, se dressent divers bâtiments pour accueillir les fidèles. Et un bassin d'eau est mis à leur disposition pour leurs ablutions.

Faites vos vœux !

Les adeptes du shinto prêtent aux kami une grande capacité à exaucer les vœux. Chaque kami ayant sa spécialité, les fidèles choisissent leur pèlerinage en fonction de la faveur ou de la protection qu'ils souhaitent obtenir. Ils écrivent leur prière sur une planchette de bois qu'ils accrochent à une sorte de râtelier. Puis ils appellent le kami en remuant une cloche, en frappant un gong ou en en tapant dans les mains. Ils font ensuite quelques offrandes (riz, alcool de riz, argent…) et se prosternent afin de se concilier les bonnes grâces du kami invoqué.

Incroyable mais vrai !

À Ise se trouve le sanctuaire d'Amaterasu, déesse du soleil et protectrice de la famille impériale japonaise. Ce sanctuaire est le plus vénéré du Japon. Il conserve notamment le miroir sacré qui sert de support physique à la déesse. Tous les vingt ans, les bâtiments de bois et de chaume du sanctuaire sont entièrement détruits et reconstruits à l'identique. Selon les shintoïstes, c'est le seul moyen d'assurer la pureté parfaite du lieu.

Prêtres shinto s'apprêtant à célébrer un mariage.

Le Kojiki

Le *Kojiki*, ou « Notes sur les faits du passé », fut rédigé en 712. Certains de ses textes sont les plus anciens écrits en langue japonaise. Divisé en trois livres, il raconte les origines de l'univers, l'histoire des dieux et de leurs descendants, les premiers empereurs japonais. Il est considéré comme le livre saint du shinto.

Le shinto-bouddhisme japonais

« Les Japonais naissent shintoïstes et meurent bouddhistes ! » dit une formule populaire. Bien que rapide, ce petit résumé contient une part de vérité, puisque les Japonais pratiquent l'une ou l'autre de ces religions selon leurs besoins. Pour avoir un enfant, guérir d'une maladie ou réussir un examen, les Japonais se rendent au sanctuaire pour prier tel ou tel kami. Pour un mariage, la construction d'une maison ou l'inauguration d'une usine, ils organisent une cérémonie shintoïste. Mais pour la mort, les funérailles et les interrogations sur l'au-delà, ils se tournent vers les moines bouddhistes.

Inari

Inari est le kami du riz, donc de la nourriture et, par extension, des richesses. Il est souvent représenté par un renard blanc qui était à l'origine son messager. Son sanctuaire le plus important est celui de Fushimi à Kyoto. Il est doté d'une impressionnante allée de torii, placés les uns derrière les autres et formant une sorte de couloir couvert. Tous ont été offerts à Inari par des hommes d'affaires venus demander réussite et prospérité.

Les religions métisses

De la rencontre des peuples, parfois violente et destructrice (esclavage, colonisation…), et du brassage culturel qui en a résulté, des religions nouvelles ont vu le jour dans de nombreux pays du globe.
Elles ont pour particularité de mélanger des éléments issus de traditions religieuses différentes.
On appelle cela le syncrétisme.

Églises chrétiennes d'Afrique

Qu'est-ce qu'une Église prophétique ?

Un prophète est un individu qui prétend avoir reçu la parole de Dieu et parle en Son nom. En Afrique, de nombreux prophètes affirmant avoir reçu des messages divins ont fondé des Églises prophétiques, comme l'Église du christianisme céleste, très répandue le long de la côte atlantique. Ces prophètes invitent les Africains à rompre avec leur religion ancestrale en détruisant les statues et les masques traditionnels. Ils proposent à la place un christianisme porteur de bienfaits.

Dès la fin du XIXe siècle, l'Afrique voit naître de nouvelles Églises qui adaptent le christianisme au mode de vie local. Souvent fondées par des prophètes africains, ces Églises proposent aux fidèles de les protéger contre toutes sortes de dangers, et notamment contre la sorcellerie.

Un christianisme à l'africaine

Quand les Européens ont colonisé l'Afrique, ils ont essayé d'imposer le christianisme et de lutter contre les croyances ancestrales des populations locales. Dans certains pays, cette évangélisation forcée a produit des effets inattendus : les Africains ont adopté les rites chrétiens et les ont parfois associés à leurs propres traditions. De nouvelles Églises, dites « prophétiques », sont ainsi apparues, dont beaucoup ont servi de rempart contre le pouvoir des sorciers. Certaines ont aussi joué un rôle très important dans la remise en cause du pouvoir colonial.

Les Églises « éthiopiennes »

S'appuyant sur la Bible qui dit que « l'Éthiopie tendra les mains vers Dieu », (Psaume 68, 32), de nombreuses Églises dites « éthiopiennes » sont nées de l'idée que l'Afrique peut être chrétienne sans l'aide des Blancs. Présentes surtout en Afrique australe, ces Églises sont indépendantes et suivent encore certaines traditions ancestrales, comme la vénération des ancêtres protecteurs.

Le harrisme

William W. Harris est un prophète noir né au Liberia vers 1850. Élevé par des protestants américains, il devint instituteur et se fit baptiser. Un jour, l'ange Gabriel lui aurait demandé de porter la parole du Christ et de baptiser les siens. Ne rencontrant aucun succès au Liberia, Harris partit remplir sa mission en Côte-d'Ivoire. Il condamna la sorcellerie et diffusa un message basé sur une interprétation africaine de la Bible. Harris encouragea aussi ses fidèles à s'instruire. Une position très mal vue des autorités coloniales françaises, qui l'expulsèrent du pays. L'Église harriste est aujourd'hui très présente en Côte-d'Ivoire.

Une cérémonie harriste en Côte-d'Ivoire.

Pour les fidèles de la Société des Chérubins et des Séraphins (Nigeria), la prière est un vrai médicament : ils prient quand ils sont malades.

Les zionistes d'Afrique du Sud

Dès le début du XXᵉ siècle, des milliers de petites Églises s'inspirant de l'Ancien Testament sont apparues en Afrique du Sud : ce sont les Églises zionistes. Chacune a été fondée par un prophète, qui prétend que Dieu lui est apparu en vision et lui a donné des pouvoirs de guérison. Les adeptes de ces Églises croient en l'Esprit saint des chrétiens, en la guérison divine, en l'exorcisme et à la réalité des prophéties.

Le kimbanguisme

Né au Congo belge (Zaïre), Simon Kimbangu était un prédicateur noir, formé par une mission protestante anglaise. En 1921, il affirma avoir reçu de Dieu la mission de gunza (messie) et le pouvoir de guérir. Kimbangu ordonna de détruire les objets de la religion traditionnelle (amulettes, fétiches, etc.) et de renoncer aux pratiques magiques. Il ne conserva que le culte des ancêtres. Il instaura le baptême chrétien, la confession et les chants religieux.
Le mouvement de Kimbangu prit de l'ampleur et se mit à contester le pouvoir colonial belge. Arrêté, le gunza fut condamné à mort, puis gracié et emprisonné à vie. Sa prison est devenue un lieu de pèlerinage.

POUR EN SAVOIR PLUS SUR :
Le **pouvoir des sorciers**, voir p. 75.

Kimbangu fit détruire les objets de la religion traditionnelle.

LES ÉGLISES GUÉRISSEUSES

Au Nigeria, au Bénin ou au Ghana, de nombreuses Églises pratiquent la « santé par Dieu ». Les fidèles assistent à de longues séances de prière collective, censées apporter guérison et solutions aux problèmes des fidèles. S'aidant de la Bible et de l'Esprit saint, les prêtres soignent les malades, un peu comme le faisaient Jésus et les apôtres en leur temps… Certains guérisseurs affirment aussi être inspirés par l'Esprit saint quand ils vont chercher leurs plantes dans la nature.

Madagascar, l'île des esprits

LA PUISSANCE DES FADY

La religion traditionnelle malgache pose de nombreux interdits, les fady, qui conditionnent la vie de tous les jours. Il est par exemple interdit aux femmes enceintes de traverser un fossé ou aux paysans de cultiver les rizières le mardi et le jeudi. L'origine de ces fady se perd souvent dans la nuit des temps. Mais les Malgaches continuent de les respecter, par crainte d'offenser Zanahary et les ancêtres, voire de provoquer leur colère.

À Madagascar, une grande partie de la population croit en un dieu suprême et créateur appelé Zanahary. Ce qui n'empêche pas les Malgaches de vénérer les ancêtres (razana) et les esprits (fanahy)…

Les croyances malgaches

Depuis des siècles, les Malgaches croient en un dieu unique, Zanahary, créateur de l'univers, de la nature et des hommes. Voilà pourquoi, lorsque les missionnaires chrétiens ont voulu les convertir à leur religion, les Malgaches ont pu continuer de vénérer Zanahary tout en adoptant assez facilement les rites chrétiens : 70 % d'entre eux sont aujourd'hui catholiques ou protestants. D'autres se sont convertis à l'islam (1 % de la population). Mais tous ont conservé leurs croyances et leurs pratiques traditionnelles, liées au culte des esprits et des ancêtres.

Esprits et ancêtres

D'après la tradition malgache, Zanahary fait appel aux esprits (fanahy) et aux ancêtres (razana) pour protéger et surveiller les hommes. Les esprits habitent la nature. Quant aux ancêtres, ce sont soit des princes illustres de l'histoire malgache, soit des personnes décédées, de la famille ou non, connues ou inconnues. Tous sont vénérés avec beaucoup de soin, car ils servent d'intermédiaires entre les vivants et Zanahary. Les razana veillent aussi au respect des règles de la tradition, qui garantissent le bon ordre des choses sur Terre. Ils peuvent ainsi apporter leur aide et leur bénédiction aux hommes, mais aussi les punir en cas de faute ou de non respect des fady (interdits).

Deux funérailles valent mieux qu'une !

Quand une personne meurt, ses proches mettent son corps dans un tombeau et célèbrent dans la tristesse son passage du monde des vivants à celui des morts. La famille doit ensuite attendre que le corps soit tout desséché pour organiser le famadihana, souvent traduit par « retournement des morts », cérémonie qui permet au mort de devenir ancêtre. Le mort est sorti de son tombeau, enveloppé dans un beau linceul tout neuf et ses proches le promènent à travers le village en dansant sur des airs de musique joyeuse. Avant de remettre l'ancêtre dans son tombeau, on le cajole et on lui offre des cadeaux, des photos et du rhum. Car plus on le chouchoute, plus il accepte de bénir les vivants.

QUAND ZÉBU, Z'AI ENCORE SOIF

Il y a fort longtemps, le dieu Zanahary réunit ses créatures pour leur confier un grand secret. Les zébus arrivèrent les premiers et les hommes se firent attendre… Mécontent, Zanahary donna aux zébus un remède magique pour soigner les maladies, avec ordre d'en laisser une part aux hommes. Dès qu'il eut le dos tourné, les zébus, très gourmands, burent le remède tout entier. Si bien que quand les hommes arrivèrent, il ne restait plus rien ! Furieux, les hommes se plaignirent à Zanahary qui dit : « Maudits soient les zébus ! Chaque fois que les hommes auront besoin du remède, ils sacrifieront un zébu pour tenter de les guérir ! ». Et c'est ce qu'ils font depuis…

LA BIBLE ET LE CULTE DES ANCÊTRES

Certains chrétiens malgaches ont une lecture bien à eux de la Bible. Ils considèrent Jésus-Christ comme le razana des Européens et utilisent certains passages de la Bible pour justifier le culte des ancêtres.

Le « retournement des morts » ou famadihana dans la campagne malgache.

Le drapeau rastafari est vert comme la Terre promise, jaune comme l'or et la richesse, rouge comme le sang versé pour l'indépendance du peuple. Le lion représente l'empereur Hailé Sélassié.

Les rastafaris de la Jamaïque

À la Jamaïque, les rastafaris pratiquent un christianisme tourné vers l'Afrique : ils croient en un dieu unique – noir – et en un retour en Terre promise (l'Éthiopie). Leurs croyances et leur vision du monde sont diffusées par la musique reggae.

C'est la fête à Sélassié

À côté des fêtes chrétiennes comme Noël (7 janvier), les rastafaris célèbrent surtout des moments de la vie d'Hailé Sélassié : sa naissance (23 juillet), son sacre (2 novembre) ou sa visite en Jamaïque (du 21 au 25 avril 1966).

Un mode de vie made in Holy Piby

Le mode de vie des rastafaris s'inspire des commandements de la Holy Piby, la Bible des Noirs. Les rastafaris ne se coupent ni la barbe ni les cheveux : ils portent des dreadlocks, comme l'auraient fait avant eux les hommes des anciennes tribus d'Israël. Ils suivent un régime : ils ne mangent pas de viande, ne boivent pas d'alcool et ne fument pas de tabac.

Hailé Sélassié est sacré empereur sous le nom de ras (prince) Tafari, ce qui a donné le mot « rastafari » (souvent abrégé en « rasta »).

Un dieu vivant importé d'Afrique

En 1916, Marcus Garvey, un homme politique jamaïcain noir, fait une prophétie : il prétend qu'un roi noir sera couronné en Afrique et que ce roi pourrait être le Sauveur annoncé dans la Bible. Quelques années plus tard, en 1930, Hailé Sélassié est sacré empereur d'Éthiopie sous le nom de ras (prince) Tafari Makonnen. Pour les Jamaïcains, c'est la réalisation de la prophétie : Hailé Sélassié est la réincarnation de Dieu sur terre. Un immense espoir naît et, avec lui, une nouvelle religion, le rastafarisme.

Terre promise, le retour

Les rastafaris pensent que la Bible a été mal traduite par les Blancs. Selon eux, Dieu, qu'ils appellent Jah, abréviation de Jéhovah (le nom hébreu de Dieu), est noir et africain. Les rastafaris croient que les Noirs, comme les juifs de l'Ancien Testament, sont réduits en esclavage sur une terre qui n'est pas la leur. Ils doivent donc se libérer pour accéder à la Terre promise : l'Éthiopie. Très important aux débuts du rastafarisme, ce rêve de retour en Terre promise a depuis été transformée en un combat pour la justice et l'égalité des droits entre les Noirs et les Blancs.

LE REGGAE

Né dans les années 60, le reggae est un genre de musique jamaïcain, utilisé par les rastafaris pour faire connaître leur conception du monde et dénoncer les injustices commises par « Babylone » (la civilisation occidentale). Bob Marley a rendu le reggae très populaire dans le monde entier.

Un baptême rasta à Kingston.

La ganja rapproche de Jah

La religion rastafari n'a ni chef, ni clergé, ni lieu de culte particulier. Mais elle s'inspire beaucoup du christianisme baptiste (protestant) venu des États-Unis : elle place la Bible et l'amour de Dieu au cœur de ses pratiques religieuses. L'important, pour les rastafaris, est de lire et de méditer les textes de la Holy Piby (la Sainte Bible des Noirs). C'est ce qu'ils appellent le « raisonnement ». Pour méditer, il faut fumer une herbe sacrée, la ganja (cannabis). Consommée comme un sacrement, cette herbe permet de s'ouvrir l'esprit et de s'élever vers Dieu (Jah).

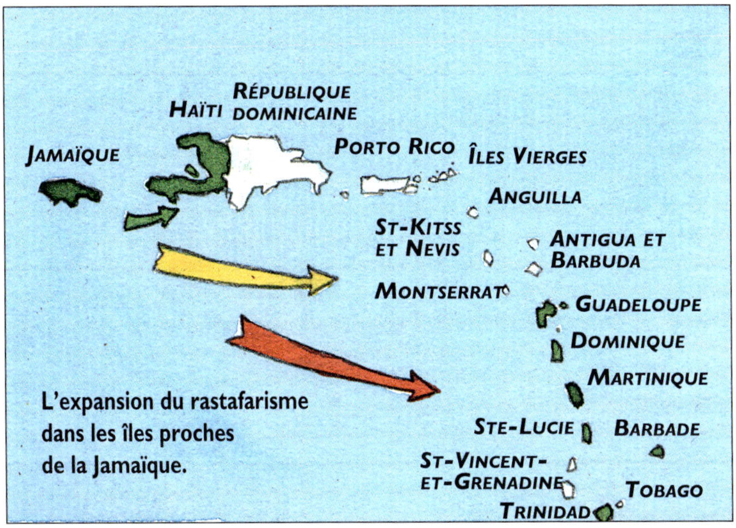

L'expansion du rastafarisme dans les îles proches de la Jamaïque.

Très rythmée, la musique rasta utilise beaucoup les tambours et s'inspire des musiques rituelles africaines.

En Uruguay, une adepte du culte umbanda danse pour invoquer les esprits.

Les cultes de possession afro-américains

LA TRANSE

La transe est une sorte d'état second dans lequel se met une personne qui veut faire entrer un dieu ou un esprit dans son corps. Pour entrer en transe, il faut parvenir à un état de fatigue extrême en faisant des mouvements spéciaux, en dansant de plus en plus vite, en se privant d'eau, de nourriture, ou encore en absorbant des drogues ou de l'alcool.

En Amérique latine et dans les Antilles, certains descendants des esclaves venus d'Afrique pratiquent des religions mêlant cultes africains et rites chrétiens. Ils croient en un monde peuplé d'esprits, qui prennent possession du corps des fidèles pour communiquer avec eux.

L'Afrique sous camouflage catholique

Colonisées par des Européens dès la fin du XVe siècle, les îles des Antilles et l'Amérique latine ont été peuplées d'esclaves venus d'Afrique. Convertis de force au christianisme, ces Africains ont adopté des pratiques catholiques et les ont associées à la religion de leurs ancêtres. Aujourd'hui, la plupart de leurs descendants sont baptisés à l'église. Mais ils croient toujours en nombre de dieux et d'esprits africains. Ils participent à des cérémonies dont le moment central est la « possession » : la divinité descend dans le corps d'un fidèle entré en transe, le chevauche et délivre son message à travers lui.

Le candomblé, une religion de la danse

Au Brésil, les adeptes du candomblé croient en un dieu suprême yoruba appelé Olorun. Mais ils ne lui rendent aucun culte. Ils vénèrent en revanche une foule de divinités, les orisha, qui ont chacune une spécialité (l'eau, la foudre, l'amour…) et deux noms : l'un africain, l'autre catholique. Pour invoquer un orisha, les fidèles dansent au rythme de chants et de tambours, qui ont le pouvoir de le faire « descendre » dans le corps d'un des danseurs. Une fois « possédé », celui-ci semble se transformer et se met à parler avec la « voix » de l'orisha.

Une femme offre un présent à Jemanya, déesse de la mer et des eaux douces, assimilée à la Vierge Marie à cause de son manteau bleu…

L'umbanda

Également d'origine brésilienne, l'umbanda est une religion qui mêle culte yoruba, rites catholiques et pratiques spirites. Les fidèles croient en trois divinités, Obatala, Oxala et Ifa, qui sont les équivalents de la Trinité chrétienne (Dieu, Jésus-Christ et l'Esprit saint). Mais ils adorent aussi les esprits des morts, les ancêtres divinisés, les orisha… Tous ces dieux sont invoqués lors des cérémonies grâce à des prières, des chants, des dessins sur le sol et des danses au rythme des tambours. L'esprit invoqué « descend » et prend possession d'un membre de l'assistance pour s'adresser aux fidèles.

Un autel santeria.

Cocktail antillais

La plupart des Antillais sont chrétiens. Mais nombreux sont ceux qui rendent aussi des cultes aux dieux africains et aux esprits des morts. À Trinidad par exemple, Ogun, le dieu yoruba du fer et de la guerre, apparaît sous les traits d'un archange chrétien appelé Michel. À Cuba, les adeptes de la santeria (la voie des saints) considèrent les saints catholiques comme les « doubles » des orisha yoruba. Les Antillais qui pratiquent ces religions pensent que ces divinités peuvent intervenir dans la vie quotidienne et se manifester à travers le corps des fidèles par la transe et la possession.

COSTUME CHRÉTIEN POUR DIEU AFRICAIN

Persécutés pour leur croyance en des divinités « sataniques », les esclaves noirs des Antilles et de l'Amérique du Sud ont trouvé la parade : ils ont recouvert leurs dieux d'un habit de saint catholique ! Dans le candomblé, Xango (ou Shango), dieu yoruba du tonnerre et protecteur de la nature, est devenu saint Jérôme, car les images chrétiennes montraient le saint au milieu des arbres, un lion couché à ses pieds.

POUR EN SAVOIR PLUS SUR :

• Les **Yoruba**, voir p. 80-81.
• Les **saints chrétiens**, voir p. 154-157.

Le vaudou haïtien

Le temple vaudou

Le temple vaudou est appelé hounfor. Chaque loa vénéré dans le temple y a sa « case à mystère ». Au milieu se trouve le péristyle, dont les murs sont ornés d'images de saints évoquant des loa, et le poteau-mitan. C'est là que les fidèles organisent les cérémonies.

Qui sont les loa ?

Ce sont des génies protecteurs. Chaque fidèle a un loa-racine qui le protège et qu'il vénère chez lui. Mais il en honore d'autres dans le temple. La mission des loa est de rendre service aux êtres humains. En échange, ceux-ci doivent leur rendre un culte selon des rituels très précis. Liés aux comportements humains ou aux éléments de la nature, les loa servent d'intermédiaires entre les hommes et le dieu suprême, assimilé au dieu des chrétiens. Un grand nombre d'entre eux ont d'ailleurs l'apparence de saints catholiques. C'est le cas d'Ezili, représentée sous les traits de la Vierge Marie, ou de Cousin Azaka, qui correspond à saint Isidore, patron des agriculteurs.

En Haïti, les adeptes du culte vaudou croient en une foule de génies protecteurs, les loa, dont beaucoup ont l'aspect de saints chrétiens. Ces loa sont exigeants et capricieux : ils n'aident les hommes que s'ils se sentent bien traités. D'où l'importance des cérémonies vaudou…

Une cérémonie en l'honneur d'Ogou Feray

Dans cette scène, les fidèles invoquent Ogou Feray, le loa des forgerons, du feu et de la guerre. La prêtresse commence en récitant des prières et des cantiques adressés aux saints catholiques. Puis elle appelle Papa Legba, un loa souvent représenté sous les traits de saint Pierre portant les clés du paradis : c'est le gardien de l'entrée du temple, celui qui ouvre la voie aux autres loa. Les premiers roulements de tambours annoncent le début du rituel : les initiés se mettent à danser.

Les tambours

Instruments sacrés, les tambours sont la voix des ancêtres. Ils réchauffent peu à peu l'atmosphère et invitent les initiés à danser. Quand ceux-ci entrent en transe, c'est qu'ils sont prêts à accueillir dans leur corps le loa invoqué.

Chef de file des loa de la mort, le Baron Samdi rôde dans les cimetières ou à la croisée des chemins.

Le poteau-mitan

C'est le « chemin des esprits » par lequel les loa descendent quand les fidèles les appellent. Des offrandes de nourriture et de boisson sont déposées sur le socle du poteau.

Les hounsi

Habillés de blanc, la tête recouverte d'un foulard rouge, les initiés (hounsi) chantent et dansent autour du poteau-mitan pour appeler le loa. Lorsque l'un d'eux entre en « crise », c'est le signe que le loa a entendu la prière et accepte de prendre possession de son corps.

Les doux et les amers

Le panthéon vaudou est constitué de centaines de loa répartis en deux grandes familles (ou « nation ») : les loa rada et les loa petro. Les premiers sont doux, pacifiques et souvent associés à l'eau. Les seconds sont de puissants magiciens, réputés amers, experts en « médecine » et plutôt associés au feu. Chaque loa est honoré par un rite particulier, avec des saluts, des danses, des chants et des sacrifices d'animaux particuliers.

Des génies venus d'Afrique

Le vaudou est une religion qui tire son nom des voduns, divinités africaines honorées par les ethnies fon et ewe (Bénin et Togo). Introduit en Haïti lors de la traite des esclaves, le vaudou a progressivement évolué vers une religion originale : il a conservé des divinités (les loa) et des rituels africains (danse, rites de possession, sacrifices…), tout en adoptant des pratiques catholiques, comme l'invocation des saints, les fêtes ou certaines prières.

« Le possédé »

Un initié est devenu le « cheval » d'Ogou Feray : il est comme saoul et brandit un sabre en imitant les gestes du loa qui le « chevauche ».

Le vévé

Tracé à terre avec de la farine, des cendres ou du marc de café, ce dessin représente les symboles du loa Ogou Feray.

La mambo

Assise sur son fauteuil, la prêtresse (mambo) dirige la cérémonie en agitant son asson, une calebasse recouverte de vertèbres de serpent, qui symbolise son pouvoir. La mambo, comme le houngan, connaît très bien les loa. C'est elle qui leur transmet les demandes des fidèles et interprète leur langage.

Le bahaïsme

Les adeptes du bahaïsme croient en un dieu unique qui conduit l'humanité vers une civilisation universelle. Pour eux, le temps est venu de rassembler les hommes du monde entier en une seule famille habitant une même maison : la terre.

Baha'u'llah, prophète du bahaïsme.

Le dernier prophète

Le bahaïsme est une religion fondée en Iran au XIXe siècle par un aristocrate appelé Baha'u'llah. Musulman d'origine, Baha'u'llah (« la splendeur de Dieu » en arabe) disait que Dieu s'était révélé aux hommes par l'intermédiaire de nombreux prophètes (Adam, Abraham, Moïse, Bouddha, Krishna…) et que lui était le dernier d'entre eux. Une nuit, Dieu lui aurait confié la mission d'unifier tous les peuples de la terre en une seule nation et une seule religion. La chose ne plut pas du tout aux autorités de son pays : après de multiples persécutions, Baha'u'llah fut exilé dans la ville d'Acre, devenue depuis un haut lieu de pèlerinage bahaï.

Allô Dieu ?

Dans un livre écrit en 1912, Abdul Baha, le fils de Baha'u'llah, explique que « chaque cœur doit être comme un poste télégraphique : une extrémité du fil branchée au plus profond de l'âme, l'autre reliée à la Légion céleste ». Afin que les messages puissent circuler entre Dieu et les hommes…

Les livres saints

Baha'u'llah et son fils Abdul Baha ont écrit de nombreux textes, dont les bahaïs croient qu'ils ont été inspirés par Dieu. Voilà pourquoi les bahaïs pensent que ces textes dépassent les révélations divines contenues dans la Bible et le Coran. L'un des textes les plus célèbres est le « Livre des Lois » (Kitab Al Aqdas), qui expose les règles de vie et le code de conduite des bahaïs.

Une religion optimiste

Les bahaïs croient que Dieu a fait les hommes bons, capables de mener une vie droite et de s'aimer entre eux. Ils pensent que les divisions actuelles entre les peuples et les religions ne sont que des défauts qui disparaîtront dès que l'humanité tout entière aura adopté la foi bahaïe. Pour y parvenir, ils appellent les croyants à respecter et à promouvoir de grands principes comme l'abandon des préjugés, l'égalité des chances entre les femmes et les hommes, la justice économique ou encore le droit à l'éducation pour tous.

Le tombeau de Baha'u'llah, en Israël est un haut lieu de pèlerinage bahaï.

Étoile bahaïe.

Les règles de vie

Les bahaïs considèrent chaque être humain comme une inépuisable mine de pierres précieuses. Selon eux, le but de la vie est d'exploiter ces richesses pour soi et d'en faire profiter l'humanité. Les bahaïs doivent donc mener une vie saine et suivre certaines règles de vie fondées sur la prière, la méditation et le jeûne. Ils sont très attentifs à l'hygiène, ne mangent pratiquement pas de viande et ne consomment ni drogue, ni alcool, ni tabac.

LE CALENDRIER BAHAÏ

L'année bahaïe est divisée en 19 mois de 19 jours. Le premier jour de chaque mois, les bahaïs se retrouvent pour prier et méditer les textes sacrés, régler les questions administratives de leur assemblée spirituelle et prendre un repas de fête ensemble.

Les « Maisons d'adoration » des bahaïs sont des sortes de temples surmontés d'un dôme. Leur neuf portes symbolisent les neuf religions considérées comme révélées par les bahaïs (judaïsme, hindouisme, christianisme, islam...).

L'organisation de la communauté bahaïe

Les bahaïs n'ont pas besoin de prêtre pour s'adresser à leur dieu. Leurs rituels se résument à trois prières par jour. Les bahaïs n'en sont pas moins organisés en une vaste communauté de quelques millions de personnes. Juifs, chrétiens, musulmans, hindouistes, bouddhistes, tous les croyants de la planète sont les bienvenus dans la communauté bahaïe. Celle-ci est organisée en « assemblées spirituelles », locales ou nationales, dont les membres sont élus par les croyants et décident des actions à mener.

LA MAISON UNIVERSELLE DE JUSTICE

Installée à Haïfa, en Israël, elle représente les bahaïs du monde entier. Elle est constituée de neuf membres élus qui dirigent les affaires religieuses et administratives de la communauté. Ses membres veillent au strict respect des enseignements de Baha'u'llah. La Maison universelle de justice est aussi chargée de conserver les lieux saints du bahaïsme, comme le tombeau de Baha'u'llah, près de Saint-Jean-d'Acre (Israël).

Les visages de la tolérance

Dans nos sociétés contemporaines, il y a ceux qui croient en un ou plusieurs dieux, ceux qui n'y croient pas du tout et ceux qui refusent de se prononcer. Des positions apparemment incompatibles, sauf si l'on admet que la « Vérité » peut avoir plusieurs visages : cela s'appelle la tolérance.

Dieu existe-t-il ?

Les adeptes d'une religion sont appelés « croyants », car ils sont convaincus de l'existence d'une ou plusieurs divinités. Mais il y a aussi des gens qui pensent qu'il n'existe aucun dieu. Ces gens sont dits « athées ». Le mot vient du grec *atheos* qui signifie « sans dieu ». Il y a enfin une troisième catégorie d'individus qui affirment n'avoir pas les moyens de se prononcer : ce sont les « agnostiques ». *Gnosis* en grec veut dire « connaissance ». Les agnostiques sont ceux qui prétendent que la connaissance de Dieu est inaccessible à l'homme : on ne peut donc pas savoir si Dieu existe ou non.

Libre de croire… ou non

Si la Déclaration universelle des droits de l'homme proclame que « toute personne a droit à la liberté de pensée, de conscience et de religion », cette liberté fondamentale n'est pas partout respectée. Il existe des pays où les adeptes de certaines religions sont considérés comme suspects : leur religion est officiellement tolérée, mais eux-mêmes font l'objet de multiples persécutions.

L'affaire du voile à l'école

En 1989, dans un collège des environs de Paris, des professeurs invoquent le principe de laïcité pour refuser d'admettre en cours deux jeunes filles portant un foulard islamique. Cette affaire provoque un grand débat qui oppose deux points de vue. Pour les uns, l'école laïque doit rester neutre : personne ne doit y porter de signes religieux, quels qu'ils soient. Pour les autres, l'école a au contraire une mission d'intégration : elle doit permettre aux enfants qui portent ces signes d'en comprendre le sens pour éventuellement s'en défaire. En mars 2004, les députés ont tranché le débat en votant une nouvelle loi qui autorise les signes discrets, mais interdit ceux qui signalent fortement une appartenance religieuse.

Un droit de l'homme

En proclamant les « droits de l'homme » en 1789, les révolutionnaires français ont affirmé que chaque être humain était libre de croire et de penser ce qu'il voulait. À condition de ne pas empêcher son voisin de faire de même…

Jules Ferry (1832-1893) est l'inventeur de l'école publique laïque et obligatoire, « sans prêtre et sans catéchisme ».

La France, berceau de la laïcité

Depuis l'Antiquité, le pouvoir politique est très souvent lié à la religion. Historiquement, c'est la France qui, la première, a créé une rupture. Monarchie de droit divin, la France d'avant la Révolution était en effet très liée à l'Église catholique, qui occupait une grande place dans la vie publique. Celle-ci se chargeait notamment de l'instruction, des hôpitaux et de l'état civil (naissance, mariage, décès). En 1789, tout change. L'État commence à se libérer de l'emprise de l'Église en reprenant à son compte l'état civil. Mais il faudra attendre la loi de 1905 pour que la République devienne définitivement laïque.

Qu'est-ce que la laïcité ?

C'est la séparation du pouvoir politique (la « chose publique ») et du pouvoir religieux. Loin d'être hostiles aux religions, les partisans de la laïcité partent du principe que pour vivre en paix, la croyance de certains ne peut pas s'imposer à tous. Voilà pourquoi ils pensent que les valeurs et les institutions communes d'un peuple ou d'une nation (la liberté, l'égalité, l'école…) doivent être débarrassées de toute référence religieuse.

Un mariage républicain (1794).

Fondateur de la République turque, Mustafa Kemal (1881-1938) s'est inspiré du modèle français et a retiré à l'islam son statut de religion d'État.

Des situations différentes selon les pays

Prenant exemple sur la France, certains pays, comme le Portugal, la Turquie ou l'Inde, ont effacé toute trace religieuse de leur Constitution : pour eux, la laïcité est la meilleure manière de promouvoir la tolérance religieuse. Ailleurs, les situations sont plus contrastées. Aux États-Unis par exemple, la séparation de l'Église et de l'État est inscrite dans la Constitution, ce qui n'empêche pas le président de prêter serment sur la Bible. Au Danemark, la loi dit que le roi doit appartenir à l'Église évangélique luthérienne. Et si la Grèce place sa Constitution sous l'autorité de la « Trinité sainte », l'Arabie Saoudite ne reconnaît qu'une seule loi : celle du Coran.

L'électromètre des scientologues permettrait de localiser les zones de détresse ou de souffrance dans le cerveau d'une personne.

Sectes ou nouvelles religions?

À l'origine, le mot « secte » désignait les fidèles qui renonçaient à leur religion pour en fonder une nouvelle. Aujourd'hui, certains groupes se disent religieux pour recruter des adeptes en quête d'idéal et les enfermer dans un système dont il est très difficile de sortir.

Qu'est-ce qu'une secte?

C'est un groupe religieux fermé sur lui-même, qui se démarque des religions établies et utilise la manipulation mentale pour recruter des adeptes. Souvent dirigée par un « chef spirituel », la secte attire ses futurs membres avec des propositions séduisantes (développement personnel, médecine parallèle, promesses d'une vie meilleure, transformation de la société…). Puis elle les pousse à accepter un certain nombre de croyances et de valeurs, souvent en contradiction avec celles de la société. Les adeptes des sectes doivent se soumettre à une discipline et un modèle communs, même s'ils doivent pour cela rompre avec leur famille, leurs amis ou leurs habitudes.

L'origine des sectes

La plupart des religions ont produit leurs propres sectes. Il existe des sectes chrétiennes, juives, musulmanes, bouddhistes, hindouistes ou shintoïstes. À chaque fois, la secte est créée par un petit nombre de croyants en désaccord avec la doctrine officielle de leur religion d'origine. Elle n'est donc pas forcément dangereuse au départ: le christianisme, à ses débuts, a été considéré comme une secte issue du judaïsme. Depuis quelques années, on assiste à un nouveau mouvement: l'apparition d'« Églises », sans fondement historique. Celles-ci proposent à leurs adeptes des techniques pour développer le pouvoir de l'esprit et obtenir ainsi des bienfaits concrets dans leur vie quotidienne ou professionnelle.

Les membres de l'Association pour l'unification du christianisme mondial restent célibataires jusqu'à ce que le révérend Moon leur choisisse un conjoint et les unisse lors d'immenses mariages collectifs.

COMMENT RECONNAÎTRE UNE SECTE?

En France, le respect des droits de l'homme et du citoyen permet à quiconque de croire ce qu'il veut, même si ces croyances paraissent parfois très bizarres. Les sectes ne sont donc pas interdites. Mais certaines ont des pratiques qui sont dangereuses pour l'équilibre moral, financier et familial de leurs membres. Si la personne impliquée ne peut pas le faire elle-même, ses proches doivent prévenir la police ou la gendarmerie. Les motifs de plainte les plus fréquents sont:
- la non assistance à personne en danger,
- l'exercice illégal de la médecine,
- l'escroquerie,
- le détournement de mineur,
- le non respect de l'obligation scolaire,
- les infractions aux mœurs,
- les infractions au droit du travail.

Une procession Hare Krishna en Russie. Les adeptes de la secte appelée «la Conscience de Krishna» doivent vivre en communauté et répéter «Hare Krishna» 1 728 fois par jour!

La manipulation mentale: une arme fatale

La manipulation mentale est une technique utilisée par les sectes pour «fabriquer» des adeptes dévoués à leur cause. Le processus commence par une initiation: les adeptes doivent abandonner leurs repères habituels et oublier tout ce qu'ils savent pour se soumettre à l'enseignement de la secte. Ils sont ensuite déstabilisés par des procédés multiples (effet de groupe, émotion, auto-critique, isolement…), puis «remodelés» selon les critères du «chef spirituel». Ce travail achevé, les adeptes ne sont plus libres: ils dépendent physiquement et psychologiquement de la secte.

Les sectes protestantes

Depuis son origine, le protestantisme invite ses fidèles à développer leur propre interprétation de la Bible. Des milliers d'Églises sont ainsi nées, dont certaines ont évolué vers des pratiques ou des comportements proches des sectes. Aujourd'hui, de nombreuses Églises pentecôtistes ou évangéliques n'hésitent pas à dénoncer ceux qui pensent autrement qu'elles ou à développer des techniques de prêche qui ressemblent à du matraquage. De leur côté, les Témoins de Jéhovah, classés comme secte dans un rapport de l'Assemblée nationale publié en 1995, recrutent des adeptes en faisant du porte-à-porte. Ils annoncent régulièrement la fin du monde et affirment que seuls ceux qui rejoignent leur mouvement seront sauvés!

Les dangers des sectes

Les sectes deviennent menaçantes lorsqu'elles remettent en cause la liberté et les droits des individus. Certaines exigent en effet de leurs adeptes qu'ils croient aveuglément ce que le «chef spirituel» affirme, qu'ils se coupent du monde ou qu'ils adoptent des comportements contraires aux lois du pays dans lequel ils vivent. Nombreuses sont celles qui imposent aussi de très importants dons financiers ou qui enrôlent des enfants. Il arrive même que des sectes commettent des attentats meurtriers, comme la secte Aum au Japon, ou conduisent leurs membres au suicide (Ordre du Temple solaire).

Quand la foi rapporte gros

Née au Brésil en 1977, l'Église Universelle du Royaume de Dieu (EURD) compte plusieurs millions de membres dans plus de soixante pays. Ancien employé de la loterie nationale, son fondateur, l'«évêque» Macedo, explique à ses fidèles que le mal vient du diable et qu'il faut donner beaucoup d'argent pour le chasser. Il leur fait également croire que l'EURD peut apporter une solution à tous les problèmes à condition d'en payer le prix. Il existe d'ailleurs des tarifs précis, prétendument basés sur les textes de la Bible!

Raël, de son vrai nom Claude Vorilhon, affirme que la vie sur terre a été créée par des extra-terrestres appelés Élohim…

Quand la religion joue avec les mots

Les religions ont inspiré un grand nombre de mots, d'expressions et de proverbes de la langue française. Petit tour d'horizon d'un langage… pas toujours très catholique !

« Inch Allah ! » veut dire :

A - Vive Allah !
B - Merci Allah !
C - Si Allah le veut !

Réponse C. Cette formule, à l'origine prononcée par les musulmans, est aujourd'hui employée pour dire qu'on ne peut savoir si une chose se produira ou non : c'est au destin d'en décider…

« Pleurer comme une madeleine »

Comme chacun sait, les madeleines ne pleurent pas. L'expression n'a en effet rien à voir avec la pâtisserie : elle renvoie à Marie-Madeleine, une sainte femme qui assista à la Passion du Christ, ce qui lui fit verser beaucoup de larmes.

Rébus

« Jurer ses grands dieux » est une expression qui fait allusion à l'habitude des Grecs et des Romains d'invoquer les grands dieux de l'Olympe avant d'engager une action importante.

« Se croire sorti de la cuisse de Jupiter » signifie :

A - Naître prématurément.
B - Se croire génial.
C - Rêver qu'on est un excellent sportif.

Réponse B. Cette expression renvoie à la mythologie gréco-romaine. Elle fait allusion à la naissance légendaire de Bacchus, le dieu du vin et de l'ivresse, qui est sorti de la cuisse de son père Jupiter.

« Tirer le diable par la queue », c'est :

A - Avoir des difficultés financières.
B - Provoquer quelqu'un de plus fort que soi.
C - Attraper le pompon sur un manège.

Réponse A. L'expression viendrait d'un vieux conte, racontant l'histoire d'un homme sans ressources qui aurait sollicité l'aide du diable. Celui-ci faisant semblant de ne pas s'intéresser à l'affaire, l'homme lui aurait tiré la queue pour essayer de le retenir.

« En odeur de sainteté »

Ce qu'il y a de merveilleux avec les saints chrétiens, c'est qu'à leur mort, leur corps dégage une odeur divine. C'est du moins ce qu'on dit ! L'expression désigne donc un état de perfection chrétienne. En revanche, gare à ceux qui « ne sont pas en odeur de sainteté » : ils ont du souci à se faire, car l'expression signifie « être mal vu ».

« Mettre à l'index »

L'Index était un catalogue de livres déclarés suspects par le Vatican et donc interdits. « Mettre à l'index » signifie donc condamner, rejeter ou exclure quelque chose ou quelqu'un.

« Regagner ses pénates » signifie :

A - Se replier sur soi-même.
B - Rentrer chez soi.
C - Chausser ses pantoufles en rentrant à la maison.

Réponse B. Les pénates étaient des petites divinités romaines qui protégeaient la maison des gens (voir p. 37).

« Rester zen », c'est :

A - Être définitivement chauve.
B - Être K.O. sur le tatami.
C - Ne pas s'énerver.

Réponse C. L'expression fait allusion au calme absolu dont font preuve les bouddhistes zen lorsqu'ils sont en train de méditer (voir p. 233).

« Nul n'est prophète en son pays » évoque :

A - Quelqu'un qui a moins de succès auprès de ses proches qu'ailleurs.
B - Quelqu'un qui va faire la fête à l'étranger.
C - Quelqu'un qui n'a pas le droit de prêcher dans son pays.

Réponse A. Expression qui rappelle que Jésus eut parfois bien du mal à convaincre les gens autour de lui, notamment dans sa ville natale. C'est, en tout cas, ce que raconte saint Luc dans son Évangile.

« Donner le Bon Dieu sans confession » veut dire :

A - Frapper quelqu'un sans raison.
B - Faire aveuglément confiance à quelqu'un qui ne le mérite pas.
C - Gagner le gros lot.

Réponse B. La confession est l'acte par lequel un chrétien avoue ses péchés afin d'obtenir le pardon de Dieu (voir p. 153).

Un « bouc émissaire », c'est :

A - Quelqu'un qui sent mauvais.
B - Une crevette grise.
C - Quelqu'un sur qui on fait retomber les fautes des autres.

Réponse C. L'expression évoque le bouc que l'on chargeait de tous les péchés d'Israël et que le grand prêtre sacrifiait le jour de Yom Kippour pour apaiser la colère de Dieu (voir p. 127).

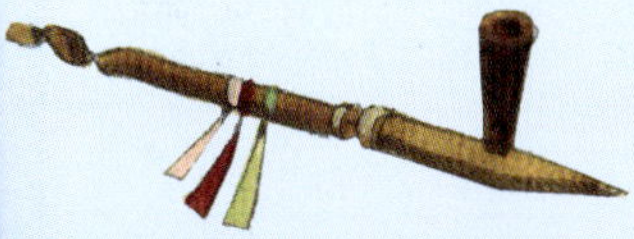

« Fumer le calumet de la paix » signifie :

A - Fumer de la ganja pour entrer en communication avec Dieu.
B - Proposer à quelqu'un de faire la paix.
C - Fumer un saumon et le partager pour sceller un accord de paix.

Réponse B. En signe de paix, les Indiens faisaient fumer à leurs voisins une longue pipe appelée calumet.

Rébus

La « pomme d'Adam », ce petit bout de cartilage que les hommes ont sur le devant du cou, doit son nom à une légende liée à Adam et Ève, les premiers humains décrits dans la Bible. Ève aurait fait croquer à son compagnon le fruit défendu, en l'occurrence une pomme, dont un morceau serait resté en travers de la gorge d'Adam. Depuis, tous les hommes ont conservé le même petit bout de pomme au milieu du cou !

Rébus

Une « grenouille de bénitier », c'est quelqu'un (généralement une femme) qui passe son temps à l'église.

« Devoir une fière chandelle » veut dire :

A - Être reconnaissant à quelqu'un de vous avoir épargné un désastre.
B - Avoir le nez qui coule et manifester le désir de se moucher.
C - Recevoir le maillot de la victoire.

Réponse A. L'expression renvoie à l'habitude de faire brûler un cierge ou une offrande pour remercier une divinité de vous avoir accordé un grand bienfait.

« Voix au chapitre »

Avoir voix au chapitre, c'est avoir son mot à dire, prendre part à une discussion. L'expression évoque les « chapitres », ces assemblées de moines dans les monastères, au cours desquelles chacun exprimait son point de vue.

« Un oiseau de mauvais augure »

C'est quelqu'un dont la venue annonce quelque chose d'inquiétant ou une mauvaise nouvelle. L'expression vient des prêtres, appelés augures, qui, dans l'Antiquité, étaient chargés de prédire l'avenir en consultant le vol ou le chant des oiseaux, les éclairs ou tout autre signe.

Rébus

« Porter sa croix » est une expression qui évoque quelque chose de très pénible, un supplice, un calvaire. Elle rappelle la Passion du Christ qui a dû porter une énorme croix jusqu'au lieu de son supplice (voir p. 135).

Glossaire

A – B

Ablution : action de se laver le corps (ou une partie) afin de se présenter pur devant un dieu.

Amulette : petit objet que l'on porte sur soi pour se préserver du danger ou du mauvais sort.

Ancêtres : morts qui servent souvent d'intermédiaires entre les dieux et les vivants.

Animisme : attitude attribuant aux choses une âme comparable à celle des humains.

Ascète : personne qui renonce à tous les plaisirs du monde pour atteindre la perfection morale ou spirituelle.

Athée : qui nie l'existence de dieu et de toute divinité.

Au-delà : lieu de séjour des morts.

Autel : sorte de table sur laquelle on pratique le sacrifice ou l'on célèbre un office religieux.

Bénédiction : bienveillance ou grâce accordée par un dieu.

C

Chaman : en Amérique et dans le nord de l'Asie, sorte de sorcier doué de pouvoirs surnaturels : communiquer avec les esprits, guérir les gens, prévoir l'avenir, etc.

Circoncision : opération qui consiste à couper tout ou partie du prépuce, le petit bout de peau qui entoure l'extrémité de la verge.

Clergé : ensemble des religieux au service d'une Église ou d'une religion.

Compassion : sentiment qui pousse à partager les souffrances de quelqu'un.

Cosmos : ensemble des éléments qui composent l'univers.

Croyance : affirmation religieuse ou élément surnaturel que l'on tient pour vrai.

Culte : ensemble des rites pratiqués en hommage à un dieu.

D

Damnation : condamnation à aller en enfer.

Délivrance : fait de se libérer d'un destin, d'une condition ou d'un sort désagréable.

Dieu / divinité : être supérieur, doué d'un pouvoir sur les hommes et les choses, souvent doté d'attributs particuliers (symbole, objet, animal...).

Doctrine : ensemble des croyances et principes d'une religion.

Dogme : croyance indiscutable admise par un groupe.

E

Enfer : 1) lieu souterrain habité par les morts.
2) dans les religions monothéistes, lieu dévoré par les flammes, où les méchants sont condamnés à subir d'éternelles souffrances.

Esprit : âme d'un défunt ou être surnaturel qui habite la nature.

Évangéliser : prêcher l'Évangile pour convertir quelqu'un au christianisme.

Éveil / éveillé : dans le bouddhisme, état de celui qui trouve la réponse à toutes ses questions.

F – G – H

Fanatisme : croyance extrémiste en une religion, qui conduit à penser que les autres doivent partager vos certitudes ou être punis.

Fétiche : objet chargé d'un pouvoir surnaturel ou magique.

Fidèle : personne unie par sa foi à une Église ou à une religion.

Foi : adhésion personnelle et profonde aux principes qui fondent une religion.

Fondamentalisme : courant religieux conservateur et intégriste.

Génie : être surnaturel doué d'un pouvoir magique.

Hadith : propos ou geste inspiré par Dieu (Allah), mais attribué au prophète Muhammad.

I – J

Idolâtrie : culte rendu à la représentation d'une divinité (en général une statue appelée « idole »).

Illumination : révélation subite d'une vérité mystique ou divine.

Imam : chez les musulmans, personne chargée de s'occuper de la mosquée et de diriger la prière collective.

Immortalité : qualité qui fait qu'un être ne peut pas mourir.

Incantation : action de chanter ou de prononcer des paroles sacrées pour entrer en communication avec un dieu.

Incarnation : pour une divinité, fait de se rendre visible en prenant l'apparence d'un monstre, d'un animal ou d'un homme.

Initiation : rituel au cours duquel un jeune apprend les secrets et les mystères d'une religion.

Intégriste : croyant qui refuse tout changement, toute évolution.

Jeûne : privation volontaire de nourriture.

L

Laïc : 1) qui ne fait pas partie du clergé.
2) qui est indépendant, neutre à l'égard de toute religion.

Libation : action de répandre un liquide (huile, lait, vin...) en l'honneur d'un dieu.

Liturgie : ensemble des rituels qui composent un culte religieux.

Louer : prononcer des paroles (louanges) pour rendre gloire à un dieu.

M

Mandala : dessin symbolique représentant l'univers chez les hindous et les bouddhistes.

Mantra : formule sacrée courte prononcée par les hindous et les bouddhistes.

Méditer / méditation : action de se concentrer longuement et profondément.

Métaphysique : qui est d'ordre abstrait, non connaissable par l'expérience.

Miracle : phénomène extraordinaire interprété par les hommes comme une intervention bienveillante d'un dieu.

Moine : religieux vivant à l'écart du monde, souvent dans un monastère.

Monothéisme : croyance en un seul dieu.

Morale : ensemble de règles de conduite considérées comme bonnes.

Mystique : comportement de celui qui recherche l'union intime, le dialogue, avec une divinité grâce à l'extase, la contemplation ou des rites secrets.

Mythe : histoire fabuleuse racontant l'origine d'un élément ou d'un phénomène et mettant en scène des dieux et des héros.

O

Oracle : 1) réponse donnée par un dieu à une question qu'on lui pose. 2) lieu sacré où est posée la question.

Office : cérémonie d'un culte.

Orthodoxe : conforme à la doctrine d'une religion (du grec orthos, « droit », et doxa, « opinion »). Se dit aussi des Églises chrétiennes d'Orient.

P

Panthéon : ensemble des dieux d'une religion.

Paradis : lieu où séjournent les âmes des justes après leur mort.

Pasteur : chez les protestants, laïc chargé du culte et des affaires de la communauté.

Péché : action de désobéir à une loi religieuse ou divine.

Pénitence : peine ou regret que l'on s'impose pour réparer une faute ou une offense faite à un dieu.

Philosophie : 1) sagesse, connaissance acquise par le raisonnement. 2) l'ensemble de ces connaissances.

Piété : attachement fort à un dieu, aux pratiques et aux devoirs religieux.

Polythéisme : croyance en plusieurs dieux.

Prêcher : enseigner la parole d'un dieu ou une religieuse.

Prédication : 1) action de prêcher
2) discours, sermon prononcé par un religieux-

Présage : signe qui fait croire que l'on peut prédire l'avenir.

Prêtre : personne chargée de s'occuper du culte.

Prier : s'adresser à un dieu pour lui rendre grâce ou lui demander quelque chose.

Prophète : homme parlant au nom d'un dieu qui se serait adressé à lui.

Purification : acte par lequel on se rend pur afin de communiquer avec un dieu.

R

Rabbin : dans le judaïsme, savant religieux chargé de faire les prédications, d'enseigner et de faire appliquer la Loi juive.

Réincarnation : fait de revivre après sa mort dans un autre corps, sous une autre forme.

Relique : fragment du corps d'un saint personnage ou objet lui ayant appartenu.

Renoncement : attitude de celui qui renonce aux biens auxquels il tenait.

Révélation : vérité divine dévoilée aux hommes par l'intermédiaire d'un prophète.

Rite / rituel : ensemble des règles de conduite et des cérémonies qui permettent aux hommes d'entrer en communication avec une puissance supérieure (dieu, idole, choses sacrées...).

S

Sacerdoce : état ou fonction de celui qui s'occupe du culte.

Sacré : 1) qui appartient à un domaine interdit, inaccessible aux hommes, où se manifeste une puissance divine.
2) relatif au culte.

Sacrement : acte rituel sacré de la religion chrétienne destiné à donner ou augmenter la grâce divine.

Sacrifice : offrande faite à un dieu par l'exécution rituelle d'un animal (ou parfois même d'un être humain).

Salut: fait d'être sauvé, d'échapper à l'enfer et à la damnation éternelle.

Saint : 1) personne ou lieu qui a un caractère sacré, religieux.
2) chez les orthodoxes et les catholiques, personne décédée et vénérée pour sa perfection, qui peut jouer les intermédiaires entre les hommes et Dieu.

Saint des Saints : endroit clos, où la présence divine se manifeste dans un édifice religieux.

Sanctifier : rendre saint.

Sanctuaire : 1) lieu le plus sacré d'un édifice religieux.
2) édifice, ou ensemble de constructions, consacré à un ou plusieurs dieux.

Scarification : marquage rituel du corps, souvent sous forme d'entailles.

Spirituel / spiritualité : qui est de l'ordre de l'esprit ; immatériel.

Superstition : croyance en un signe ou un objet dont on croit qu'il a un pouvoir magique.

Symbole : image, objet, être qui évoque une divinité ou une idée.

T – V

Talisman : objet chargé d'un pouvoir protecteur.

Temple : édifice où l'on célèbre le culte d'un dieu.

Totem : 1) animal, plante ou objet considéré comme l'ancêtre et le protecteur d'un individu ou d'un clan.
2) chez certaines tribus indiennes, poteau de bois sculpté représentant l'ancêtre protecteur.

Transe : état de conscience modifié dans lequel se met une personne qui veut faire entrer un dieu ou un esprit dans son corps.

Vénérer : adorer un dieu, une relique, un objet saint.

Index

Les noms de Yahvé, Dieu et Allah revenant souvent, nous conseillons aux lecteurs de se référer au sommaire (les Enfants d'Abraham) pour les retrouver.

Crédits

Illustrations

Laurence Bar P. 18 (hg), 24 (g), 28 (md), 36 (m), 40 (b), 41 (h), 43 (m), 44-45, 78-79 (m), 150 (h), 157 (h), 164 (h), 199(h), 200-201, 218, 228 (hg, hd), 229 (hd), 238-239, 254 (h).

Vincent Boyer P. 106-107, 239 (m).

Jérôme Brasseur P. 39 (h, b), 42, 112 (b), 126-127 (m), 130-131 (m), 136 (h), 176 (bd), 177 (b), 144, 245 (h), 252-253 (m).

Corine Delétraz P. 35 (m), 37 (b), 78 (g), 96 (bd), 102 (h), 143 (h, m, bg), 161 (h), 176 (g), 188 (h), 194 (b), 194-195 (fond), 197 (h), 208 (b), 217 (d), 232 (bg), 233 (b), 247 (h).

Anne Eydoux P. 22 (mg), 23 (h), 24 (hd, bd), 25 (hg, m), 29 (h), 142 (h), 162.

Stéphane Girel P. 22 (mh), 40 (m), 52-53 (b), 57 (bd), 60 (mg), 67 (b), 68 (b), 71 (hd), 80 (d), 99 (h, m), 126 (g), 144 (b), 179 (h), 181 (d), 212 (h), 236-237, 245 (b), 249 (b), 253 (h), 260-261.

Florence Guiraud P. 85 (hd).

Christian Heinrich P. 46-47, 74 (g), 76, 77 (b, hd), 90 (h), 91 (b).

Marc Ingrand P. 101 (hd).

Jean-Pierre Joblin P. 33 (m), 74-75 (m), 81 (h), 82 (b), 86-87, 96-97 (m), 116 (b), 17 (b), 128 (b), 134 (b), 152 (b), 166-167, 167 (m), 174 (b), 184 (h), 184-185, 188 (b), 224 (h, b), 226 (h), 228(bd), 249 (h), 251, 256.

Gwen Keraval P. 24 (m).

Nathalie Locoste P. 103.

Gérard Macario P. 28 (hd), 51, 83, 104-105, 125 (b), 130 (hg), 153(b), 177 (h), 183 (h, m), 209 (h), 222, 230 (b), 248 (m).

Christian Maucler P. 97 (hd).

Jean-Claude Pertuzé P. 16 (b)

Florent Silloray P. 8-9, 20-21, 26, 27 (h, b), 34-35 (h), 37 (h), 48 (h, m, b), 49 (h, m), 60 (h), 63, 69 (b), 84-85, 101 (h), 124, 125 (h), 136 (b), 138-139, 146-147, 160 (h), 161 (b), 173, 175 (b), 180-181, 203 (hg, bd), 210-211, 215-215, 241, 246-247 (b).

Christian Verdun P. 17, 32, 33 (h), 38 (h), 54-55, 58-59, 64-65, 70-71 (m), 94 (b), 118-119, 150-151 (b), 163 (d), 165 (hg), 170-171, 178-179, 190-191, 204-205, 254-255 (m).

Nathaële Vogel P. 30-31, 33 (b), 35 (hd).

Michael Welply P. 14 (b).

Couverture

Photo12 (ph. vierge) ; C. Deletraz (ill. roue, croix, boudha, lotus) ; J.-F. Saada (ill. Ying-yang) ; Istock (ph. moine) ; J.-F. Saada (ill. étoile) ; Istock (ph. jeune juif) ; Corbis (ph. shiva) ; J.-P. Joblin (ill. rasta) ; Istock (ph. Anubis) ; J.-F. Saada (ill. OM) ; Corbis (ph. aborigène) ; J.-F. Saada (ill. croissant) ; Istock (ph. jeune musulman) ; Corbis (ph. pope)

4e de couverture

F. Silloray (ill. aztèques) ; AKG (ph. brahmâ) ; S. Girel (dieu tahitien) ; J. Brasseur (ill. jeunes mariés) ; DR (ill. torah)

Photos

Agencja Gazeta (Pologne) P. 129 (b), photo Marcin Wolosczak.

AKG P. 15 (h, b), 32 (h), 41 (b), 49, 52 (g), 53 (hg, hd), 54 (h), 57 (g), 61 (h), 72, 80 (g), 89 (hd, md), 93 (h), 115 (h), 116 (h), 132 (h), 132-133 (b), 135 (b), 138 (h), 140 (h), 141 (b), 147 (h), 154 (b), 155 (bd), 176, 178 (h), 183 (b), 189 (b), 195 (h), 196 (h), 199 (b), 205 (hd), 216-217, 218, 226 (b), 235 (h), 257 (b).

J.-P. Arles P. 168.

Éric Bénard P. 163 (h).

Jean-Marc Blache / Mission P. 160 (b).

Zabou Carrière P. 182 (b), 185.

Corbis P. 10-11, 43 (b), 61 (b), 62 (b), 66 (b), 66-67 (mh), 67 (hd), 68 (h) 69 (h), 76 (h), 79 (d), 81 (b), 82 (h, b), 84, 86, 88-89 (h), 90 (b), 94 (h), 95 (h, b), 96 (bg), 98-99 (b), 99 (bd), 100 (h, b), 102-103 (b), 105 (d), 106, 108 (g), 109 (b), 115 (h), 119 (b), 120 (b), 121 (h), 127 (b), 128, 129, 145 (hg, hd), 148 (h, b), 149 (hg, hd, b), 151 (h), 155 (bg), 169 (h, b), 179 (b), 189 (h), 194 (h), 195 (b), 196 (b), 197 (b), 203 (m), 204 (b), 206 (h), 206-207 (b), 207 (h), 208 (h), 209 (b), 211 (h), 212 (b), 213 (m, b), 214 (b), 223 (h, b), 225 (b), 230 (m), 231 (b), 232 (h), 233 (h), 234-235 (b), 236, 237 (b), 240 (b), 241 (b), 249 (hd, bd), 251 (b), 255, 258 (h, b), 259 (h, b).

Vincent Cunillère (Intédiprint) P. 158-159.

Fabian Da Costa P. 152 (h), 153 (h).

Dagli Orti P. 19 (b), 43 (h), 57 (h), 59 (h), 63 (b), 115 (b), 123.

Editions Albert René P. 44 (g).

Guy Laurent (www.wobebli.net) P. 75 (b).

Leemage P. 36 (hg), 50, 61 (m), 114 (h), 115 (b), 117 (h), 137 (b), 140 (b), 141 (h), 143 (b), 144 (h), 155 (h), 156 (bd), 175, 201 (b), 217 (m), 220-221, 240 (h), 257 (h).

Max PPP P. 121 (b), 178 (b), 250.

Musée d'art et d'histoire du Judaïsme P. 132 (b), 133 (h, m).

Musée du Désert, Mialet (Gard) P. 164 (b).

Musée de l'Homme P. 14 (g), 16 (h).

Bernard Nantet P. 77 (hg).

Christian PédrottiP. 163 (b), 202, 219, 226 (h), 228 (b), 229 (h, bd), 230 (hg), 231 (h), 234 (h).

Photos12.com P. 20, 25 (bg), 34 (hg), 40 (hg), 55 (h), 57 (m), 58 (h), 64 (h), 66 (hg), 75 (h), 114 (b), 135 (h), 142 (b), 156 (bg), 157 (b), 165 (b), 172 (b), 180 (h), 182 (h), 186 (h), 198 (h), 203 (hd), 213 (h).

Robert Pince P. 154 (h).

Photothèque des musées de la ville de Paris P. 257 (m)

RMN P. 34 (b), 88 (hg), 92, 92-93 (b), 133 (b), 172 (h), 227 (h, bg), 229 (bg), 232 (bd).

Patryk Rogala P. 35 (b), 198 (b), 204 (h), 225 (h), 238 (b), 239 (bg, bd).

Henri Stierlin P. 22 (b), 23 (b), 25 (hd), 29 (b).

Tibo P. 87 (Pasola, île Sumba, 2001).

DR P. 16-17 (b), 18-19 (m), 28 (bg), 28-29 (bm), 36 (bg), 54 (b), 56 (dessins de Jean Mazenod, « L'art précolombien », Éditions Citadelles et Mazenod), 60 (b), 62 (h, bg), 65 (h), 88-89 (b), 108 (d), 109 (h), 120 (h), 122, 127 (h), 134 (h), 137 (h), 153 (m), 165 (hd), 166, 177 (hd), 216 (g), 227 (bd).

Remerciements

Outre sainte Rita, la patronne des cas désespérés,
les auteurs tiennent à remercier pour leur aide et leurs conseils précieux :

Sylvie Teveny de l'Association Inuksuk, Espace culturel inuit (11, rue des Fêtes, 75019 Paris),
Dominique Juhé-Beaulaton et Pierre Boilley
du laboratoire du CNRS MALD (Mutations africaines dans la longue durée),
David Shoushana, Grand Rabbin de Nice,
Georges Maurice, prêtre à Grenoble,
Élisabeth Lamour, orthodoxe, peintre d'icônes,
Bertrand de Cazenove, pasteur de l'Église réformée de France,
Hassan Amghar, spécialiste de l'islam,
Jean-Claude Hein, spécialiste du bouddhisme,
Geneviève Aubry, spécialiste de la Chine,
Jean-Claude Barbier, spécialiste du christianisme en Afrique,
Jean-Pierre Dozon, directeur d'études à l'EHESS et spécialiste de l'Afrique,
Jean-Solo Rafidinarivo, spécialiste de Madagascar,
Laënnec Hurbon, directeur de recherche au CNRS
et spécialiste du phénomène religieux dans les Caraïbes,
l'Unadfi (Union nationale de défense des familles et de l'individu),
chargée de la prévention et de l'information face au problème des sectes.

Suivi éditorial, conception graphique et montage : Libris
Recherche iconographique : Patryk Rogala
Relecture et correction : Sylvie Collet
Photogravure : Libris

300, rue Léon-Joulin – 31101 Toulouse Cedex 9, France

Dépôt légal : 1er trimestre 2013
ISBN : 978-2-7459-5173-1
Imprimé chez TWP à Singapour.